本译著得到国家自然科学基金青年项目"跨学科视角下言语创造性潜能测评方法探新及应用研究"（项目批准号：61907001），安徽省教育科学研究重点项目"农村义务教育优质均衡发展的路径优化研究"（项目编号：JKZ23003），安徽省教育厅Ⅲ类高峰学科重点项目"大数据平台下教育组织形式变革与创新"（课题编号：SK2020A0115），安徽省高等学校质量工程教学研究重点项目"基于产出导向的高质量教师教育人才培养体系建设研究"（课题编号：2021yxm1437）等的资助。

[韩]朴成益　[韩]林哲一　等————著
张帅　韩玉洁　李振妍　[韩]洪秀旼————译
陶佳　崔琳　韩建涛————校对

EDUCATIONAL
TECHNOLOGY
AND INSTRUCTION

教育技术与教学

中国社会科学出版社

图字：01-2022-5915 号
图书在版编目（CIP）数据

教育技术与教学／（韩）朴成益等著；张帅等译．—北京：中国社会科学出版社，2024.1
ISBN 978-7-5227-2651-9

Ⅰ．①教…　Ⅱ．①朴…②张…　Ⅲ．①教育技术学—研究　Ⅳ．①G40-057

中国国家版本馆 CIP 数据核字（2023）第 189417 号

교육공학과 수업（Educational Technology and Instruction）
Copyright © 2021 by 박성익（Seong Ik Park，朴成益），임철일（Cheolil Lim，林哲一），
　　　　　　　　　　이재경（Jae-kyung Yi，李在京），최정임（Jeong-Im Choi，崔廷任），
　　　　　　　　　　조영환（Young Hoan Cho，趙穎桓）
All rights reserved.
Simplified Chinese translation Copyright © 2024 by CHINA SOCIAL SCIENCES PRESS.
Simplified Chinese language edition is arranged with KYOYOOKKWAHAKSA
through Eric Yang Agency, Inc.

出 版 人	赵剑英
责任编辑	周　佳
责任校对	胡新芳
责任印制	王　超

出　　版	中国社会科学出版社
社　　址	北京鼓楼西大街甲 158 号
邮　　编	100720
网　　址	http://www.csspw.cn
发 行 部	010-84083685
门 市 部	010-84029450
经　　销	新华书店及其他书店
印　　刷	北京明恒达印务有限公司
装　　订	廊坊市广阳区广增装订厂
版　　次	2024 年 1 月第 1 版
印　　次	2024 年 1 月第 1 次印刷
开　　本	710×1000　1/16
印　　张	20
插　　页	2
字　　数	318 千字
定　　价	108.00 元

凡购买中国社会科学出版社图书，如有质量问题请与本社营销中心联系调换
电话：010-84083683
版权所有　侵权必究

译 者 序

本书是我第一部出版的翻译著作,还是在中国社会科学出版社,对此我深表荣幸与感谢!

回首这一路的历程,百感交集。本书是我在韩国首尔国立大学读博期间,我的指导教授林哲一的师范生本科课程的主要教材之一。我在学习之余时常翻看,还记得同门问我在看什么书,我翻开书面给他看,那时还是第四版。他问我,经常看这本书不烦嘛?我发现,每一次看都会有新的感受。从那时候起,我就想着回国就要把这本书翻译成中文,在中国出版。当我真的开始着手翻译时,这本书已经更新到第六版了,书名也从《教育方法的教育技术学理解》改为《教育技术与教学》,并且加入了符合时代潮流和学术潮流的全新内容。这也是我迫切希望翻译出版这本书的原因之一。

翻译出版之路漫长且艰难。2021年年末,在我向林哲一教授表达想要在中国翻译出版这本书之后,他在5个小时内即回复可以,并且帮我征得了其他几位共同作者的同意。想到我每次都是有事相求才联系林哲一教授,而且他每次都帮我顺利解决了问题,我就忍不住红了眼眶。2022年的春节前后,确定了翻译团队,我们便开展了一次又一次的线上会议,商定各自负责翻译的章节,与韩国出版社商议版权事宜。我们翻译团队的其他成员有韩玉洁、李振妍和韩国的洪秀旼,她们都是我的博士后辈,感谢她们在我提出翻译这本书时就积极配合我。韩玉洁的组织能力和行动力超强,第一时间拉来团队。她是我博士学习期间的师妹,那时她是在读硕士研究生,现在是在读博士研究生。李振妍负责的内容最多,且一直主动帮我分担后续的琐事。洪秀旼是韩国人,中文很好。虽然外国人翻译中文是一件很困难的事,但是她依旧做出最大的努力翻译了部分内容。在翻译过程中，正值新冠疫情肆虐，大家相隔较远，但每次开完线上会议后都会严格按照时间节点提交书稿，彼此监督，互相帮助，商讨研究，查找资料。她们三个都还处在博士课程学习的过程中，走过这条路的我知道她们有多忙、多辛苦，但是大家从没有抱怨过一句，直到完成所有的书稿翻译。

初步完成书稿翻译只是刚刚踏上这条路的第一步，修改的路程更加漫长且艰辛。将韩语翻译成中文本身就是一件很困难的事情，而且很多教育技术学的专业用语都是用英文表达的，韩国也结合了自己国家的情况，在专业用语上有很多不同的地方。为了翻译得更加本土化，翻译过程中需要不断查找资料，力求做到有出处。认真研讨语句，力求做到信达雅。我在每次对翻译的内容进行修改的时候，都切身体会到"翻译就是一个再创作的过程"。

本书是在安徽师范大学教育科学学院院长李宜江的大力支持下翻译完成的。在校对过程中，北京师范大学的刘美凤教授给了我很大的鼓励和指正，本书也特邀请她写了序；安徽师范大学教育科学学院教育技术学教工党支部书记陶佳副教授作为国内本土的教育技术专业学者，与我探讨专业名词；宿州学院信息工程学院副院长崔琳教授作为理工科的学者，在百忙之中仔细研读，严谨且注重细节，敬业精神给我很大的鼓舞。我的教育技术专业的学生龚蕾、刘心茹、盛玺宁也通过一遍又一遍地研读文章，向我提出她们不懂的地方，然后我再逐字逐句地进行修改。后辈杨婉萍和同事席鹏老师为我提供了书中的案例图片，张易莲和石婧蕊帮我绘制了流程图，非常感谢他们的帮助。同时，向参与本次翻译的各位学者、教师和学生表示感谢，对中国社会科学出版社的编辑工作者深表谢意。

本书的翻译工作是在大家的共同努力下完成的，具体分工如下：张帅负责前言、第一章和第十二章的翻译，以及整体翻译的统筹和校对工作，洪秀旼负责第二章和第三章的翻译，韩玉洁负责第四章、第五章和第六章的翻译，李振妍负责第七章、第八章、第九章、第十章和第十一章翻译。另外，为了方便读者查找韩文文献，本书各章后面附上了参考文献中对应韩国作者的韩文和英文姓名对照表。

科技改变教育，教育改变命运，我们期待在改善教育上贡献一份力量。路漫漫其修远兮，吾将上下而求索。希望本书的出版能够帮助广大教育工作者理解教育技术，帮助师范生更好地运用技术，也对教育决策者提供借鉴。由于译者水平有限，且关于翻译此类韩国教育技术的著作目前几近空白，缺少可借鉴和比较的参照，难免存在错误和不妥之处，敬请各位专家、同仁批评指正。

张帅

2023 年 9 月 4 日

序

　　张帅博士邀请我为她翻译的她的博士生导师——韩国著名教育技术学者林哲一教授——撰写的著作《教育技术与教学》作序，我欣然应允。一方面，支持年轻人的工作和发展是我特别愿意做的事情；另一方面，我也特别好奇地想知道韩国教授是如何阐述教育技术的。于是，就用了一段时间断断续续地浏览完了这本书的内容。

　　据了解，韩国教育技术领域的大多数学者是从美国学习之后回国发展的。因此，在韩国有个说法，就是，如果判断一个韩国教授是哪个学派，只需要知道他们是从美国哪个大学学习教育技术的。

　　的确，读完这本书的第一个感觉就是，整本书的教育技术学定位确实建立在美国学者对教育技术学研究的基础之上。韩国信息技术的发展处于世界领先地位，他们特别重视前沿技术的发展及其教育应用。这本书强调媒体及其教育应用是教育技术学的重要内容，而且花了很多笔墨介绍前沿技术的发展及其对未来教育可能的影响；与此同时，本书并没有将教育技术的认识停留在新技术及其教育应用上，而是特别强调了技术的本质内涵，即技术是系统利用科学知识解决实际问题。所以，本书认为系统方法和教学设计是新媒体技术及其教育应用的重要前提，系统并很突出地进行了阐述。本书对教育技术的认识是相对全面的。

　　基于这样的教育技术定位，本书从教育目的即培养什么人出发，关注21世纪的核心素养，阐述了各种利用新技术促进学生核心素养发展的教学模式及其详细的设计环节，并对第四次工业革命如何利用人工智能技术进行定制化教育的前景进行了描述，符合教育个性化的发展趋势，试图实现教育技术解决教育教学的实际问题的定位。

　　总之，本书的体系与本书对教育技术的定位是一致的；既触及技发展的前沿（增强现实、物联网和人工智能最新技术及其教育应用等），又阐述了最新的教育技术理论基础（尤其是对客观主义的认知理论与建构主义对教学的影响部分），不可谓不深刻；其中对教学设计实践部分的阐述，是有在中小学实践过的痕迹的，与我有共鸣；最后，本书的内容体系是全面的，适合教育技术学专业的学生和老师研读。

  是为序！

刘美凤

北京师范大学教育学部教育技术学院教授

2023 年 2 月 18 日

目 录

第六版前言 …………………………………………………… (1)

第一章　教育技术与教学的相关概念 …………………………… (1)
第一节　教学与教育技术 ………………………………… (2)
第二节　教育技术学的发展 ……………………………… (7)
第三节　未来教育与教育技术 …………………………… (10)

第二章　教学系统设计Ⅰ …………………………………… (17)
第一节　教学系统设计的定义及特征 …………………… (18)
第二节　教学系统设计模型 ……………………………… (22)

第三章　教学系统设计Ⅱ …………………………………… (34)
第一节　教学需求分析 …………………………………… (35)
第二节　教学目标设置 …………………………………… (41)
第三节　学习任务分析 …………………………………… (53)

第四章　以教师为中心的教学与教学设计 ……………………… (60)
第一节　教学设计理论的特点 …………………………… (61)
第二节　加涅的教学设计理论 …………………………… (62)
第三节　凯勒的学习动机设计模型 ……………………… (67)

第五章　以学习者为中心的教学与教学设计 …………………… (80)
第一节　以学习者为中心的教学理论背景 ……………… (81)

第二节　以学习者为中心的学习环境设计模型 …………………… (88)
　　第三节　以学习者为中心的教学评价设计 ………………………… (92)
　　第四节　以学习者为中心的学习环境设计 ………………………… (98)

第六章　以学习者为中心的教学方法 …………………………… (106)
　　第一节　问题导向学习 ………………………………………………… (107)
　　第二节　讨论·辩论学习 ……………………………………………… (116)
　　第三节　项目式学习 …………………………………………………… (130)

第七章　教学资料开发 …………………………………………… (142)
　　第一节　教学媒体的理解 ……………………………………………… (143)
　　第二节　教学媒体的选择和使用 ……………………………………… (150)
　　第三节　教学资料设计原理 …………………………………………… (153)

第八章　运用技术进行教学的基础 ……………………………… (160)
　　第一节　教学与技术 …………………………………………………… (161)
　　第二节　学习者的数字素养 …………………………………………… (167)
　　第三节　教师运用技术进行教学的能力 ……………………………… (177)

第九章　运用技术进行教学的实践 ……………………………… (188)
　　第一节　运用技术的课堂教学 ………………………………………… (189)
　　第二节　翻转式学习 …………………………………………………… (201)
　　第三节　在线学习 ……………………………………………………… (207)

第十章　教案设计 ………………………………………………… (218)
　　第一节　教学计划设计的情境 ………………………………………… (219)
　　第二节　以教师为中心的教案设计 …………………………………… (224)
　　第三节　以学习者为中心的教案设计 ………………………………… (228)
　　附录 ……………………………………………………………………… (236)

第十一章 教学实施与沟通 ·· (248)
  第一节 教学与沟通 ··· (249)
  第二节 以教师为中心的教学实施 ······························ (251)
  第三节 以学习者为中心的教学 ··································· (265)
  第四节 微格教学与反思 ·· (270)

**第十二章 第四次工业革命、智能信息社会以及教育技术
课程的新篇章** ··· (280)
  第一节 第四次工业革命的到来与社会环境、
        教育环境的变化 ·· (281)
  第二节 应用智能信息技术和数字技术与教学
        方法的革新 ··· (289)
  第三节 未来教育的展望和教育技术性教学方法的
        课题 ·· (297)

第六版前言

自1999年《教育方法的教育技术学理解》（此书原名）首次出版以来，不知不觉已经过去了20多年。这本书经过几次修改，作为教师教育中《教育方法及教育技术学》课程的主要教材，受到了广泛的喜爱。本书不仅以教育技术学的角度审视了"教育方法"的主要领域，还注重对实用性知识的传递与培养。有人评价这本书详细介绍了教育技术学的知识和原理，不过也有人指出，该书的部分内容过于理论化，理解起来有一定的难度。

从2020年暑假开始，我们着手全面修改这本书。其中，根据社会需要，修改内容主要反映了培养教师过程中的学校实际情况和教师需求。目前，各个学科都在全面审查传统教学学科的名称和培养方案，教育技术学也进行了相应的工作，制定了新的课程标准。我们一致认为，基于该标准和现有第五版的核心内容，很有必要对本书展开修改，以反映新时代的新需求。

为适应新时代的学术潮流，本书对第五版《教育方法的教育技术学理解》的内容进行了全面修订，在第六版中将书名更改为《教育技术与教学》。本书的几个变化特征如下。第一，以"教学媒体的应用"和"课程设计"为中心，介绍了教育技术学的学术性特点，详细阐述了"教学系统设计"的基本概念及主要阶段。不仅讲解了教学系统设计的定义、特征和主要模型，还讨论了如何分析学习需求、如何设定教学目标以及分析学习任务。

第二，将基于教学系统设计的教学设计分为以教师为中心的教学和以学习者为中心的教学两个部分进行探讨，特别探讨了多种以学习者为中心的教学方法，如问题导向学习、讨论·辩论学习、项目式学习等。

这一点反映了学校对学习者主动参与课程的现实要求。

第三，针对教学设计，提出了教学资源开发的模型和原理。在阐述教学媒体的选择、使用以及设计原理后，同时介绍了运用技术进行教学的基础理论和实际案例。在理论方面，特别强调了数字素养和运用技术的教学能力。从实际层面出发，说明了移动学习、游戏化、运用人工智能的教学、翻转式学习、在线学习等最新的教学尝试。

第四，为加强本书的实用性，在延续教学资源开发的内容上，将教学设计列为独立的章节。在强调教学设计的重要性的同时，分别介绍了以教师为中心的教学设计和以学习者为中心的教学设计，并在每一种教学设计中包含了相关理论和实际案例，反映了学校现场教学和实践的结果。同时，本书从沟通的角度，展示了运用教学方案实施课程的过程。基于教学和沟通技术的基本理论，介绍了以教师为中心的教学实践和以学习者为中心的教学实践，以及微格教学、反思和课堂咨询。

第五，在运用教育技术教学的新视角下，提出了第四次工业革命和智能信息社会带来的未来教育方向。分析了第四次工业革命带来的社会环境和教育环境的变化，以及由此要求的未来人才所需的核心能力，并揭示了教育技术学应如何引导创新的教学方法。

从 2020 年 5 月企划修订版开始到修改完成的今天，新冠疫情仍未停止。如今，非面对面教育、远程教育等已经成为新的教学日常。脱离传统的课堂教学，跨越线上线下的混合学习、混合式学习模式都已经不再陌生。在第六版修订版中，我们尽最大努力展示了这些变化对教育领域的新需求，但仍有不足之处，有待改进。我们承诺今后会更细致地观察使用这本书的教师和学生的期望与诉求，奉上拙著。

在本书的修订过程中，我们通过多次在线视频会议交换意见、协调工作，不分昼夜，不辞辛苦，对此我们互道感谢。通过书籍的修订工作，继续维持过去 20 年间的学术前后辈关系，何不是一种乐趣。最后，十分感谢教育科学出版社社长韩正珠（音译）和编辑室职员们的辛勤工作。

朴成益、林哲一、李在京、崔廷任、赵颍桓

2021 年 5 月

第 一 章

教育技术与教学的相关概念

  金同学是一位科学教育专业的师范生,这个学期她有一门课叫作《教育技术与教学》。通过对《教育学概论》《教育心理学》《教育社会学》等课程的学习,她对师范课程有了基本的了解,但是对于即将到来的教育实习该如何进行,她有些不知所措。金同学很担心自己是否能备好课并上好课。

  这时,她从一位前辈那里听说,学习《教育技术与教学》这门课,可以在一定程度上对上课的准备工作有所帮助。前辈告诉她在《教育技术与教学》这门课上,会学习使用 PowerPoint 等软件来辅助授课的方法,还会学习"教学设计"(instructional design)的相关知识。

  使用 PowerPoint 授课很容易理解。因为在初高中时,很多老师都使用 PowerPoint 来上课,在大学里也有不少教授使用 PowerPoint 和投影仪进行教学。初高中教师以及大学教授使用 PowerPoint 讲课时,学生虽然有时会觉得有帮助,但很难集中注意力。所以她想通过《教育技术与教学》这门课,学习如何有效地使用 PowerPoint。

  但是,通过《教育技术与教学》这门课学习"教学设计"的说法让人难以理解。所以,她问前辈"教学设计"是什么。于是,前辈提及了"教学系统设计""以学习者为中心的学习环境设计""移动学习"等有些复杂的专业术语,并对此进行了一番解释。听了前辈的介绍,金同学才明白,教育技术学不只是单纯地学习利用电脑等工具或机器的方法。"那么,究竟在《教育技术与教学》中会学到什么呢?"这让金同学心生好奇。

  本章考虑前面所提到的情况,在备课和授课方面,概括地提出了教育技术学的主要特点。从教学的实际方面出发，分析教育技术能做出什么样的贡献；从教学设计层面来看，以教学媒体的应用来说明教育技术的历史发展过程。最后，论述了运用尖端科技的教育技术学的功能和作用。

目　标

1. 说明教学与教育技术的关系。
2. 从教学媒体和教学设计的角度来说明教育技术的历史发展过程。
3. 说明未来社会的教育中教育技术学的作用。

第一节　教学与教育技术

一　教学的实质与教育技术

教育技术（Educational Technology）涉及如何进行教育，教学是其主要的研究对象。教学（Instruction）是指教育中以计划为基础的教学行为，除了一般内容的传达，还包括制定目标、导入方法、运用媒体、展示案例、呈现评价、提供练习和反馈等多种要素，是复杂且综合性的（林哲一，2012）。对于这样的教学，可以从多种学术角度来理解，我们从以下具体的教学案例中了解教育技术是如何定义和理解教学的。

首先，让我们来看看近些年经常提到的翻转学习（Flipped Learning），也称翻转式学习。由于能够促进学习者积极参与并帮助其获得有意义的知识建构的经验，2010 年以来翻转学习一直备受瞩目。翻转学习如字面意思，就是将现有的教育方式翻转过来。在这里，指将原本在教室内进行的教师讲解说明等教学活动在教室外进行，准确来说，这些活动是通过网络实现的；而将学生原本在教室外进行的练习或作业等活动在教室内进行（Bergmann, Sams, 2012）。在进行翻转学习的过程中，学生们会事先观看视频形式的教学资料，然后在教室里以个人或小组形式获得解决问题的经验。

翻转学习是一种非传统的教学方法，它受到关注的原因主要有两个方面。一方面是因为它在一定程度上解决了学生在教室里被动学习的问题。在翻转学习的教室里，学生们不再只是听老师的讲解，还进行主动寻找问题答案、共享学习材料、尝试解题、汇报等一系列学习活动。为了能顺利进行以上活动，需要有两个基本前提：一是要事先向学生提供合适的在线视频形式的教学资料，学生要自己提前学习以便能参与课堂活动；二是教师应该设计各种各样的活动，并引导学生有意义地参与。另一方面，由于2020年新冠疫情的影响，各学校不可避免地采用了远程教育。以前，只有网络大学等高等教育机构以多种形式采用远程教育。在基础教育中，除了特定的几个开放中学、高中外，几乎没有进行过远程教育。但是在学生不能来学校的情况下，很多学校以教师们在教室里通过网络进行授课，而学生们在家学习的形式进行远程教育。也有些学校采用远程教学和学习管理的网络学习中心（e-learning Center）等学习管理系统（Learning Management System，LMS），或者使用支持实时视频教学的系统（Zoom或Meet）来进行远程教学。而且，基础教育中的远程教学有"实时双向教学""内容中心教学""任务中心教学"三种方式，学校根据具体情况，采用其中一种或几种混合的方式进行远程教学（Park et al.，2020）。

上述代表性教学案例的内涵大致包含两方面的意义：其一，在教学或课堂上，媒体（media）或技术（technology）已经成为重要的因素；其二，除了技术以外，不得不考虑进行有效果的教学方法。在翻转式学习中，为了能够让学习者在课前观看网络视频资料，教学者需要开发教学视频资料，并有效地引导学生学习；除此之外，还需要教学者在教学设计中事先设计好在教室内学生能够参与的多种多样的教学活动。在远程教学中，教师和学生将在物理分离的状态下，利用实时视频课程和学习管理系统等高度发达的网络工具进行教学。为了引导学生进行有效的参与，教师需要在教学设计中添加引导和反馈等（例如，在网络讨论室里引导各小组进行讨论并反馈）。

基于以上情况，教育技术（educational technology）基本上包含了教师在教室内和教室外的各种教学活动中如何使用媒体或技术的方法。在采用翻转学习时，需要处理如何在教室内使用平板电脑，或者如何在开视频讲座时运用相关资料等问题。但是稍加思索就会发现，为了引导和维持学习者的学习动机和认知性参与,仅凭运用媒体或技术本身是不够的。需要综合考虑包括媒体或技术在内的各种因素,即需要教学设计(instructional design)(林哲一,2012)。教育技术不仅仅是媒体的运用,更包含了以如何上课或如何进行教学设计为中心的系统性的知识。

二 教育技术学的特性与定义

教育技术学是一门研究如何在教育中运用媒体或技术的学科。但是,如果只把焦点放在视听媒体或电脑等多媒体的应用上,就会发现这无法达到令人满意的教育效果,因此需要把焦点转移到包含媒体在内的系统方法(systems approach)上来。这时,我们重新关注技术(technology)这一词。接下来,我们从教育上运用媒体的角度出发,到最终达成终极教育目标的概念框架下,探索教育技术学的学科属性。

技术(technology)是教育技术学的基础概念之一(Galbraith,1967),根据 Sharon E. Smaldino 等的定义,技术是"为了解决实际问题而系统地应用科学知识或系统化的知识"(Smaldino et al.,2005)。这个定义大致包含三种特性,当每个特性同时存在时,技术的意义就很清楚了。

第一,工学[①](技术)将焦点放在解决问题上。与技术形成对比的学科领域,我们可以参照科学。科学本质上关注现象的因果论解释。例如,物理学解释"月亮围绕地球旋转"这一现象的原因;心理学探索"人类表现出的特定行为的理由""学习成功或失败的原因"这类问题的因果答案。

与此相反,工学(技术)首先关注解决问题,提出解决实际问题的方案。例如,建筑工学(architecture engineering)对建立坚固实用、经济性的建筑物的问题提供合理的答案;机械工学对设计有效的发动机等问题给出最佳解决方案。在这种意义上,教育技术学也要对提出的教育问题提供解决方案,特别是提供对教学和学习问题的最佳解决方案或方法。

第二,工学(技术)以科学知识和组织化的知识为基础。工学在词典中是"以产业为目的的应用科学"(Houton,1993)。在工学的这种词典意义上,我们需要关注的是"应用科学"。如前文所述,建筑工学不以

---

① 此处的工学是指韩国将教育技术中的技术(technology)翻译为工学一词,下同。

物理学提供的各种科学原理（负荷原理、杠杆原理等）为基础，就无法建立建筑设计的知识体系；没有化学、生理学等基础知识，就无法制造有效的药品也是同样的道理。

虽然我们试图从技术学的角度来解决教学或学习的问题，但是最终还是要以人类学习或教学现象的相关科学知识的积累为基础。对于如何规划、设计、实施课程，关于"学习成功或者失败的原因是什么？""什么样的教师教得好？""儿童或成人学习者各自具有什么样的认知特性？"这些科学的说明为教育技术学提供了基础知识（Driscoll，2005；Yang，2007）。

第三，技术所具有的重要概念特性之一是"系统性"。系统或体制（system）是用于指出和解释人类及自然现象的概念，应用范围非常广泛。我们经常会听到"社会体制""政治体制""教育体制"等词语，对"恒温系统""神经系统"这样的词也不陌生。

系统这个概念来源于生物学（von Bertalanffy，1968）。作为有机体，生物与环境相互作用。这些有机体内部，由与之相互关联的下级要素构成，为了生存，在变化的环境中不断运作。例如，当人类快速奔跑时，身体的各个器官都会协同工作。为了摄取大量氧气，呼吸加快；心脏为了提供必要的血液，迅速进行收缩活动。另外，为了冷却体内温度，身体不断流汗，以便向体外散发热量。

为了适应特定的环境条件，有机体及其下级要素综合性地自动运转。综上所述，系统是指为达到特定目的，做出贡献的相关要素的集合体（a set of interdependent components）。作为一种系统，有机体通过与外部环境的相互作用来维持自己的存在。这种有关系统的看法不只局限于说明生物学现象，还扩展到了对人类社会现象和认知现象的说明，甚至成为解决实际问题的基本原则。

到目前为止，我们回顾了工学（技术）的三个概念要素，即"解决问题"，尝试"科学知识的应用"，以"系统"的观点为基础。正是工学（技术）的这种意义，使得它在视听教育发展成为一门新的学科过程中起到了重要的作用。教育技术不再局限于开发视听媒体或将其应用在相关问题的解决范畴，而是将更广泛的教育活动（主要针对教育方法）重新界定为技术引导的学科。

根据以上观点，我们试图对教育技术进行再定义，2008年美国教育传播与技术协会（AECT）正式提议的教育技术的定义如下。

教育技术是通过创建、运用、管理适当的技术流程与资源来促进学习并改善行为表现的研究和符合职业道德规范的实践。（Educational technology is the study and ethical practice of facilitating learning and improving performance by creating, using, and managing appropriate technological process and resources）（Januszewski，Molenda，2008）

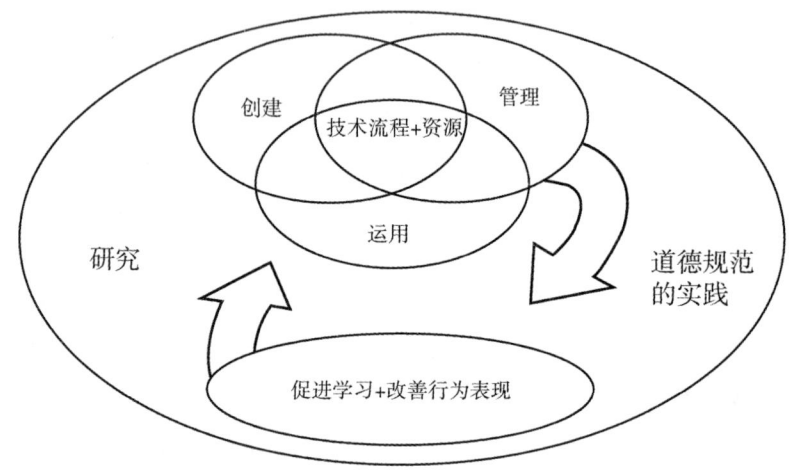

图1-1　美国教育传播与技术协会定义的教育技术构成要素关系

根据前文教育技术的定义，引申出教育技术学的特征。第一，教育技术学作为一种研究领域，运用传统的量性研究方法论和替代性的质性研究方法论，创造有关的理论知识。第二，教育技术学不仅是一种研究或学科领域，更强调的一点是实践领域。历史上对于媒体的运用经历了伦理层面的争论，最近与数字资料的知识产权问题联系在一起，则尤其要强调实践中道德规范的重要性。第三，教育技术学以促进学习为目标。教育技术学反映了学习理论研究的巨大变化，并对能够进行这种学习的方法感兴趣。第四，在学习的同时，强调了另一个重要的结果——行为表现（performance）。行为表现意味着在实际情况下可以利用学习到的东西的能力。除了促进行为表现的教育，还对各种方法感兴趣。第五，教育技术学还包括教育中创建、运用、管理必要的教育资源和教学相关的方法。

第二节 教育技术学的发展

为了帮助理解前文所说的教育技术学的特性，下面简要介绍在教育技术学历史发展过程中，主要领域出现的教学媒体的运用和教学设计。

一 教学媒体的运用

媒体在教育中正式运用是在 20 世纪初期，美国以视听教育（audio visual education）为中心进行了多种研究和实践（Saettler，1990）。从幻灯片、胶卷开始，在教育中应用广播、电视、计算机、多媒体、PPT（PowerPoint）和投影仪（Beam Projector）、在线学习（e-learning）、移动工具（mobile device）。最近，教育现场也正在尝试使用许多实时视频授课系统的媒体进行教学。

将媒体运用到教育中的理由可以从多个角度进行说明。其中，很久以前戴尔（Edgar Dale）就提出了"经验之塔"（Cone of Experience）（见图 1-2），将媒体的运用与学习者的经验水平简洁适当地联系在一起（Dale，1969），"经验之塔"至今仍然是有意义的说明体系。

戴尔的"经验之塔"的底部从学习者直接参与的经验开始，中间通过观察等间接经验，最终到达塔的顶端，即对语言等象征符号进行分类。学习者通过这些经验过程，分别进行"依据行为的学习"（learning by do）、"通过观察的学习"（learning through observation）、"通过推理的学习"（learning through abstractions）。戴尔试图通过这个模型来展示，只有以具体经验为基础的抽象经验才有意义。也就是说，在课堂活动中，只有当学习者有了更具体的体验（例如，利用视听媒体进行教育体验时），才能够很好地进行抽象内容的学习。

教学媒体以提供具体的经验为理论基础，不断探索有效运用媒体的方法。其中，首先要关注 ASSURE 模型。该模型中的媒体并不是独立存在的，而是将媒体作为准备课程或者设计课程的整体过程中的一个要素。ASSURE 模型是 20 世纪 80 年代初期由 Robert Heinicht 等开发的，一直沿用到现在。该模型在教学设计层面，简洁地表明了教学媒体的开发和利

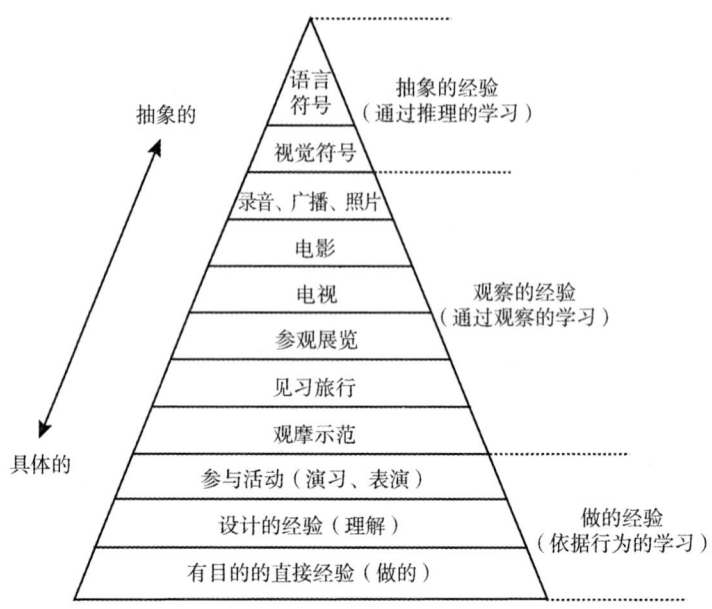

图1-2 戴尔的"经验之塔"和学习的三种类型

用,具有重大的意义。ASSURE模型是将选定媒体和应用的六个阶段的英文术语的第一个字母合起来而命名的(Heinich et al., 2002)。

- Analyze learners（分析学习者）
- State objectives（陈述目标）
- Select media and materials（选择媒体和资料）
- Utilize media and materials（使用媒体和资料）
- Require learner participation（要求学习者参与）
- Evaluate and revise materials（评价和修订资料）

在该模型中,在分析学习者和陈述目标活动之后选定或开发媒体。考虑到教育的具体情况选定最佳媒体,并将其运用到教育现场中。在这一过程中,将学习者的诱导参与设定为单独的一个阶段,将媒体的运用看作与学习者的参与一样重要,并且在媒体的使用过程中,重视学习者的参与,这就摆脱了媒体仅作为说明来使用的局限性。最后,评价是否恰当地使用了媒体,并进行相应的修改活动。

二 教学设计

ASSURE 模型是在教育中有效利用媒体的方案,在这之后,正式开始关注教学设计,并将媒体的开发和利用设定为其中一个阶段。这是系统性教学设计(systematic instructional design)观点的具体化(林哲一,2012)。系统性教学设计以教师的实际备课活动为对象,试图将有关学习和课程的科学研究结果系统地应用于教师的课程准备和实施过程中。系统的教学设计或教学系统设计(instructional systems design)的代表性模型即迪克—凯里模型(Dick, Carey, Carey, 2009)(见图 1-3)。

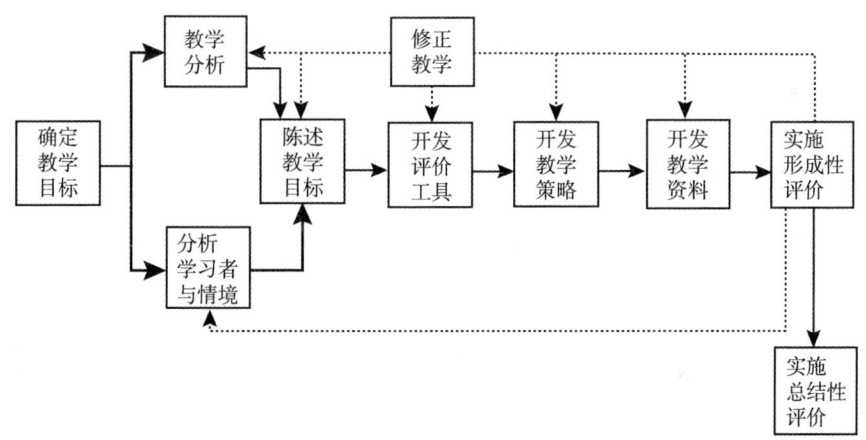

图 1-3 迪克—凯里教学系统设计模型

注:这是 Walter Dick 等的第七版模型(Dick, Carey, Carey, 2009),与 20 世纪 90 年代的模型在术语上有一些差异。

该模型提出了根据分析、设计、开发和评价阶段系统地运用现有教育和学习的多种科学理论(例如,加涅的学习条件、确认行为表现目标、使用评价工具的电子档案等)的方法,通过这个过程来确保教育的有效性。在这里,教学媒体被视为根据教学策略开发课程资料的一个下级因素。以之前阶段的分析和设计活动为基础,开发和利用最佳的教学媒体和资料。

本书讲到的教学设计不仅涉及加涅的教学事件和凯勒的学习动机设计理论,还涉及建构主义观点的多种以学习者为中心的教学设计理论和模型。总之,教育技术学从教学设计的角度出发,讲述了在多种教育和学习情况下可以运用的教学模型的知识和实践。

第三节 未来教育与教育技术

前文关注了教育技术的学科特性和教育方法论的实践,尤其是在应对未来教育的准备过程中,教育技术学起到重要的作用。应对未来教育的教育技术学要求大致有两个:一个是如何培养第四次产业革命未来社会人才所要求的素养;另一个是如何在教育中利用未来社会的高科技,如物联网(internet of things)、云计算(cloud computing)、大数据(big data)、移动计算(mobile computing)、人工智能(artificial intelligence)等(林哲一,2019)。

一 未来社会的教育目标与教育技术

首先,有必要从教育技术的角度研讨应对未来社会的教育目标制定和目标达成的方法。目前,对未来社会教育目标的讨论焦点在于,不仅仅是依靠传统的教学获得的知识和基础的理解能力,更在于获得未来社会所要求的工作能力。例如,美国21世纪技能协作联盟提出了未来社会所需的核心素养(Partnership for 21st Century Skills,2009)(见表1-1)。

表1-1　　21世纪未来学习者的核心素养

核心素养	具体能力与素养
学习与革新素养	创意性与革新、批判性思考与问题解决能力、沟通与合作
信息通信技术素养	信息素养、媒体素养、ICT素养
生活与职业素养	灵活性与适应能力、进取性与自我主导、社会性多文化交互、生产性与责任心、领导力与责任感

这里从"学习与革新""信息通信技术""生活与职业"三个方面提出了21世纪未来学习者的核心素养。特别值得关注的是被称为4C的素

养,即创意性(creativity)、批判性思考(critical think)、沟通(communication)、合作(collaboration)。在此基础上,还强调了包括4C和计算思维(computational thinking)的5C。计算思维也叫计算机思维,意味着"用电脑有效执行的方法查明问题,并且对此提出解决方案的一系列思考过程"(Wing,2008)。

韩国于2015年设立了教育课程创意·融合型人才奖,明确制定了教学课程的教育目标,即不仅要培养学习者学习知识的能力,还要培养将知识运用到解决问题上的能力(韩国教育部,2016)。韩国除了现有的传统教学内容定义的教学素养,还提出了核心素养。核心素养是指通过教学和创新性体验活动,培养学生必须展现的能力和通过学校学习培养未来社会所要求的能力,包括自我管理能力、知识信息处理能力、创新思维能力、美学鉴赏能力、沟通能力、共同体素养等,核心素养与教学素养形成互补性的关系。

教育技术学有必要以对未来社会要求的这种核心素养的理解为基础,探讨如何培养这些素养。为了培养创新和融合这两个非常重要的核心素养,STEAM教育中的数学和科学教育一直在努力。这一方法认为将科学(science)、技术(technology)、工程学(engineering)、艺术(art)、数学(mathematic)五个教学领域分开教学,不如综合性地进行教学。虽然在数学或科学的学科教育中是以探究法为主要的方法,但是教育技术学领域为了应对这种变化,也在进行针对STEAM教育的教学设计原理开发等实践研究(Choi,2017)。

培养未来教育的核心素养的另一种方法是进行创客教育(maker education)。该方法是将创客运动带到学校现场,与前文提到的STEAM教育进行综合性应用。在创客教育中,学习者基本上会在创客教育空间制作原型(prototype)。通过动手、制作、实践过程,自然地探索、应用、整合知识和技术。从问题定义开始,进行设计、开发等活动,利用3D打印机和激光切割机等来制作试制品。在小学的应用科目(以前韩国小学科目的一种,也叫实用课)和技术教学教育科目课程中,结合教育技术学理论尝试开发了新的教学模型(Kang,Kim,2017),也开发研究了利用物理计算工具进行的创客教育课程模型(Kim,Lim,2019)。

随着第四次工业革命的到来，在应对未来社会的教育中，现在备受瞩目的是编程教育。编程教育顾名思义是以软件开发能力为目标的教育，其中包括教什么和如何教两个要素。教育技术学关注数字化，尤其关注后者，即如何教编程。编程教育并不是单纯地教代码运行的教育，而重点是在编程教育中将计算机思维（computing thinking）概念化（Wing, 2008）。一方面，编程教育是以计算机思维来查明现实中的各种问题并寻找解决方案，这个观点具有一定的意义；但另一方面也可以从学科整合的角度来看待编程教育。例如，对于社会教学中人口老龄化的问题，教育技术学正在努力从计算机思维角度寻找问题的定义和解决方案（Leem, 2018）。

二 尖端技术的发展与教育技术

首先要说的是人工智能教育，人工智能教育是一种应用能够代替人类认知能力的人工智能的教育方法。例如，在英语教育中正在尝试利用人工智能音箱为学习者提供实际对话练习机会的学习方法（Hyun, Im, 2019）。对人工智能教育的关注，基本上是因为人工智能可以根据学习者的具体水平和要求提供个性化的课程。人工智能应用教育的可能性早就通过智能教学系统（intelligent tutoring system）进行了探索（Kye et al., 2016）。最近，在韩国尝试公开使用可汗学院（Khan Academy）为学习者根据其水平提供个性化的小学数学课程，之后，人们对此的关注度越来越高。除了数学，在英语教学等方面也开始使用人工智能提供符合个人水平的教学内容，并根据考试结果提供针对个人水平的额外练习题等，对应用人工智能教育的关注度持续升高。尤其是在解决教育差距这一难题上，更加期待人工智能可以发挥重要作用。因此，预计今后会有很多类似的研究。

教育技术学的研究热点和研究对象之一是应用增强现实（augmented reality）和虚拟现实（virtual reality）技术，或者说在学校教育中给学习者提供真实感和现实感（Ryu, Yu, 2016）。虽然现实情境是最丰富的也是最好的，但实现起来难度非常大，或者直接体验的费用较高，又或者无法避免随之而来的危险。举例来说，我们可以直接去告诉小学生关于孤岛的生态系统，除此之外，还可以利用虚拟现实和增强现实技术提供间接的体验活动。韩国正在开发的电子教科书中包含了虚拟现实和增强现实技术的内容。今后，会根据教学的特性和要求（例如，社会学这门课里将通过虚拟现实技术体验法庭上实际发生的情况），开发出多种虚拟现实或增强现实技术应用场景，让学习者能够有趣地参与教育和学习活动。

另外，国外正在尝试将物联网运用到教育中。物联网是指在各种物体中内置传感器和通信功能器件，将物体与网络相连接。首先利用传感器，设计可以连接课堂内外的实践学习活动。例如，为了给学生提供有关农作物栽培的实际经验，可以利用 24 小时监测温室环境并实时提供相关信息的系统。这样，学生们会更深刻地理解农作物种植的影响因素及其影响结果，并在此过程中获得解决问题的方法（Dirjish，2017）。物联网技术可以在课堂内收集和分析与学习者学习活动相关的行动数据，并应用于提供适当建议的系统设计中。通过收集课堂内学习者合作学习的相关活动和课程数据，分析合作的水平和质量，教师可以适当地介入需要帮助的个人或团体。在保护学习者隐私的同时，利用物联网为其提供最佳的教育基础设施，对此我们期待教育技术学的深入研究。

练习和探究问题

1. 选择一个与翻转学习相关的教学模型来描述其特点，并分析其在哪些方面具有教育技术学的特性或不具有教育技术学的特性。

2. 从媒体运用方法的知识体系的观点，举例讨论教育技术的局限性。

3. 现在正在尝试使用人工智能音箱来进行教育，请找出实际的案例并讨论在哪些方面反映了教育技术学知识。

参考文献

강인애, 김명기 (2017). 메이커 활동의 초등학교 수업적용 가능성 및 교육적 가치 탐색. 학습자중심교과교육연구, 17(14), 487-515.

계보경, 박태정, 차현진, 정광훈 (2016). 4차 산업혁명시대 IT 융합 신기술의 교육적 활용방안 연구. 대구: 한국교육학술정보원.

교육부 (2016). 2015 개정 교육과정. 세종: 교육부.

김근재, 임철일 (2019). 초등학교에서의 피지컬 컴퓨팅 도구를 활용한 메이커 교육 수업모형 개발 연구. 교육공학연구, 35(3), 687-728.

류지헌, 유승범 (2016). 가상현실 기반 수업 시뮬레이션의 시나리오 내용이 예비교사의 교사효능 감과 가상실재감에 미치는 효과. 교육정보미디어연구, 22(3), 633-652.

박상훈, 김은협, 김태우, 유미경, 양선환 (2020). 원격교육 수업 실행 방안. KERIS 이슈리포트(RM 2020-11).

양용칠(역) (2007). 수업설계를 위한 학습심리학. 서울: 교육과학사.

임정훈 (2018). 소프트웨어 교육의 주요 이슈와 소프트웨어 교육 발전을 위한 교육공학자의 역할. 교육공학연구, 34(3), 679-709.

임철일 (2012). 교수설계이론과 모형(2판). 파주: 교육과학사.

임철일 (2019). 미래 사회와 교육을 위한 교육공학 연구 및 실천 영역의 재조명. 교육공학연구, 35(2), 253-287.

최소영 (2017). 초등 STEAM 교육의 창의적 설계 활동을 위한 교수설계 원리 개발 연구. 서울대학교 대학원 박사학위논문.

현주은, 임희주 (2019). 영어학습도구로서 인공지능 스피커의 분석 및 시사점. 영어영문학, 24(1), 201-219.

Bergmann, J., & Sams, A. (2012). *Flip your classroom: Reach every student in every class every day.* Washington, DC: International Society for Technology in Education.

Dale, E. (1969). *Audiovisual methods in teaching*, third edition. NY: Holt, Rinehart and Winston.

Dick, W. & Carey, L, & Carey, J. O. (2009). *The Systematic design of instruction* (7thEd.). 최수영, 백영균, 설양환(역) (2003). 체제적 교수설계. 서울: 아카데미프레스.

Dirjish, M. (2017). *Agritech initiative improves crop quality, yield, and profitability*. Retrieved from https：//www. sensorsmag. com/components/agritech-initiative-improves-crop-quality-yield-andprofitability.

Driscoll, M. P. (2005). *Psychology of learning for instruction* (3rd ed.). Needham Heights, MA：Allyn & Bacon.

Galbraith, J. K. (1967). *The New industrial state*. Boston：Houghton Mifflin.

Heinich, Molenda, Russell, Smaldino (2002). *Instructional media and technologies for learning* (6th ed.). Englewood Cliff, NY：Prentice Hall.

Houton, M. (1993). *The American heritage college dictionary*.

Januszewski, A. & Molenda. M. (2008). *Educational technology：A definition with commentary*. New York：Lawrence Erlbaum Associates. 한정선, 김영수, 강명희, 정재삼(역)(2009). 교육공학: 정의와 논평. 파주: 교육과학사.

Partnership for 21st Century Skills (2009). *P21 framework definitions.* Retrieved from http：//www. p21. org/storage/documents/P21 _ Framework _ Definitions. pdf.

Saettler, P. (1990). *The Evolution of american educational technology*. Englewood, Colorado：Libraries Unlimited.

Smaldino, S. E., Russell, J. D., Heinich, R., & Molenda, M. (2005). *Instructional technology and media for learning* (8th ed.). Upper Saddle River, NJ：Pearson Education, Inc. 설양환, 권혁일, 박인우, 손미, 송상호, 이미자, 최욱, 홍기칠(역)(2005). 교육공학과 교수매체. 서울: 아카데미프레스.

von Bertalanffy, L. (1968). *Applied general systems theory*. New York：Harper & Low.

Wing, J. M. (2008). Computational thinking and thinking about computing. *Philosophical Transactions of the Royal Society A：Mathematical, Physical and Engineering Sciences*, *366* (1881), 3717–3725.

附表1　　　　　　　　　　第一章引用文献对照

	对应韩文
（Kang, Kim, 2017）	강인애, 김명기 (2017)
（Kye et al., 2016）	계보경, 박태정, 차현진, 정광훈 (2016)
（Kim, Lim, 2019）	김근재, 임철일 (2019)
（Ryu, Yu, 2016）	류지헌, 유승범 (2016)
（Park et al., 2020）	박상훈, 김은협, 김태우, 유미경, 양선환 (2020)
（Yang, 2007）	양용칠 (2007)
（Leem, 2018）	임정훈 (2018)
（林哲一, 2012；2019）	임철일 (2012); (2019)
（Choi, 2017）	최소영 (2017)
（Hyun, Im, 2019）	현주은, 임희주 (2019)
（韩国教育部, 2016）	교육부 (2016)

第 二 章

教学系统设计 I

　　金智惠是一名师范生,她的梦想是成为一名优秀的老师,现在她正在朝着这个方向努力。她从小就想当老师,小学 5 年级时班主任对她产生了很大的影响。班主任总是认真备课,针对每个学生的水平尽量做到因材施教。在课堂上,没有什么不足之处,准时完成授课,几乎从不拖堂,并且为了不让学生在课堂上感到无聊,她经常列举适当的有趣例子,还积极引导学生们参与。除此之外,她不是单方面的灌输式地讲课,而是让学生们在解决问题的同时逐渐养成自主学习的习惯。

　　不久前,金智惠去参加教育实习,实习中她需要进行公开课教学。她决定像一直敬仰的那位班主任那样认真备课,希望给学生们留下深刻的印象。恰好,她在参加教育实习前听了一些教师教育课程。在这些课程的学习过程中,她学习了书写教案,也进行了示范授课。她以此经验为基础,开始准备实习公开课的教案。其一,她详细地填写了授课单元的名称、题目、教学目标、课上指导时需要注意的事项等;其二,她根据教学活动分配授课时间,列举了必要的资料。最终,得益于系统详细的课程方案设计,她顺利完成了教育实习并获得了好评。经历这些以后她才知道,那些年,她敬佩的班主任想必也和她一样,在课前把教案写得很透彻、很详细。

> **目 标**
> 1. 解释教学系统设计的定义。
> 2. 说明教学系统设计的主要特征。
> 3. 对主要教学系统设计模型进行比较并解释各个模型的特征。

第一节 教学系统设计的定义及特征

一 教学系统设计的定义

在教育技术领域，教学系统设计（Instructional Systems Design，ISD）是非常重要的活动。教学系统设计活动是从将教学（instruction）视为"系统"（system）的观点出发的。因此，为了理解教学系统设计的定义和特点，首先要了解系统及系统方法。

（一）系统及系统方法

"系统"（system）一词广泛应用在自然科学及社会科学领域，在各种文献中对系统的概念定义和特性都有相关的说明。关于系统的代表性定义如下。

- 为了共同目的，由各种要素系统构成的组织体（Hoban，1960）。
- 至少两个或更多个构成要素建立的特定单位（Steiner，1988）。
- 为实现既定共同目的而合作的相互关联的构成要素的集合体（Dick，Carey，1996）。

对系统的各种定义，其共同点是"为了达到共同目的，将系统构成要素有机地相互关联起来"。由此可见，系统的核心是构成要素之间的关系和形成的复杂多层结构。另外，大部分的开放系统与围绕该系统的外部环境也进行着持续且活跃的相互作用。因此，为了说明某种系统的特性，首先要确认其系统及构成外部环境的要素，然后要掌握其构成要素之间的相互关系。如果想改变某种系统的特性，要改变并控制该系统的核心构成要素、要素之间的关系以及外部环境。

前文提到的系统特征是"系统化方法"（systemic approach）的基础。

系统方法之前主要应用在自然科学和社会科学中。它是指记述事实或现象，对此进行说明或预测，直至实际处理问题的方法。很多学者都在讨论"什么是系统方法"，本书主要引用考夫曼（Kaufman，1972）和海涅克等（Heinich et al.，1996）的"系统方法"定义。

· 根据要求分析问题，设定解决问题的目标，对可行性方案和策略进行选择、实行、评价、修订的一系列有逻辑的、合理的过程（Kaufman，1972）。

· 研究构成系统的所有要素之间的关系，明确目标后执行任务，并根据目标进行评价和修改结果的系统方法（Heinich et al.，1996）。

在系统方法中，将系统问题定义为系统的"当前状态"（what is；As-Is）和"理想状态"（what should be；To-Be）之间的"差异"（gap）。为了解决该问题制定各种对策，选择其中最佳的解决方案并实施，评价其效果并进行修改和完善等程序。系统方法作为科学的方法论，对解决问题的方法产生了巨大的影响。同样，在教育领域中将教育现象视为一种教育系统后，用这种系统方法分析特性，为解决问题选取方案，提高了效率并取得很好的效果。

（二）系统教学方法

系统教学方法（systemic approach of instruction）始于20世纪50年代到60年代初。所谓系统教学方法，是指为了达到最优化教学效果的一系列方案。A. J. Romiszowski强调以下几个活动：（1）与教学相关问题的定义；（2）分析问题；（3）为解决该问题设计与制定方案；（4）试行解决方案；（5）评价和修订方案，并主张这五项教学活动要有机地相互作用（Romiszowski，1981）。特别强调了这五项活动并非线性的、程序性的关系，而是一种有机地、综合地结合在一起的关系。

W. Dick和L. Carey阐释了系统教学方法有效的理由（Dick，Carey，1996）。首先，从教学设计初期开始就把重点放在明确目标上，因此可以有效地引导后续计划及执行阶段。其次，由于将教学设计的各个阶段有机地联系起来，因此为了实现目标，可以创设出最适合、最有效的教学策略或学习条件。最后，由于它是实验性的、反复性的，所以通过持续改正初期设计过程中的错误，可以更有效地完成教学。

二 教学系统设计的特点及领域

（一）教学系统设计的特点

前文对系统与系统方法的意义以及教学系统方法的特点进行了说明，从该角度来看，教学系统设计具有如下几个特点。

第一，以解决问题为导向。教学系统设计旨在发现和解决与教学有关的问题。这个问题主要是指教学系统的目前状态和理想状态之间的差距，用"需求"（needs）一词来表示，并基于需要来设定系统的具体目标。

第二，系统性方法。教学系统设计在查明问题原因及研究解决方案时，相比起突出系统设计内的某个特定构成要素，更加强调注重综合考虑各种构成要素，并关注各要素之间形成的有机关系属性。

第三，重视情境。系统不是脱离情境独立存在的，而是在与外部环境持续相互作用的过程中不断发生变化的。因此，在教学系统设计上，也会考虑教学系统在社会文化情境或历史情境中产生的影响，并将其反映在问题分析及解决的整体过程中。

第四，价值指向性。一个系统的属性，根据不同的观点可以进行不同的分析。因此，教学系统设计在其过程和结果上也可能受到教学设计者或相关集团的价值判断的影响。例如，在分析教学问题的原因和选定解决方案的时候，会受到相关个人或群体价值的影响，有时也会因相互冲突的价值而产生矛盾。教学系统设计不是排除或无视这些价值矛盾，而是积极接受并进行整合。

（二）教学系统设计的领域

教学系统设计（instructional systems design）是为了达成教学目标，设计有效的教学系统而进行的有组织的、结构化的形态活动的总称，也被称为"教学系统开发"（instructional systems development）。教学系统设计由问题分析、解决方案设计及开发、运用、管理、评价等详细活动组成。

・为选定学习内容进行分析。

・为促进达成学习成就，设计具体方法。

・将学习资料制作出实体形态。

・运用开发的教材和策略在实际教学中试行。

·修改、完善教育项目，为判断其价值进行管理与评价。

最新的教育技术定义将原来教学系统设计的五种具体活动重新归纳为创建（creating）、运用（using）、管理（managing）三种活动。各项活动之间相互依存，但是也具有各自的固有特征。接下来从分析、设计与开发、评价三方面分别说明各个领域的主要特征。

1. 分析

分析的核心是"教学需求分析"（needs analysis of instruction）。其一，从各种问题中选择与学习和行为表现相关的且需要进行教育的部分；其二，对学习者特征、教学条件、教学资源等进行分析，并制定今后的教学设计日程。一般分析教学需求时，需要确认最理想的状态和当前状态之间的差异，查明差异发生的原因后，以此为基础提出多种解决方案。

2. 设计与开发

（1）设计

根据教学需求分析的结果，选定可以解决教学问题的最优解决方案，之后在设计这一环节中，进一步细化该解决方案的活动。具体来说，就是在制定教学目标后，选择能实现该目标的最佳教学内容、教学方法及策略、教学媒体。特别是，通过学习等级分析或者通过对内容、主题的分析等对教学内容进行归纳或细化后，确定教学内容的顺序或等级。

（2）开发

以教学设计结果为基础，开发教学资料或媒体等教学准备活动。开发活动包括选定或修改现有资料，又或者制作全新的学习资料。新开发教学资料或媒体时，最好先开发教学资料或评价资料等的原型（prototypes），然后通过修改、补充来提升资料的质量。

3. 评价

评价是指对正在开发或已经开发的教学资料或学习活动的适当性和效果性进行评价。根据学习目标的标准，主要使用参照评价、学生问卷、学生访谈等方法。以这些评价结果及资料为基础来获得有关教学的信息，例如某个部分应该如何修改、是否有行政上的问题或其他缺陷。

评价活动主要由原型的验证、结果分析、试行以及反复的修改组成。W. Dick 和 L. Carey 将评价分为"形成性评价"（formative evaluation）和"总结性评价"（summative evaluation）（Dick，Carey，1996）。形成性评价是指对原型的教学目标、教学内容及教学策略是否恰当进行评价，总结性评价是指对最终完成的教学资料及教学活动的效果和效率进行评价。

第二节　教学系统设计模型

教学系统设计模型（ISD model）是为了开发有效的教学系统，以与开发相关的主要要素和它们之间的关系为中心，将开发过程和程序制作成公式化的程序模型。教学系统设计模型自20世纪60年代中期盛行以来，为如何计划和管理项目中实际的教学活动，在学科专家或相关集团的合作中，对如何组织课程内容和活动的相关决策提供了有效的支持。

教学系统设计模型是从系统观点出发，对课程进行系统设计的"过程"（process），因此也被称为"系统化教学设计模型"。系统化教学设计模型由相互依存、相互作用的构成要素组成。这些要素主要与"应该做什么"和"应该怎么做"有关。虽然之前提出了很多种教学系统设计模型，但实际上，这些模型在设计过程中有很多相似之处，只是在"更强调某个阶段"方面存在一些差异而已。另外，没有任何证据可以表明，哪个模型比其他模型更优秀（Gentry，1994）。学校、企业、军队等因为教学的情况和条件不同，适合的模型也会有所不同。

接下来，本书将首先介绍系统化教学设计模型的特征，然后介绍教学系统设计模型中几个具有代表性的模型——ADDIE模型、迪克—凯里模型和RPISD教学系统设计模型。

一　系统化教学设计模型的特征

在对教学设计过程的系统化研究中，可以将分析、设计、开发、运用、管理、评价等教学设计和开发的各项活动看作"为了达成共同的目标而建立的投入和产出的关系"，通过反馈进行修改和完善，而且与系统的外部环境相互作用。系统化教学设计模型的共同特征如下（林哲一，1998；Hannum，Briggs，1980）。

第一，课程活动的计划、开发、交付、评价过程都是立足于系统理论，以环境分析为基础得出的。第二，教学目标的表述要使用可观察的行动词语，并强调分析学习者的重要性。第三，重视教学策略计划和媒体选定，将评价纳入设计和修改过程。作为对学习者的评测，比起学习者之间的规范参照评测①（norm referenced assessment），最好实施阈值参照评测②（criterion-referenced assessment）。

系统方法在第二次世界大战期间被用于军事训练，此后这一方法被引入企业培训和学校教育中。古斯塔夫森（K. L. Gustafson）将多种系统化的教学开发模型归纳分为课堂教学模型（classroom model）、产品模型（product model）和系统模型（system model）（Gustafson, 1991）。

课堂教学模型：考虑到教师在教学一线可能会遇到资源匮乏、设计及开发的时间限制等情况，该类型教学系统设计模型的前提条件是教师、学生、课程、设施等已经存在。因此，相比开发新的教学资料，该模型更强调选定现有资料并加以运用。

产品模型：该模型主要考虑顾客和市场化，将重点放在了制作特定教学资料上。与印刷品相比，更多的是使用技术媒体制作的教学资源包，而且大部分的资源包都包含自学资料。

系统模型：产品模型主要涉及一种教学资源包，而系统模型则把重点放在开发能够整合多个教学资料的教学系统上，包括教学资料、装备、管理计划、讲师培养计划等。迪克—凯里模型就是典型的系统模型。

二 ADDIE 模型

ADDIE 模型是教学系统设计的基本模型，取教学系统设计（ISD）的基本过程——分析（Analysis）、设计（Design）、开发（Development）、实施（Implementation）、评价（Evaluation）对应英文的第一个字母，简称 ADDIE 模型。ADDIE 模型中包含的 5 个过程和程序是大部分 ISD 模型中的核心内容，可以说是多种 ISD 模型的基础。ADDIE 模型的各阶段特征分析如下（见表 2-1）。

---

① 一个考生的成绩与其他所有考生的成绩作对比，给出该生成绩在全体考生成绩分布中的百分位数，分数高低反映了考生对考试内容的掌握程度。

② "结果导向教育"（Outcome-Based Education）评测方法又称"业绩导向教育"（Performance-Based Education）评测方法，对学生的评价是看该生成绩是否达到了某个标准的最低阈值，即相当于传统的 A-B-C-D-F 评分体系中的 D 级水平。

表 2-1　　　　　　　　ADDIE 模型的各阶段特征

教学设计的阶段	作用（功能）	详细阶段（活动）	产出物
分析	定义学习内容（what）的过程	对学习需求、学习者、环境、任务等的分析	学习需求、教学目标、局限条件，学习任务
设计	教学方法（how）具体化的过程	陈述学习行动目标、开发评价工具、选定教学策略及媒体	包括学习行动目标、教学策略等的设计方案
开发	教学资料制作过程	制作教学资料、实施形成性评价及修改教学资料	完成的教学资料
实施	教学资料应用于实际情况的过程	使用及管理教学资料	可实施的教学资料
评价	决定教学资料的有效性和效率性的过程	实施总结性评价	项目价值及评价报告书

（一）分析（Analysis）阶段

在分析阶段，为了教学设计的初期设计要进行有组织性的计划决策活动。一般来说，要进行需求分析、学习者特性分析、环境及脉络分析、学习任务分析及初始水平诊断等活动。在这一阶段，要决定设计的目的、蓝图、范围和可行性。

（二）设计（Design）阶段

在设计阶段，将以前一阶段分析过程中得出的结果为基础，为开发最优化的教学活动，针对教学活动的具体细节，策划合理的、有创意的活动。具体来说，也就是将学习目标进一步细化、设计教学评价策略及评价工具、梳理教学内容、选定教学策略及媒体等，制定出整体教学的蓝图或教案。

（三）开发（Development）阶段

在开发阶段，根据之前阶段的分析以及设计阶段制定的教学蓝图，制作教学中需要使用的各种类型的资料。偶尔在开发阶段也会对之前设计阶段的成果（即课程设计方案）进行修改或者补充。

（四）实施（Implementation）阶段

在实施阶段，将前一阶段开发的教学活动在实际教学现场使用或者反映在教学过程中，必要时需要进行修改和完善等。另外，如果新开发的教学活动是比较新颖的，可能会遇到接受起来比较困难的问题，那么就要相应地在管理上进行一些创新。

（五）评价（Evaluation）阶段

在评价阶段，不仅要评价课程开发的整体过程，还要对成果的效果、效率、价值等进行评价，评价分为形成性评价和总结性评价。形成性评价是为了修改和补充课程开发过程中发生的错误，实施目的是提高完成度；总结性评价是为了评价最终完成的课程项目的效果、效率、价值等。

三 迪克—凯里教学系统设计模型

迪克—凯里教学系统设计模型立足于系统方法，提出了教学设计、教学开发、教学实施、教学评价过程，是最具代表性的模型。该模型是程序性模型，将重点放在了开发有效的教学活动所需的一系列阶段和这些阶段之间动态的关联上。该模型自1978年首次提出，后续经过反复修改，现在第八版著作（Dick，Carey，Carey，2015）中的模型如图2-1所示。

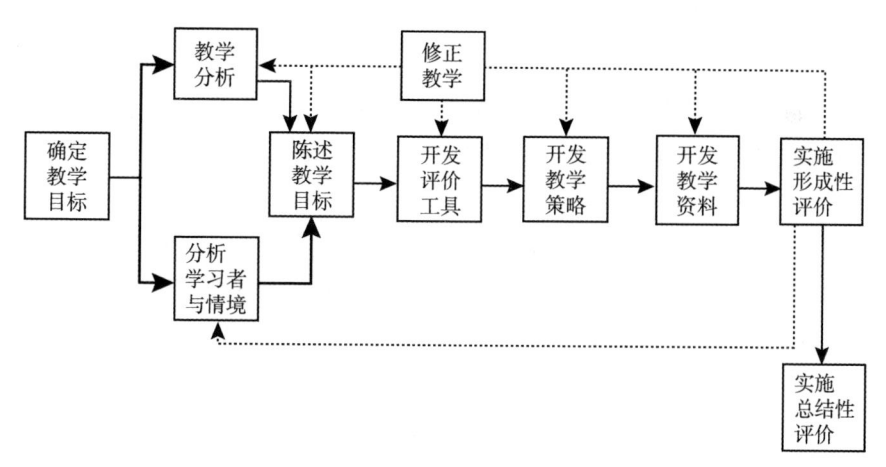

图2-1 迪克—凯里教学系统设计模型

（一）确定教学目标

这个阶段是要决定"学习结束后希望学习者能做什么"。教学目标是从课程学习目标或学习需求分析的结果中提取的，要使用比课程目标更具概括性的词语进行陈述。一般来说，在学校课程中该课程目标是已经确定的，因此教师要确认该课程的教学目标是什么，然后开始着手进行教学设计。

（二）教学分析

如果设定了教学目标，学习者为了达到该目标，要决定每个阶段做什么、如何做。教学分析（instructional analysis）是指分析教学的内容及程序。也就是说，分析学习者为了成功达成教学目标必须学习的基本技能，规定应该以何种程序学习这些技能。上课前还要决定学生们需要具备什么样的初始水平（知识、技能、态度），并且要整理并明确指出他们之间的关系。

（三）分析学习者与情境

在这一阶段，要分析学习者的特点和学习情况，并且要分析情境，以便可以对学习者已经学过的内容进行灵活运用。在这一阶段收集的学习者目前的水平、技能、偏好取向、态度等信息，会影响日后制定的教学策略。

（四）陈述教学目标

陈述教学目标（performance objectives）是指立足于教学分析及初始水平，陈述"学习结束后，学习者具体可以做什么"。学习目标由三个要素组成，一是学习"期望达成的行为（技能）"，二是达成期望行为所需要的"条件"，三是判断该行为是否达成的"标准"。

（五）开发评价工具

开发评价工具就是开发确认学习者是否掌握目标中想要教的技能的检查题目。此时，检查题目必须与目标的实现行为一致。

（六）开发教学策略

开发教学策略是为了实现课程计划的最终目标而设定即将应用的策略。需要设定有关教学的课前活动、提示信息、练习及反馈、考试、课后活动等教学策略。设定策略应以现代学习理论、学习研究结果、教学媒体的特性、教学内容的特性及学习者的特性为基础。同样，这些特性也应该用于开发或选定教学资料以及开发交互式课堂教学的策略中。

（七）开发教学资料

这个阶段就是根据之前阶段制定的教学策略制作与课程相关的所

有形态的资料。教学资料可以是学习者指南、课程资料、试卷、教师用的辅导书、录像带、基于电脑的多媒体资料、远程教学课程教材等多种形式。另外，也可以不开发新的教学资料，而选择和修改现有的资料。

（八）实施形成性评价

实施形成性评价是教学项目原型完成后，为了提升教学活动质量，对已经收集的必要资料进行的评价。形成性评价包括一对一评价、小组评价和现场评价。

（九）修正教学

修正教学是指以形成性评价结果为基础，对教学活动的缺点进行修改和补充。主要包括对教学分析的合理性、学习者的初始水平及特性分析的准确性、教学目标陈述的适当性、测试题目的合理性、教学效果等进行的修改和补充活动。

（十）实施总结性评价

总结性评价的实施是为了评价教学项目的绝对价值或相对价值。总结性评价是在形成性评价完成并经过充分修改后再实施的。一般来说，会委托外部的评价者进行评价。

迪克—凯里模型中出现的教学设计阶段是一种投入和产出的关系，并且两者之间关系十分密切。为了进行最优化的教学活动，还需要持续地交互。也就是说，计划、实行、评价、修改等过程存在于综合的系统之中。该模型最好是在已经确定教学目标后再使用。

四 RPISD 教学系统设计模型

ADDIE 模型和迪克—凯里模型是最具代表性的教学系统设计模型，一直以来被广泛应用在学校和企业等教育领域的教学设计中。但是也有人指出，在教育现场实际使用时，ADDIE 模型过于普通，而迪克—凯里模型太过复杂和理论化。

教学系统设计模型必须反映教育一线的情况，因此，林哲一等提出了对小学教育现场产生影响的四个主要条件（林哲一等，2010）。

第一，小学教育中教学设计初期条件的基本内容是存在的。在迪克—凯里模型中，是在进行了需求分析、教学分析、学习者及情况分析后开发教学策略,然后开发及选定教学资料。但是小学教师们认为,课本上的内容是必须的教学内容,并且是一定要教的基本内容。这种看法与现场调研的结果是一致的:在已经确定了要学习的内容和学时的情况下,并没有赋予教师自我发挥的权限和时间,因此教师很难进行学习需求分析、任务分析、学习者分析和情境分析(Park,2007)。

第二,设置的单元成为教学设计活动的主要结果。小学教师的指导书中,都提出了每个单元的活动内容及教师需要的资料。单元里包含了类似性质的内容和目标,因此教师通常以单元(unit)的设计为中心进行教学设计(Byun et al.,2007)。

第三,在教学设计过程中可以参考的电子资源及资料非常丰富。小学教师们除了现有的教科书及教师指导用书外,教育厅等国家级机关还提供了各种电子资源及资料,同时其他私立机构也开发了各种数字资源。教师在教学上可以应用这些资源及资料,但是这些丰富的资料对其教学设计过程会产生正面或负面的影响(Han,2009)。

第四,建成了以信息通信为基础的教室和学校环境。目前,小学教室虽然存在城乡差异或地区差异,但基本上都建成了以信息通信为基础的环境。教师不仅可以通过大型显示器或投影机展示电脑和网络的资料,还可以使用引进的电子黑板等。

基于此,林哲一等进一步在 ADDIE 模型和迪克—凯里模型等传统教学系统设计模型的发展基础上考虑了现实条件,从理论和实践层面克服这两种模型的局限性,创新地提出了 RPISD 模型(林哲一等,2015)(见图 2 - 2)。该模型认为,在实际教育活动的设计过程中,并不会按照既定的阶段依次进行,而是会根据情况,将某些阶段同时进行或改变其顺序。

RPISD 模型的主要特征如下。

第一,这种模式是在企业教育的背景下发展起来的。企业不像学校教育那样按照既定的课程运行,需要不断地开发新的教育项目。而且,在模型初期快速设计出原型(prototype)后,根据用户的意见进行修改。这种系统方法也同样适用于学校教育的情境(林哲一等,2010)。特别是,考虑到近年来负责学校或个别课程的教师进行自主设计课程的机会增多,这会扩大 RPISD 模型的使用范围。

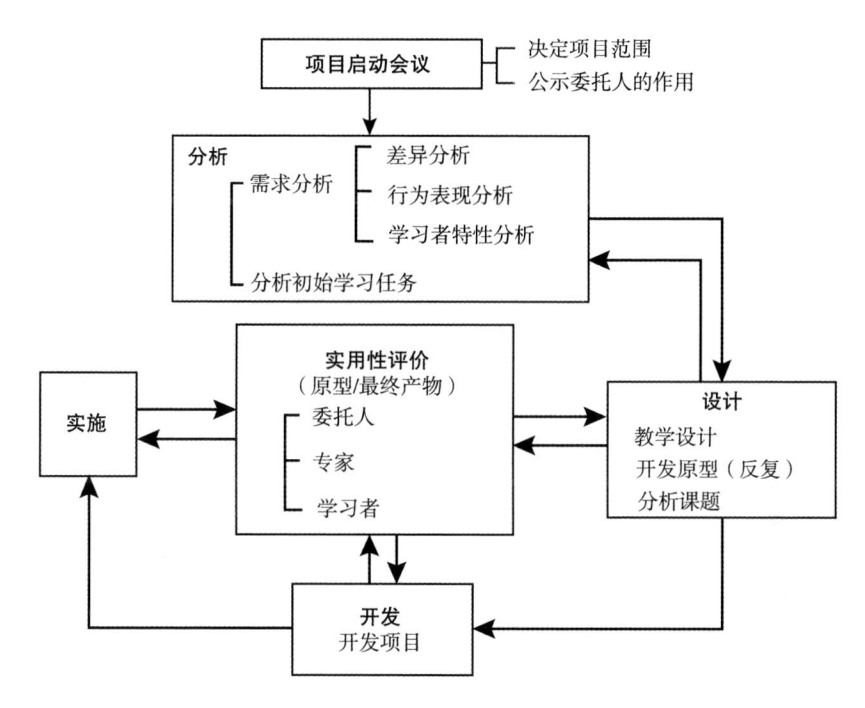

图 2-2　教学系统设计的 RPISD 模型

第二，分析阶段与普通 ISD 模型相似，但从将需求分析和初期学习任务分析同时进行这一点上来看，两个模型有一定的差异。同时分析"为什么要提供教育"以及"应该包含哪些内容"，这部分将直接连接到初期的原型设计。

第三，设计阶段在开发初期原型（主要教育目标、内容、方法）和可用性评价以后，将设计和可用性评价阶段反复进行。通过该过程，实现教育现场要求的最优化教育活动设计。

第四，将经过使用性评价确认的需求充分反映在教学活动中，然后再进入实施阶段。这一过程中，仍然进行着处在整个模型中心的使用性评价，并开发实际程序。

另外，RPISD 模型的基本原理和过程应用于小学教育，开发出了考虑到小学教师教学设计情况的 ETISD（Elementary Teacher's ISD）模型（林哲一等，2015）（见图 2-3）。该模型不仅反映了 ISD 的基本原则和 RPISD 原型的使用性评价，而且考虑了小学教育的情境，主要有以下特点。

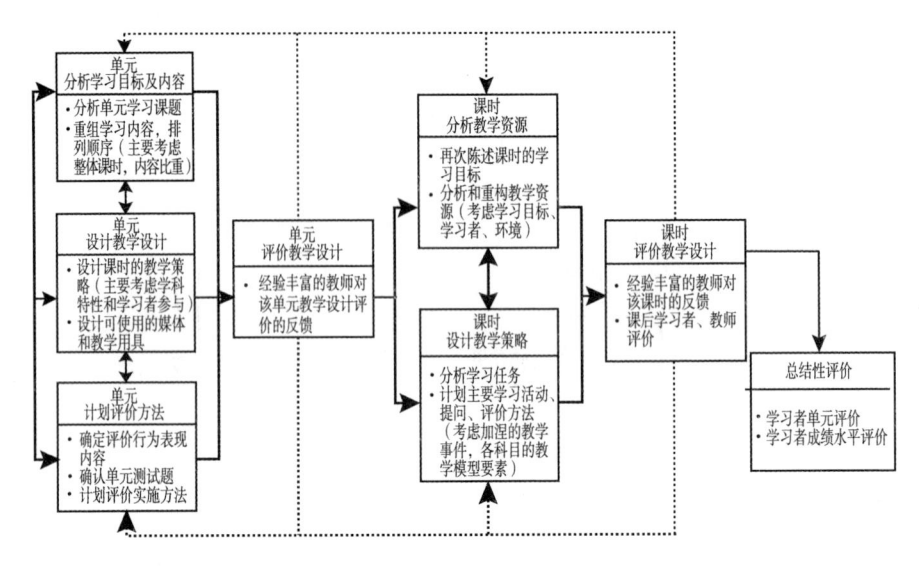

图 2-3 适于小学教师的教学系统设计（ETISD）模型

第一，强调教学资源的分析。现有的教学系统设计模型提出了通过教学策略设计开发教学资源的过程。但是，学校现场已经存在很多教学资源，因此该模型反映了这种教学资源的分析活动对教学设计产生影响的情况。

第二，教学设计的使用性评价或形成性评价将在初期单元设计后实施。在此过程中，有经验的教师给予的反馈十分重要。因为包括学习者特性在内的多种变因都会对设计产生影响，而分析这些变因并不容易，所以要重视教学经验丰富的教师的反馈。

第三，单元设计后进行课时设计。单元是教学设计的基本单位，以单元的学习目标为中心，进行课时学习设计。因此，与其以各个课时为中心进行设计，不如以整体单元为基础进行设计，将教学的前、后阶段有机地连接起来。

第四，同时进行学习目标及内容分析与单元教学策略设计和评价方法的开发。在现有的教学系统设计模型中，单独将学习者和学习环境分析设定在初期后实施。但是，通过学期初进行的诊断性评价和每天进行的教学，教师对学生的学习能力和学习环境分析结果已经了然于胸。因此，该模型将学习目标及学习内容分析从理论上或实际上设定为初期阶段。

为了执行教学系统设计这个项目，以上的教学系统设计模型起到了引导"做什么""怎么做"的作用。在实际教学现场，有必要参考教学系统设计模型的方针，根据现场的教学情况灵活使用。

另外，正如古斯塔夫森所指出的那样，最尖端的信息通信技术的发展将改变信息的提示形态、提示速度、相互作用方式，因此教学系统设计也将不可避免地不断发生变化（Gustafson，1991）。而且，随着以学习者为主的教育模式的转换，在教学系统设计上也会出现立足于新模式的新学习系统开发模型。

练习和探究问题

1. 请使用教学系统设计模型，制订1课时（40分钟）的教案。
2. 请简单说明20世纪70年代前后，以系统的意义、当时的学习理论及教学理论的局限性以及系统方法的特征为中心，在教学设计或教学开发过程中为什么会尝试系统方法。

参考文献

박기용 (2007). 교수설계 모형과 실천 간의 차이와 원인 분석. 한국교육공학회, 23(4), 1-30.

박성익 (1997). 교수 학습 방법의 이론과 실제. 서울: 교육과학사.

변영계, 김영환, 손미 (2007). 교육방법 및 교육공학. 서울: 학지사.

임철일 (1998). 교수개발의 체제적 접근. 교육공학사전. 한국교육공학연구회.

임철일, 연은경 (2015). 기업교육 프로그램 개발과 교수체제설계. 서울: 교육과학사.

임철일, 최소영, 홍미영 (2010). 초등학교 초임 교사를 위한 교수체제설계 모형의 개발 연구. 교육공학연구, 26(4), 121-147.

한미경 (2009). 초등학교 과학수업에서의 동영상자료 활용에 대한 교사와 학생들의 인식조사. 한국교육원대학교 대학원 석사학위 논문. 미간행.

Dick, W. & Carey, L. (1996). *The Systematic Design of Instruction.* Harper Collins Publishers.

Dick, W., Carey, L., & Carey, J. (2015). *The systematic design of instruction* (8th ed.). Addison-Wesley Educational Publishers Inc.

Gagné, R. M. (1985). *The conditions of learning* (4th ed.). NY: Holt, Rinehart & Winston.

Gentry, C. G. (1994). *Introduction to instructional development.* Belmont, CA: Wadsworth Publishing Co.

Gustafson, K. L. (1991). *Survey of instructional development models.* ERIC Clearinghouse on Information Resources, Syracuse, New York: Syracuse University.

Hannum, W. H. & Briggs, L. J. (1980). *How does instructional systems design differ from traditional instruction?.* Chapel Hill, North Carolina: University of North Carolina.

Heinich, R., Molenda, M., Russell, J. D., & Smaldino, S. E. (1996). *Instructional media and technologies for learning.* Englewood Cliffs, NJ: Educational Technology Publications.

Hoban, C. F. (1960). *The Usable Residue of Educational Film Research* (In Institute for Communication Research ed.). New Teaching Aids for the American Classrooms, California: Stanford University.

Kaufman, R. A. (1972). *Educational system planning.* Englewood Cliffs, M. J.: Prentice-Hall, Inc.

McKillip, J. (1987). *Need analysis: Tools for the human services and education.* Newbury Park, CA: Sage Pub.

Romiszowski, A. J. (1981). *Designing instructional systems.* London: Kogan Page Ltd.

Steiner, E. (1988). *Methodology of theory building.* Educology Research Associates.

附表 2　　　　　　　　　第二章引用文献对照

	对应韩文
（Park，2007）	박기용 (2007)
（朴成益，1997）	박성익 (1997)
（Byun et al.，2007）	변영계, 김영환, 손미 (2007)
（林哲一，1998）	임철일 (1998)
（林哲一等，2015）	임철일, 연은경 (2015)
（林哲一等，2010）	임철일, 최소영, 홍미영 (2010)
（Han，2009）	한미경 (2009)

第 三 章

教学系统设计 Ⅱ

　　刘诗源是一名入职还不满一年的新手小学教师。虽然他实现了当初的梦想当上了一名教师，但到学校工作以后，教导学生的学习和生活十分辛苦。特别是，刘老师本来想进行能让全班学生都感兴趣并能全神贯注的课程，但由于学生们的初始学习水平不同、感兴趣的事情又多种多样，所以他根本不知道在教学中该把焦点放在哪里。

　　苦恼的刘老师决定，根据周围有经验的教师们的建议，以在大学里学习的教学设计模型为基础，先进行教学需求分析。但是，在学校学习的理论与实际上的教学情况多少有些差异。这是因为在教材、内容和课时都已经确定的情况下，教师可以发挥的余地并不大。

　　尽管如此，刘老师还是对学生的特性进行了调查，先掌握学生们的初始水平，最大限度地对授课内容进行了重组。特别是，明确设定了学生必须达到的学习目标后，尽力构思最有效的教学策略。因此，随着时间的推移，学生们的学习态度有了明显改善。这让刘老师产生了极大的自信，除了常规课堂，他还计划下次在创新体验课上尽可能地反映学生的需求，进行一场体验式的教学活动。

> **目　标**
> 1. 说明教学需求分析的定义、必要性以及方法。
> 2. 正确地制定教学目标。
> 3. 说明分析学习任务的意义。
> 4. 比较说明各种分析学习任务方法的特点。

第一节　教学需求分析

一　教学需求分析的定义及方法

（一）教学需求分析的定义

教学需求分析是在教学中发生教与学的问题时，分析其原因并找出最佳解决方案的过程。这个问题可能是从表面上察觉到的，也可能是实际发生的，并且造成了一定的困扰，甚至还有可能是将来要出现问题的苗头。教学需求分析就是查明这些不确定的教与学问题的本质（原因），为了提出解决该问题的最合适方案而进行的活动。因此，教学需求分析为"为什么要设计或者开发课程"，以及"设计或者开发什么样的课程或者教育活动"提供了非常重要的依据。

教学中经常出现的最具代表性的问题是，在学习者的知识、技能、态度方面，弄清楚教师或家长期待学习者的理想水平和目前水平之间的差异。据分析，这种差异越大，对教学的需求就越大。教学需求分析是为了找出为什么会出现这种差异，并提出最佳的解决方案。

梅杰（Robert F. Mager）和派普（P. Pipe）把重点放在了期待行为表现和实际行为表现之间的差异［即"行为表现问题"（performance problem）］上，含蓄地表达了需求分析的意义。

> 当人们所采取的行动和期待的行为之间存在差异而产生问题时，最能分析问题本质的人可以提出最成功的解决方案（Mager，Pipe，1984）。

本来应该进行的顺序是，先对发生问题的原因进行分析，然后为了解决该问题，决定了要对此展开教育，最后再实施教学需求分析。但在学校教学的情况下，由于已经完成了一轮需求分析，这时教师可以从实施教学需求分析开始。

教学需求分析是为了设定合适的教学目标、选定有效的教学内容和教学方法、开发合适的评价策略等，必须先进行的重要活动。一般在学校教学中，教学需求分析分为学习者的特性分析和教学情境分析，一般在教学系统设计的初期阶段实施。

（二）教学需求分析的主要方法

进行教学需求分析时，可以根据情况或目的等，适当使用量性或质性方法。这些方法是一种工具，就像根据目的选择最适合的一种工具或同时使用几种工具一样。在教学需求分析中也可以根据分析目的、可用时间、人力、预算以及其他资源，选择使用最适合的分析方法。本书参考了有关需求分析的文献（Huh, 1993；McKillip, 1987；Ulschak, 1983），整理了以下主要的具有代表性的教学需求分析方法及其特点。

1. 问卷调查

问卷调查（survey）是在对目标对象收集少量样本的情况下实施的，其目的是收集多种信息。问卷调查的重点是观察应答的多样性，但在回答范围明确时，以从属群体的特性为标准进行目的性抽样调查会比使用代表性抽样调查更好。进行目的性抽样时，考虑到费用和时间，最好也限制抽样人数。

在问卷调查中，为了调查和产出创新性想法，最常用的方法是设置开放性问题。在这种情况下，其特点是回答者可以自由使用自己的用语和类别。但是在分析之前，有必要对几个类别进行编码，以便分析和概括自由回答的答案。

问卷调查中经常使用的方法有邮寄问卷调查、电话问卷调查等。如果可以直接与相关机关接触的时候，则不需要邮寄，可以直接向其提供问卷。目前，常用的调查问卷是电子问卷。

在以人数众多的大团体为对象收集信息时实施邮寄问卷的方法很有用。该方法与电话问卷调查和直接面谈相比，其优点是费用要低得多，而且可以收集很多人的信息。由于邮寄问卷不仅可以保障应答者的匿名性，还能让应答者有充分的时间思考如何回答，因此到现在为止仍被广泛使用。

设置符合问卷调查目的的好问题绝非易事。特别是印刷的纸质版问卷无法修改，因此必须要在正式调查之前经过多次的事前研究。另外，实施问卷后，回收率也可能成为问题，因此要努力提高调查的可靠性和可行性。

2. 访谈

访谈（interview）是寻找直接相关人员，通过对话方式获得必要信息的方法，是最广泛使用的需求分析工具。这种方法具有使用语言的及时性和沟通方式上的交互性的特点，一般在教学系统设计的初期阶段使用该方法进行需求分析。访谈可以直接接触到相关人员，交换想法，为解决问题提供对话的机会。特别是在进行访谈时，通过肢体动作、姿势、声音、语调等线索，能够帮助理解难以用语言表达的复杂情况。如果在学校中，特定的某些学生出现学业上的问题，可以直接与当事人或家长等相关人员进行访谈，掌握其问题产生的原因，从而找出最佳解决方案。

为了系统地进行访谈，使用事先准备好问题的问卷进行访谈的方式被称为"结构化访谈"。在设置结构化访谈的问卷时，首先要明确通过访谈要达成的目标，然后设置相应的问题，这一点是非常重要的。因为经常会发生消耗了很多时间，但是没有得到必要信息而结束访谈的情况。而"开放式访谈"与结构化访谈相比，需要更多的准备，有更多的注意事项。在访谈过程中，应答者的反应可能会引发新的提问，因此提问者应该好好理解信息，否则很快就会脱离访谈的宗旨。访谈需要高超的技法，因为很难预测应答者的反应会朝着什么方向发展，而且要根据对方的特点进行访谈。访谈的缺点就是费用太高。

3. 焦点小组访谈

焦点小组访谈（Focus Group Interview）通常被称为 FGI，是从感兴趣的对象（target）团体中选拔最能够代表该事件的人，组成小组后实施集体访谈的方法。该焦点小组对特定事件起到代表对象（target）团体提供观点的作用。焦点小组访谈类似于与参与者同时访谈的开放式访谈。其优点是比起个人的访谈能够更快地获得信息，而且可以节省所需的时间和费用。利用焦点小组访谈进行教学需求分析的一个例子是，对数学、英语、科学等特定科目学习困难的学生们进行焦点小组访谈，掌握他们学习困难的原因，并找出最佳解决方案。

利用焦点小组进行需求分析的方法，不仅在进行教学需求分析上广泛应用，在其他多个领域中也有。例如在营销领域，了解消费者对特定产品的反应，或者对提出的解决方案，探索其接受度和方法可行性。另外，还可以用于社会指标分析或验证分析后得出的假设。

4. 名义群体法

名义群体法①（Nominal Group Technique）通常被称为NGT，给参加集体会议的人思考会议提案的时间，然后依次发表想法进行集体讨论，最终得出结论或达成协议的一种会议方法。在这个名义群体法中需要注意的是，当每个人依次发表意见时，其他人应该倾听而不发表任何评论。通过这种方式，参与者可以充分地表达自己的想法，也可以听取每个人的意见，尤其是与自己见解不同的看法。

名义群体法是为了解决小组会议上经常发生的团体动力学②问题而提出的方案，即可以防止一些弊端，如特定人利用自己的地位或权限垄断会议等，其优点是参与者可以充分提出不同的想法，进行比较和讨论。例如，一、二、三年级学生聚在一起开会时，为防止在没有充分讨论的情况下偏重三年级学生的意见，可以先实施名义群体法。

在学校中，一般主要由学生、教师、家长、学校行政人员等聚集在一起，使用名义群体法确认教学或学校运营方针的相关问题，提出解决方案。名义群体可以为了特定的事项临时成立，也可以实施定期会议。

5. 德尔菲法③调查

德尔菲法（delphi panel）调查是以同样的参与者为对象，反复提出同样的问题，参与者可以坚持或修改自己的意见，通过这一过程最终达成整体协议的方法。德尔菲法调查以特定事件相关的人或专家为对象，

---

① 这是一种结构化的小组头脑风暴法。
② 又称群体动力学、集团力学，是研究诸如群体气氛、群体成员间的关系、领导作风对群体性质的影响等群体生活的动力方面的社会心理学分支。
③ 德尔菲法又称专家调查法。

用于匿名达成协议或寻求解决方案。德尔菲法调查过程中，把阶段性反馈提供给受访者，给予他们修改自己意见的机会。德尔菲法的优点是，即使受访者分散在很远的地方，也可以灵活地参与。

6. 观察

观察（observation）是通过现场访问来了解当事人的实际执行程度、周围环境的制约条件和实际情况的一种方法。与在现场以外进行的问卷调查、访谈、小组会议等相比，在实际现场进行观察，更容易发现问题的真相，而且可以从当事人或相关人士那里收集到语言和非语言的真实信息。

在学校中发生教学问题时，可以直接听课，观察学生的学习态度，找出问题原因，并提出最佳解决方案。观察比其他需求分析方法更具灵活性，能提供比语言更丰富的信息。通过观察感知到问题时，还可以使用其他的需求分析方法，例如深层观察、访谈或者会议等。

二 学习者特征分析

在为教学设计进行的需求分析活动中，首先必须要做的是分析学习者的主要特性，也就是从影响该教学对象的特性、能力水平及学习的认知、情感、心理层面进行分析。特别是从学业成就方面来看，要分析教师或专家对学习者期待的学习水平和现在学习水平之间的差异。将学习者的学习水平及对学习相关主要特性进行分析的结果反映在正式的教学设计中。虽然最理想的情况是根据个别学习者的特征或要求，对其实施一对一的适应性课程，但是教师要尽量通过分析教室里大多数学习者的特点和要求来设计教学。

学习者的特征大致可以分为学习者的学习水平和与学习相关的主要特征。第一，掌握教师或专家对学习者期待的学习水平和现有学习水平之间的差异是最重要的。学校主要可以通过考试或课题等的评价结果、上课时间进行的观察、访谈资料等掌握学习者的学习问题及其严重程度。第二，由于课程或学习情境不同，影响教学和学习的主要学习者特征也会有所不同，基本上要观察学习者的性别、年龄、学习能力、学习动机、关心的事情、教育人员等。以下是课程设计中分析学习者特征的代表性例子。

- 性别（gender）：女生和男生的构成分布是？
- 年龄：学习者的年龄是？
- 年级：低年级还是高年级？
- 学习能力：优秀学生和成绩不佳的学生有什么偏差？具体分布是？
- 先前的学习知识或技能：之前学习过哪些相关的基础课程？为了上好这堂课，对必须掌握的基本概念的理解程度如何？
- 专业：文科？理科？还是艺体？
- 语言能力：英语或课程相关的外语（会话、阅读、作文等）水平怎样？
- 可以共享的经验：有关课程主题，有哪些先前经验？
- 共同关心的问题：与教学主题相关的问题或关心的事情是？将来的梦想是什么？
- 自我效能感或学习动机：学生们对学习是否有信心？学习的动机有多大？

在学校，对学习者特征的分析主要在学期初（特别是在第一节课）进行。但为了成功地教学，分析学生们关心的事情和学习动机不仅要在学期初进行，在学期中也有必要随时进行分析，并将结果反映到教学活动中。如果不进行这样的分析就设计教学，那么会影响教学效果。

三　教学情境分析

教学情境是进行学习的环境，面对面教学主要在教室、实习室、操场以及可以进行多种体验的学习现场等场所进行。如果是非面对面教学，则主要是在家中使用实时视频教学系统等多种多样的在线学习平台进行学习。对教学情境的分析结果应该反映在正式的教学设计上。如果教师们没有事先考虑学生的学习环境就进行教学设计，那么在实际教学中难免会出现各种问题。例如，如果在学生较多的班级里计划实施讨论活动，很容易发生讨论或者汇报的时间不够的问题。此时，就需要根据学习者特性，提前制定分组计划、讨论和汇报活动及所需时间分配等计划的修订案。为设计教学活动，需要在事前进行基本的学习情况分析，后文提供了一个可以参考的例子。

- **可使用的教学媒体**

可以使用电脑、网络、投影仪、电子教科书、AR/VR 等吗？使用起来方便吗？可以单独或分组使用吗？有没有可以当场制作或整理各小组讨论的内容的教学媒体？

- **学生人数**

听课的学生人数是？是小规模（20 名以内）、中等规模（21—50 名），还是大规模（51 名以上）？

- **教室的大小**

能容纳多少学生？

- **教室的形态**

是左右宽阔的教室吗？还是前后竖长的教室？

- **书桌布置形态**

是朝向正面的布置吗？是按组分配吗？是移动式桌子吗？

- **黑板和屏幕的大小及位置**

是绿色的黑板吗？是白板吗？是电子黑板吗？屏幕有多大？屏幕在黑板中央还是左右？

- **麦克风设施**

麦克风可以使用吗？麦克风音质如何？是有线的还是无线的？

第二节　教学目标设置

一　教学目标设置的必要性及步骤

通过教学需求分析掌握了学习者的学习问题及其原因之后，为了解决这一问题，将进入具体教学设计的阶段。教学设计的第一阶段是具体教学目标的设置。

设置具体教学目标，是为了保证教学过程和教学活动过程中沟通的客观性，也以此为基础来对学习结果进行评价。同时，也是对教学的内容、教学策略和方法以及教学评价对象等进行进一步的确认。不仅如此，也是适当管理和控制教学时间提供了依据。

设置教学目标的步骤如下。首先要以需求分析的结果为基础，按照优先顺序进行分类。分类标准课包括时间和资源的可支配程度，对特定行为表现的需求频次,学习者的可参与性等(Nadler, Nadler, 1994)。如果经过需求分类过程,选定了适当的需求,那么该需求就会转换为目标。通常目标分为知识、技能、态度三类,或者分为认知目标、情感目标、动作技能目标。

确认教学目标的分类后,按照一般的标准将教学目标表述出来。教学目标要明确学习者在学习结束后应该具备什么样的能力。教学目标的特征是比学习目标更普通。通常在教师使用指南中,已经提出了教学目标、该教学活动要让学生掌握什么技能,以及在整体教育课程或教学中,具体在某个时期需要灵活进行等信息。

一般来说,教学目标的选定要考虑目标目录、特定教育课程的需求分析结果、问题的观察结果、专家的可行性分析结果以及教育活动的要求等因素,进而最终确定教学目标。这里需要注意的是,学习者的要求本身不是目标,但目标是以学习者的要求为基础设定的(Nadler, Nadler, 1994)。因此,课程设计者应该从相关组织和学习者那里得出对教学目标的协议。教育教学目标以何种形式陈述,受学习者、组织或使用的学习资料等各种因素的影响。一般来说,"在乘法中理解交换法则"或"了解韩语的句子结构"等教学目标是不明确的。

因此,在下一阶段有必要摆脱一般教学目标模糊不清的陈述,提出更明确的目标。行为表现目标(performance objectives)是指通过具体、明确的教学目标,进行顺畅的沟通、选择合适的教学内容和策略,并对计划和实施正确的评价起到帮助作用。目标设置得越具体,根据目标评价学习和学习过程就越容易。如果使用行为表现目标,就可以查明"学习结束后,学习者可以'具体'做什么"。

二 教学目标分类

(一)布鲁姆的教学目标分类

布鲁姆(Benjamin Bloom)将多种教学目标进行了归纳和分类(Bloom, 1956)。布鲁姆将教学目标大致分为认知(cognitive)、情感(affective)、动作技能(psychomotor)这几类后,重新划分了各类别下层的行动和技能。认知领域是指教科书中所涉及的一般知识领域,情感领域与价值和态度有关,动作技能领域与身体动向有关。

根据布鲁姆的教育目标分类学，认知领域的教学目标分为知道（knowledge）、理解（comprehension）、应用（application）、分析（analysis）、综合（synthesis）、评价（evaluation）的能力，陈述教学目标可使用代表各能力的行动动词。例如，代表"理解"能力的行动动词是"说明"。"可以分析并提出哺乳类特征"中的"分析"能力，这也是陈述教学目标的一个例子。构成认知领域的下层能力相互之间存在等级关系，因此在不具备下层知识、理解、应用能力的情况下，很难熟练掌握上层分析、综合、评价能力。

（1）知道（knowledge）：指通过认知或重构想法、资料或思想而记住的行为。其中，包括特殊思想相关知识、术语相关知识、特殊事实相关知识、处理特殊问题的方法和手段相关知识等。

（2）理解（comprehension）：理解某些资料的内容中包含的意思，包括翻译、解释和推论的能力。

（3）应用（application）：可以在特定具体情境中使用抽象概念的能力。

（4）分析（analysis）：为了清晰地呈现出资料的相对等级或者表达的想法，分解出资料的组成要素或部分的能力。其中包括分析要素的能力、分析关系的能力、分析组织原理的能力。

（5）综合（synthesis）：将构成要素或者部分联合为一个整体的能力。其中包括独创性思想表达方法、制订计划和实施步骤，以及总结出抽象关系的能力。

（6）评价（evaluation）：根据某种目的对资料或方法的价值进行判断的能力。其中，包括根据内在标准和外在标准进行判断的能力。

（二）安德森和克拉斯沃尔的教育目标分类

1956年布鲁姆提出了教学目标分类，2001年安德森（L. W. Anderson）和克拉斯沃尔（D. R. Krathwohl）根据认知科学的研究结果对该教学目标分类进行了部分修改。他们在认知过程的最高层次思维中新加入了"创造"这一思维能力，并且着重强调了创新性（林哲一等，2011）（见表3-1）。

特别需要注意的是，安德森和克拉斯沃尔提出了以"事实性知识""概念性知识""程序性知识""元认知知识"等知识维度代替"内容"一词，以"记住""理解""应用""分析""评价""创造"等认知过程维度代替"行动"一词(见表3-2)。表3-3和表3-4分别展示了知识维度的教学目标分类和认知过程维度的教学目标分类的详细内容(林哲一等,2011)。

表3-1　　　　　　　　　布鲁姆的教学目标分类

	1956年版	2001年版
教学目标分类	评价(evaluation)	创造(create)
	综合(synthesis)	评价(evaluate)
	分析(analysis)	分析(analyze)
	应用(application)	应用(apply)
	理解(comprehension)	理解(understand)
	知识(knowledge)	记住(remember)

表3-2　　　　　　安德森和克拉斯沃尔的教学目标分类

知识维度	认知过程维度					
	1. 记住	2. 理解	3. 应用	4. 分析	5. 评价	6. 创造
A. 事实性知识						
B. 概念性知识						
C. 程序性知识						
D. 元认知知识						

表3-3　　　安德森和克拉斯沃尔的"知识"维度的教学目标分类

主要分类以及下级类别	示例
A. 事实性知识	解决学科或教学问题的基本要素
AA. 专业术语知识	专业术语,音乐符号
AB. 具体事实和要素的知识	主要资源,可靠的信息源
B. 概念性知识	发挥要素综合性功能的上层结构中基本要素之间的相互关系
BA. 分类和类目的知识	地质学年代,企业所有形态
BB. 原理和一般化知识	勾股定理,供需规律

续表

主要分类以及下级类别	示例
BC. 理论、模型和结构的知识	进化论,议会组织
C. 程序性知识	运用某物的方法、探究方法、功能的依据、算法、技法、方法
CA. 教学的特殊技能和算法的知识	画水彩画,整数除法的算法
CB. 教学的特殊技巧和方法的知识	面试技巧,科学方法
CC. 关于定理原理的知识	确定可以使用牛顿第二定律的依据,判断是否能筹集到推进项目所需费用的方法
D. 元认知知识	有关"认知"的知识以及关于"知识和认知整体"的知识
DA. 关于认知策略的知识	为了把握教材单元的结构,写出其概要的写作知识,关于如何使用发现法的知识
DB. 关于认知任务的知识	关于考试类型的知识,任务的认知要求相关的知识
DC. 关于认知主体的知识	能够判断个人的优点和弱点的知识,对自身知识水平的认识

表3-4　安德森和克拉斯沃尔的"认知过程"维度的教学目标分类

认知过程维度	关联术语	示例
1. 记住	从长期记忆中提取相关知识	
1.1 输入	确认	将与出示资料一致的知识放入长期记忆(例如:指出美国某个主要历史事件的日期)
1.2 回忆	提取	从长期记忆中提取出相关知识(例如:回忆美国某个主要历史事件的日期)
2. 理解	从包括口语、文字、图像在内的教学信息中构成意义	
2.1 解释	澄清 替换 表达 翻译	将一个表达形式(例如数字)替换为另一个表达形式(例如单词)(例如:修改演讲稿或文件)
2.2 例证	举例、证实	寻找概念或原理的具体例子或范例(例如:多种美术风格的例子)

续表

认知过程维度	关联术语	示例
2.3 分类	类型化 聚类	决定事物属于某种特定的种类，例如属于某个概念或原理（观察到心理上还未整理的事情或者分类记录的示例）
2.4 概要	抽象 推广	概括主题或要点（例如：简要写出影片中出现的思想）
2.5 推论	定论/外推法/ 插值法/预言	从提示的信息中得出逻辑结论（例如：在外语学习中，可以从各种例句中得出语法的原理）
2.6 比较	对照/图形化/ 组合	探索两个思想或对象之间的一致之处
2.7 说明	配置模型	建立因果关系模式（例如：说明法国18世纪某个主要事件的原因）
3. 应用		在特定情况下使用或实行某种程序
3.1 执行	实施	将某些程序应用于类似的课题
3.2 实行	使用	将某个程序使用于不熟悉的课题（例如：在某种情况下运用牛顿第二定律）
4. 分析		将资料分为构成部分，决定这些部分之间的关系、部分与整体结构或目的的关系
4.1 区分	辨别/识别/ 聚焦/选定	将展示出的资料分为有关部分和无关部分，区分为重要部分和非重要部分
4.2 组织	发现/整合/寻找 匹配性/描绘蓝 图/剖析/结构化	决定构成成分在结构中如何发挥作用（例如：将历史记载的证据结构化，作为赞成或反对特定历史性解释的证据）
4.3 归属	解体	决定基于所示资料的观点、偏见、价值或意图（例如：根据作者的政治观点决定他的观点）
5. 评价		根据给予或标准进行判断
5.1 检查	调整/检测/监视	探测过程或产物内部的错误或矛盾，决定过程或产物内在是否具有连贯性，在程序执行时探索其效果（例如：决定科学家的结论是否从观察到的数据中得出）
5.2 批评	判断	探测某个结果与外在标准之间的不一致，决定该结果是否具有外在连贯性，探测特定问题程序的适当性（例如：判断两种方法中哪一种是解决该问题的最佳方法）

续表

认知过程维度	关联术语	示例
6. 创造		把要素放在一起形成一致的或功能性的整体。将要素重新组织成新的模式或结构
6.1 生成	假设	提出基于依据的替代性假设（例如：为说明所观察到的现象而设定假设）
6.2 计划	设计	研究完成某个课题的程序（例如：计划有关特定历史话题的研究报告）
6.3 产出	构成	制定某种程序（例如：为了特定目的，建设居住地）

（三）加涅的学习能力类型分类

由前文可知，布鲁姆将教学目标大致分为认知、情感、心理动作技能三个领域。进一步，加涅（Gagné）将学习能力的类型分为言语信息（verbal information）、智慧技能（intellectual skills）、认知策略（cognitive strategies）、态度（attitude）、运动技能（motor skills）五个领域，具体如表3-5所示（林哲一，2012）。

表3-5　　　　　　　　加涅的人类学习能力类型

学习能力类别	意思	示例
言语信息	将事实和姓名这类已经储存的信息提取出来的能力	陈述酸性的特性 罗列太阳系的行星
智慧技能	将环境概念化的精神操作能力	区分某一例子为酸性 解二次方程问题 设计教案
认知策略	调整学习者的思维和学习过程的能力	制定记住事实信息的策略 制定信息分类策略
态度	选择对某件事肯定或否定的立场	楼道里不大声喧哗 选择不看外国片而去看国产电影或话剧
运动技能	执行身体动作的能力	画地图 组装收音机

1. 言语信息

言语信息（verbal information）主要是指记忆中的片面事实、事件、命题相关的知识。这主要是通过记忆来学习的，是其他学习的基础。例如，"韩国的首都是首尔"或"洪吉童的电话号码是 333—9999"，等等。

2. 智慧技能

智慧技能（intellectual skills）是人类利用象征性符号通过与环境相互作用而习得的大部分学习技能。这些技能从低级向高级被分为辨别、概念、原理、解决问题。

（1）辨别：区分事物之间特征物理属性的能力，关注事物之间的差异并进行识别。这是概念学习的基础。

（2）概念：根据事物的共同属性分类事物的能力，关注事物的共同点。根据物理属性分为具体概念和无法观察到的抽象概念。概念是学习原理的基础。

（3）原理：使用两个以上的概念来说明自然和社会现象内在的法则和规则，这些法则是在多种具体情况下有规律地出现的。例如，日食的原理、供求定律等就属于这一范畴。这种原理学习是解决问题的条件。

（4）解决问题：将一种以上的原理适用于多种问题情况，是寻找解决方案的能力。

3. 认知策略

认知策略（cognitive strategies）是学生关于记忆、思考、学习的方法或技巧相关的功能。例如，有效的笔记整理方法，像"太定太世文端世"[①] 只摘取第一个字背诵的方法，与具体事例联想起来背诵抽象用语的方法，等等。

4. 态度

态度（attitude）是学生对某件事的心态，表示选择什么倾向。例如，"不乱穿马路的行为""给老人让座的行为""在图书馆安静学习的行为""接电话时语言亲切的行为"等都属于态度。

5. 运动技能

运动技能（motor skills）是伴随认知活动的肌肉运动相关的学习领

---

① 这是记忆韩国历史上朝鲜王朝名号的顺口溜。——译者注

域。例如,"画地图""画椭圆""利用电脑程序画画""游泳""打字""组装收音机"等都属于运动技能。这个运动技能和布鲁姆的心理动作技能领域是相同的学习能力。

三 教学目标陈述方式

布鲁姆的教学目标分类对清晰陈述教学目标产生了很大的影响。即在提出教育成果时,不仅强调内容,还强调用具体、明确的成就动词来表现学习者必须达到的目标水平。接下来介绍梅杰和加涅关于清晰陈述教学目标的理论。

(一)梅杰(Mager)的教学目标陈述

根据梅杰介绍,单位教学中要达成的教学目标可以分为学习者(Audience)、学习者将要执行的行动(Behavior)、发生学习行为的条件(Condition)以及可以判定学业达成的标准(Degree)四个要素,即ABCD要素(林哲一等,2011)。

1. 学习者(Audience)

教学目标应由学习者的展示来完成。如果使用"对民主社会的市民权进行说明"这样的表达陈述教学目标,这里的主语并不是学习者,而是在陈述教学者的教学活动,因此这类陈述是不恰当的。

2. 行动(Behavior)

教学目标应包括学习结束时,学习者应表现出来的具体行动或执行水平。行动表示"学习结束后,学习者能做什么",要用可以观察和可测量的用语进行陈述。在这种情况下,要把重点放在行动上,所以不应包括教学内容、教学策略或教学方法等其他因素(Nadler,Nadler,1994)。行动动词的例子有"列举""说明""比较"等。以下列举了一些陈述认知(cognitive)性目标的行动动词(见表3-6)。

3. 条件(Condition)

教学目标也包括学习者行动时的环境和状况等。条件是指在即将发生行为的情况下,学习者受到的局限或限定条件。这里要注意,限定条件不是学习情况的限定条件,而是最终执行行动所面临的限定条件。如果限定条件反映了实际执行的环境,那么就可以缩小学习和实际行为之间的差距。如果行为受到时间限制,在目标陈述中,也要加上时间这种限定条件。条件的示例有"利用卷尺""使用显微镜""看着地图"等。

表 3-6　　　　　　　　行动性教学目标种类（示例）

对学习者的期望水平	期待学习者的行为动词
水平1：知识/理解 记住和认识事物	·分类 ·定义 ·举例 ·说明 ·掌握 ·联系 ·认识 ·换言 ·列举 ·命名 ·选定 ·陈述
水平2：应用 在具体合适的情况中利用信息	·选取 ·计算 ·组装 ·应用 ·实行 ·预见 ·改编 ·解释 ·运用 ·实证
水平3：分析 将资料分解为基本单位或分析	·分析 ·分类 ·比较 ·区分 ·区别 ·试验 ·对比 ·批评 ·分离 ·表示
水平4：综合 将分析出的要素进行重新组织或综合	·排列 ·结合 ·构成 ·讨论 ·公式化 ·一般化 ·设定 ·概要 ·用 ·组织 ·收集 ·关联 ·表示

4. 标准（Degree）

教学目标包括判断目标达成与否的程度、标准以及依据等。标准是指陈述可以接受的行为水平，数量和质量都可以包括在内。可以根据标准进行判断"学习者的行为是否顺利达成了教学目标"。依据起到了将达成目标的学习者和没有达成目标的学习者分开的一种"标准"的作用。目标陈述中包含了依据的例子如下："下课后，学生看着地图可以说出48个以上美国各州的名字""给出的10道题中，能正确解答6道以上"等。

> **梅杰的教学目标陈述例子**
> ·看到高丽时代地图（条件），可以正确（标准）叙述（行动）高丽三处的变化。
> ·在包含6个英语形容词的文章中（条件），可以准确地（标准）选出（行动）4个以上的形容词。
> ·参考年代表（条件），可以提出（行动）3个以上（标准）甲午改革发生的原因。

（二）加涅（Gagné）的教学目标陈述

加涅表示，陈述教学目标所需的要素有刺激情境、习得能力、记忆内容、动作、工具·限制·条件（Gagné，1985）。

1. 刺激情境

刺激情境是指执行学习行动的环境条件，相当于梅杰的目标陈述中的"条件"。例如，"在运动场""拿着计算器""如果给10个苹果和5个香蕉"等情况都属于刺激情境。

2. 习得能力

习得能力指的是加涅的学习能力类型，即言语信息、智慧技能、认知策略、态度和运动功能，表示习得能力的动词取决于属于哪种学习类型。例如，言语信息学习主要使用"说"，智慧技能学习中辨别学习主要使用"区分"，概念学习主要使用"分类"，原理学习主要使用"举例证明"，解决问题学习主要使用"创造"。态度学习最主要是用"选择"，运动技能学习主要是用"做"。

3. 记忆内容

成就内容是指学生学习的内容，包括信息、知识、技能。例如，在"可以列举出民主主义的理念"中"民主主义的理念"或者"可以在地图上标明并说明三国时代的领土"中"三国时代的领土"都属于成就内容。

4. 动作

动作是指可以观察到学习能力的学习活动，可标识为行为动词。动作与学习能力类型无关，可以使用多种动词，但表示学习能力的动词最好不要重复使用。例如,"可以列举出民主主义的理念"中的"列举"或"可以在地图上标明并说明三国时代的领土"中的"标明"就属于动作。

5. 工具·限制·条件

工具·限制·条件使成就行动执行时的成就程度和范围更加明确。例如,有"使用卷尺(工具)""在14秒以内(限制)""如果给地图(条件)"等。

加涅的教学目标陈述例子

·可以看着高丽时代的地图(条件),正确(限制)标记(动作)高丽三处的变化(记忆内容)并进行说明(习得能力)

·从包含6个英语形容词的文章中(条件),筛选出(动作)4个以上(限制)形容词(记忆内容)进行分类(习得能力)

·参考年代表(条件),提出(动作)3个以上(限制)甲午改革的原因(记忆内容)并进行说明(习得能力)

(三)行动导向教学目标陈述的优缺点

"行动导向教学目标"是使用行为动词以下课后期待学习者执行的明确行动为目标进行陈述的。因此,在行动导向教学目标陈述中,不使用思考、欣赏、理解、知道等不可观察的动词。而使用利用、组装、陈述等具体而明确的行动动词。使用行动导向教学目标的优点和缺点如下(朴成益,1997)。

使用行动导向教学目标的优点如下。第一,对即将开展的教学活动,提供明确的可参考的和可把握的线索。通过行动导向教学目标,教师们可以进一步开展具体的教学活动,并合理判断教学效果。

第二,成为教学设计的基础信息。行动导向教学目标有助于掌握能够组织教学内容和方法的等级结构,因此可以为教学设计提供基础信息。

第三,为改善教学,可作为教育课程评价及教学效果评价的基础。在"目标—内容—评价"的系统过程中,如果用行动用语陈述学习者的目标行动,就可以准确测定和评价教学效果。以其结果为依据可以检查前一阶段中教学计划、目标选定、内容组织、教学方法等程序的有效性。

第四，可以确保教师、学生、专家等教学参与者之间沟通的准确性。如果用行动用语进行陈述，就可以在参与教育课程开发或教学活动的人之间正确地传达共同的行动目标，并成功执行所负责领域的活动。

使用行动导向的教学目标也具有一定的负面作用。第一，提取行动性教学目标的证据不明确。目标越是明晰，就越难掌握目标提取的根源，教师之间很难统一意见。

第二，可能产生教学设计和教学处方的片面性。具体的行动导向教学目标很有可能在实际教学中以单个目标为中心进行教学，因此很难掌握整体性的知识体系。

第三，学习等级结构和学习者信息处理过程之间可能会出现不一致的现象。如果将先验的学习等级结构分析与学习者的信息处理方式相比较，很难找到其效用性达到何种程度的实证研究结果。

第四，由于学科性不同，有些学科可能不适合使用行动导向教学目标。人文社科类或者艺术类教学的学习不是马上就能达到目标的，而是要经过长期的教育培养其判断能力和批评能力。

第五，会对实际教育效果的评价活动造成限制。即使使用行动用语陈述教学目标，也会出现无法说明评价问题的内容效度和归因效度的情况。

第三节 学习任务分析

一 学习任务分析的定义

一般来说，任务分析（task analysis）就是分析所有需要教的知识或技能，从而提供有关教学内容的信息（Reigeluth，1983）。因此，在学校的情境中，任务分析和学习任务分析可以同义使用。

学习任务分析大致分为"学习目标分析"和构成该目标的"从属技能分析"两个阶段（见图3-1）。其一，学习目标分析是查明陈述的学习目标属于何种学习类型，并将目标的学习过程分析为信息处理的阶段。其二，从属技能分析是指已经分析的信息处理各个阶段的学习中所要求分析的从属技能和知识。

在学习任务分析中，为了使学习者能够达成学习目标，首先要陈述

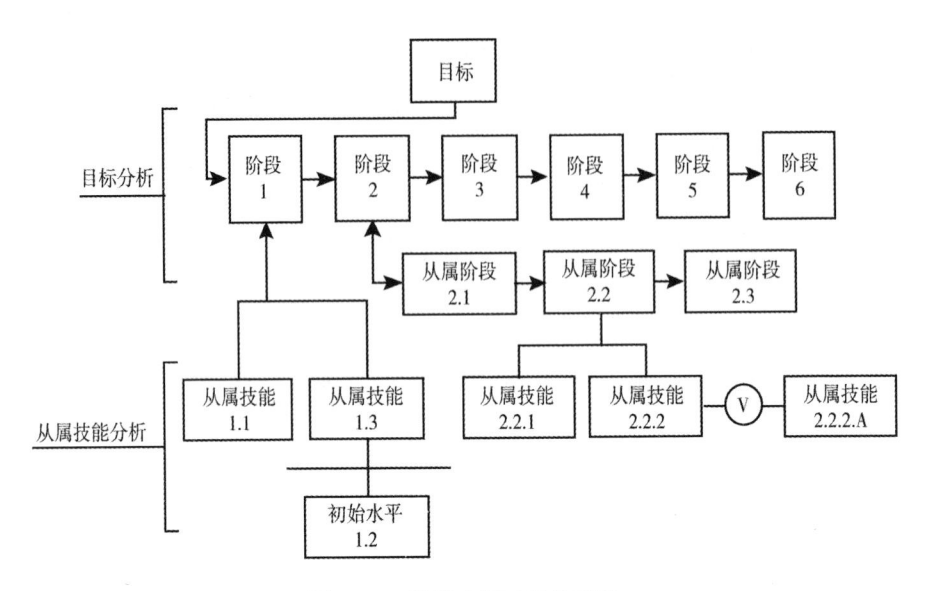

图 3-1 教学分析过程的要素

学习者必须要学习的任务、具体明确学习所需的多种行动、确认可能引起这些行动的条件并开发行动执行的评价准则。因此，如果不能适当地分析学习任务，从教学者的立场来看，很难把握该教学习者什么，也无法制定最佳的教学策略（朴成益，1997）。总之，学习任务分析是指了解熟悉设定的目标水平或者选定任务所需的过程或程序的方式，或者说为了达成设定的目标应该做什么的方法。

在学校现场，实际学习任务分析一般是对"单元的学习目标及内容的分析"，也就是根据学习者和学习环境，分析单元学习目标和学习内容的过程。接下来对学习任务分析的过程进行详细的说明（林哲一等，2010）。

首先，使用教师指导手册和教科书确认学习目标和学习内容，并以学习者和学习环境的分析为基础，将学习目标和学习内容修改为符合本学校的学习者、学习环境和学习条件的形式。可以规划合并课时或统筹学科，也可以改变组成单元的课时顺序。这样分析的结果会出现"单元结构图"，该图分析了单元中必须要教的核心学习主题的关系。

学习任务分析对课程设计是有帮助的（朴成益，1997）。不仅可以确认在教学中想要实现获得知识或技能等目标，而且可以剔除在教学或者各种目标中不必要的因素。除此之外，通过逻辑上系列化的、结构化的课程可以提高学习效率,并促进开发教育活动的专家或研究员之间的沟通。最后,可以节省教育费用,改善不恰当的行为。

二 学习任务分析的主要方法

根据学习任务的类型,加涅(Gagné)正式提出在学习任务分析技法及授课方法上要有所差异的观点。加涅的学习任务分析基本上基于前面所描述的人类学习能力的 5 种类型。即,首先辨别某种学习任务是属于人类学习能力的言语信息、心智技能、认知策略、态度、运动技能中的哪一种类型,然后再对其学习任务进行详细分析。虽然任务分析方法可以有很多种,但是根据需要分析的任务的属性或分析领域的特性,主要有层次分析(hierarchical analysis)、聚类分析(cluster analysis)、综合分析等。迪克和凯里等根据学习目标及阶段类型,提出如下的从属技能分析类型(见表 3-7)。

表 3-7 根据学习目标及学习阶段分析从属技能的类型

学习目标及阶段类型	从属技能分析的类型
智慧技能	层次
运动技能	层次
言语信息	聚类
态度	综合(层次和聚类)

在表 3-7 中,层次分析可以包括程序性阶段的系列。接下来简要介绍各个分析方法的特点和程序。

(一)层次分析

层次分析主要使用在任务的学习能力类型是智慧技能或运动技能领域。层次分析将实现任务所需的各种技能分为上级技能和从属技能。从属技能是为学习上级技能所必须熟练掌握的基础,其分析程序如图 3-2 所示(Choi et al., 2005)。

(1)重新研讨信息处理阶段,确认学生能否顺利实现其目标。

(2)在教学目标中分析的各阶段继续考虑"学习这个阶段所必需的技能是什么"。

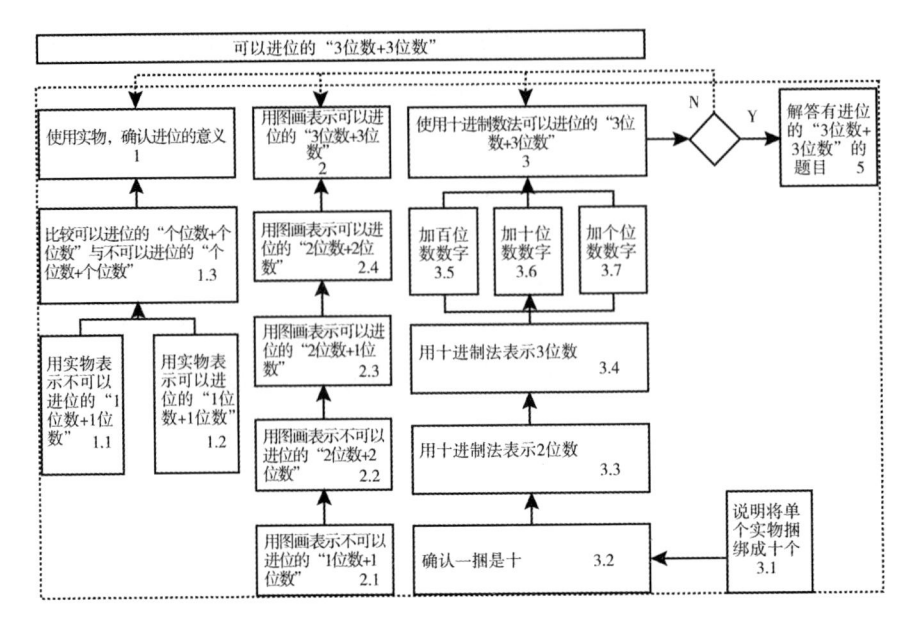

图 3 - 2　层次分析的应用实例

（3）将各阶段必需的技能或知识的水平分析到最底层。

（4）属于智慧技能的知识，按照从上到下（即解决问题、原理、概念、辨别）的顺序进行分析。

（5）将分析的技能或知识按层级或顺序排列。

（6）将分析的结果与教学专家一起研讨并修改。

（7）要考虑学生目前的知识或技能水平，暂定目标。

（二）聚类分析

聚类分析主要用于分析言语信息的学习任务。言语信息没有上下级关系，最好将主要信息有效地聚集在一起进行分析（见图 3 - 3）。例如，学习人类身体部位名称的任务可以按照身体部位分类，学习主要寺庙所在地的任务可以按照地区和城市分类。

（三）综合分析

综合分析是同时使用层次分析和聚类分析的方法，主要用于态度学习目标的分析。态度学习是选择某种行为，但为了做出选择通常伴随着智慧技能、运动技能和言语信息。也就是说，在态度学习中，要先知晓或先执行它的特定从属技能（见图 3 - 4）。

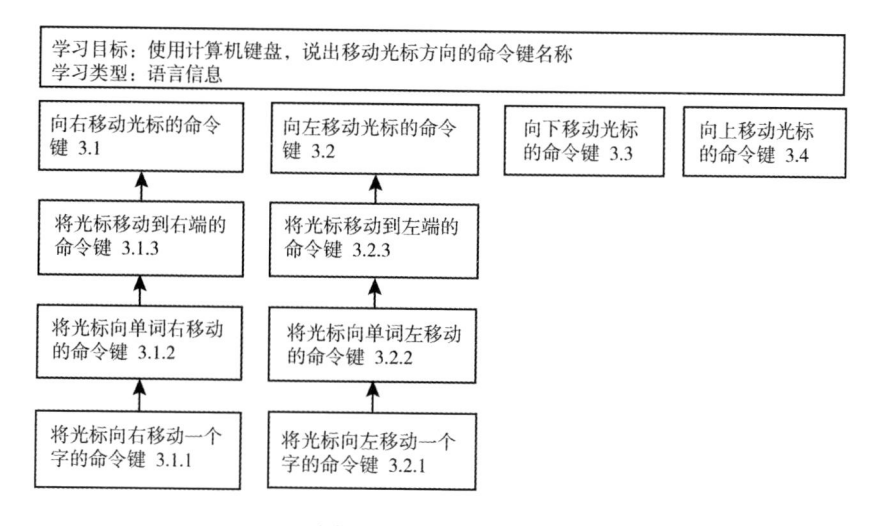

图 3-3 聚类分析例子

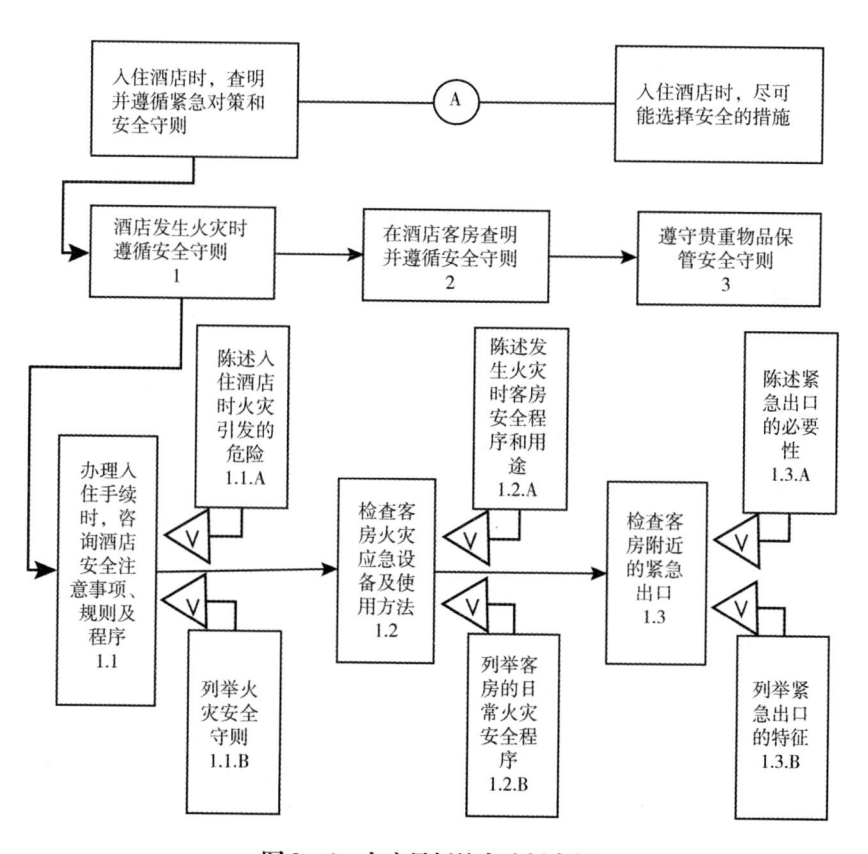

图 3-4 态度目标综合分析实例

> **练习和探究问题**
>
> 1. 请讨论在教学系统设计中为什么要进行需求分析,并说明主要方法。
> 2. 根据梅杰和加涅的目标陈述方式,各举一个例子。
>   A. 梅杰的目标陈述的例子
>   B. 加涅的目标陈述的例子
> 3. 请举出加涅的学习任务分析技巧的例子。

参考文献

박성익(1997). 교수 학습 방법의 이론과 실제. 서울: 교육과학사.

임철일(1998). 교수개발의 체제적 접근. 교육공학사전. 한국교육공학연구회.

임철일(2012). 교수설계 이론과 모형. 서울: 교육과학사.

임철일, 임정훈, 이동주(2011). 교육공학. 서울: 한국방송통신대학교출판부.

임철일, 최소영, 홍미영(2010). 초등학교 초임 교사를 위한 교수체제설계 모형의 개발 연구. 교육공학연구, 26(4), 121-147.

최동근, 양용칠, 박인우(2005). 교육방법의 공학적 접근. 서울: 교육과학사.

허운나 편(1993). 산업교육 요구분석. 서울: 배영사.

Bloom, B. S. (1956). *Taxonomy of Educational Objectives, Handbook: The Cognitive Domain.* David McKay, New York.

Dick, W., Carey, L., & Carey, J. (2015). *The systematic design of instruction* (8th ed.). Addison-Wesley Educational Publishers Inc.

Mager, R. F. (1984). *Preparing instructional objectives.* Bermont, CA: Lake Publishing Co.

Mager, R. F. & Pipe, P. (1984). *Analyzing performance problems.* Bermont, CA: Lake Publishing Co.

McKillip, J. (1987). *Need analysis: Tools for the human services and education.* Newbury Park, CA: Sage Pub.

Nadler, L. & Nadler, Z. (1994). *Designing training programs: the critical events model.* Houston, TX: Gulf publishing Co.

Reigeluth, C. M. (1983). *Instructional design theories and models.* Hillsdale, NJ: Lawrence Erlbaum Associates.

Ulschak, F. (1983). *Human Resource Development: The theory and practice of need assessment.* Reston, Virginia: Reston Publishing Co.

附表3　　　　　　　　　　第三章引用文献对照

	对应韩文
（朴成益，1997）	박성익 (1997)
（林哲一，1998；2012）	임철일 (1998); (2012)
（林哲一等，2011）	임철일, 임정훈, 이동주 (2011)
（林哲一等，2010）	임철일, 최소영, 홍미영 (2010)
（Choi et al., 2005）	최동근, 양용칠, 박인우 (2005)
（Huh, 1993）	허운나 (1993)

第四章

以教师为中心的教学与教学设计

制定教学目标并分析学习任务之后,下一步是要制定有效实现教学目标的教学策略。一般来说,教师在备课时最关注的就是如何教学。然而,与其尝试一种理论的、系统的教学方法,他们通常更依赖于个人经验。在这种情况下,一位技术精湛、教学技术熟练的教师可以上一堂好课;反之,就会出现大量的错误,使该课堂成为教师试错的过程。那么,我们应该如何避免这些错误?

最好的方法是运用教学设计理论或模型来设计课程。当然,这些理论或模型并不能确保课程完美无缺。因为教学效果不仅取决于教师的教学技巧和管理能力,还会受到教学环境、学习任务的特点、教学对象的特征等影响。然而,这些理论和模型为有效的教学设计提供了基本框架。因此,在第四章我们将探讨有助于制定教学策略的教学设计理论。

目 标

1. 区分加涅和凯勒的教学设计理论和模型的特点。
2. 说明各教学设计理论的主要概念与原理。
3. 根据学习目标与学习内容,选择合适的教学设计理论,设计有效的教学策略。

第一节 教学设计理论的特点

教学设计理论（instructional design theory）是一种为如何更好地促进人们学习与发展提供明确指导的理论（Reigeluth，1999）。与系统性准备和设计教学并为整体过程提供指南的教学系统理论（ISD）不同，教学设计理论是在进行单元课程准备时，考虑所需要的具体策略与方法。教学设计理论根据不同的教学目标和教学条件，有不同的解释。但总的来说，它具有以下共同特点（Reigeluth，1999）。

首先，一般的理论是描述性导向的（description-oriented），而教学设计理论是设计导向的（design-oriented）。一般的理论是描述性的（descriptive），因为它们更关注解释特定事件发生的结果或发生的过程。相反，教学设计理论是规范的（prescriptive），因为它关注实现教学目标的方法，并为实现教学目标提供直接指导。

其次，教学设计理论包含教学方法和运用这些方法的具体情境。教学情境根据学习内容、受众、学习环境、教学预期成果（效果、效率、吸引力）等各种条件而有所不同。因此，教学设计理论并不试图提供适合每一种情境的唯一方法，而是提供适合教学条件和情境的方案。

再次，教学设计理论为教师提供了实用指南，因为它通过将教学方法划分为子元素来呈现。过于笼统的理论对实践者没有实际帮助，因为有许多不同的方法可以将这一理论付诸实践。相比之下，教学设计理论很容易应用，因为它在一个相对具体的层次上提出了方法。此外，教学设计理论对实践者更有用，因为它提供了从一般理论到具体理论的多种层面的指导。

最后，这些教学方法是随机的，而不是固定不变的。这意味着教学设计理论中提出的方法并不能保证目标的实现，而是增加了实现目标的机会。由于影响课堂活动的因素有很多种，因此没有一种完全适合预期情况的教学方法。然而，教学设计理论旨在提供在指定环境中实现预期结果的最佳方法。

很多学者一直在努力探索在特定情况下提供最优的教学方法，本章我们将探讨最具代表性的加涅和凯勒的教学设计理论。加涅理论和凯勒理论侧重于如何进行以教师为中心的教学，以达到传统教学视角的预期教学效果。

第二节　加涅的教学设计理论

一　理论背景

加涅通过结合行为主义和认知主义的原理，提出了最有效的以教师为中心的教学原理。由于教学的目的是帮助学习者学习，加涅认为，通过课堂活动从外部给予的一系列情境应该与学习者的内在认知过程有密切的关系。换言之，为了促进学习者的学习，有必要了解学习者内部的学习过程，并提供理想的教学事件来促进学习。因此，加涅的理论侧重：(1) 学习者在学习有意义的材料时，所经历的内在认知过程；(2) 成功完成学习所需的外部教学事件；(3) 多样化的学习结果。换言之，教师可以通过整合各种情况下所需的教学情况和条件来促进产出多样化的学习结果。

加涅采用了基于认知理论的学习过程。根据认知理论的说法，学习是从接受刺激到行动的结果，是经过一系列认知过程发生的（见图 4-1）。

（一）注意

为了开始学习，必须接受刺激，为了接受刺激，学习者必须要留意刺激。如果学习者不专心听课，就无法接受刺激，从而无法进行学习。例如，学习者在教师讲课时与朋友交谈，则学习者无法感知那段课程内容，从而无法参与学习。因此，教师应在开始授课之前引起学习者的注意。为此，教师可以通过改变声音、挥手或使用提醒注意的指令来集中学习者的注意力。

（二）激发动机

在学习过程的早期阶段，必须要为达到目标而激发动机。动机激励学习者实现既定目标，从而成为实现学习目标的动力。

为了激励学生实现特定目标，学习者必须要对参与课堂所获得的结果有所期望。这可以通过教师告诉学习者在学习结束后他们将能够做什么来实现，即告知学生学习目标。

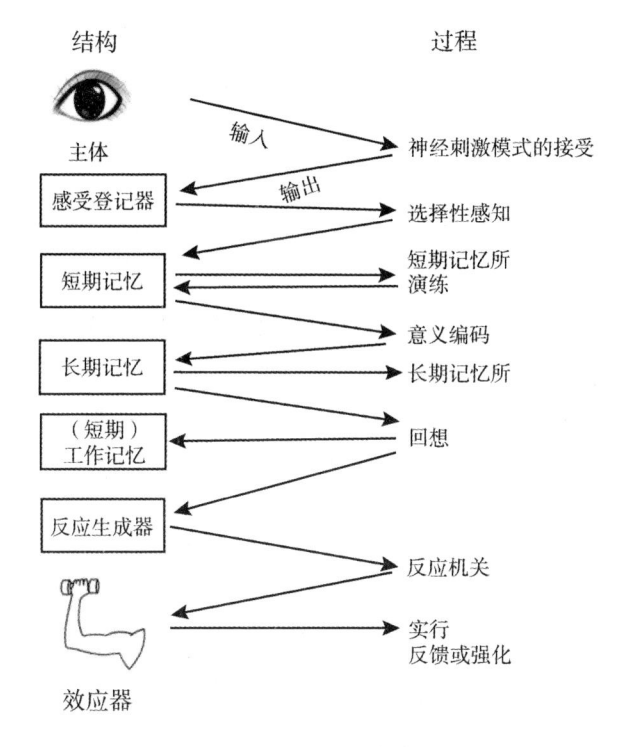

图 4-1 学习结构与过程间的关系

(三) 习得阶段

为了使学习发生，学习者必须注意新信息的特征，而不是单纯地接受所呈现的信息。这种关注是根据目标或期望选择性地发生的。

一旦选择性地感知了关键特征，感知信息必须要存储在工作记忆（又称短期记忆）中。为了存储信息，必须将其转换为易于存储且以后易于识别的形式。这时候的问题是，短期存放的地方可以存放的容量是有时间和空间限制的。信息在短期记忆中只能存储 20 秒左右，可存储的信息量也限制在 7±2 条。为了克服期间的限制，需要重复存储数据，这就是练习（rehearsal）。克服空间限制的一种方法是通过将项目分组，以组或单元的形式分解成块（chuncking）来扩展工作记忆的容量。

(四) 信息编码

新信息要想存入长期记忆所，就必须再经过一个转化的过程。为了更好地记住信息而将新信息进行有意义的组织的过程称为信息编码。为了将信息存储在长期记忆所中,需要将其转化为有意义、有目的的连接语义网络,而不是练习或重复。语义网络意味着想法或元素是相互关联的,这也就意味着一个想法可以激发其他的想法。这强调了长期记忆所中的信息不是相互孤立的,而是相互关联的。

(五)贮存于长期记忆

进行信息编码的新信息将进入长期记忆所。它要么被记住一段时间然后被遗忘,要么被传入的信息干扰。为了帮助信息长时间留在长期记忆所当中,我们需要复习或练习。

(六)探究和回忆

当一个人需要重新使用存储在长期记忆所中的信息时,他必须在所有被存储的信息中寻找它,一旦找到了,就要回忆它,还可以提供线索来帮助回忆。

(七)行为表现

行为表现是学习成果的实际表现,是确认学习已经发生并提供反馈的一个步骤。有必要要求不止一个行为表现来确认学习已经发生了。

此外,为了使学习者能够在各种情境中应用他们所学的知识,要求他们能够在不同学习环境下操作也十分重要。在不同情况下可以操作的能力被称为"迁移",这也是一个重要的学习目标。

(八)反馈

对于学习者来说,检查他们的操作结果是否满足给定情况的要求或目标是非常重要的。通过这种方式,他们可以确认最初形成的期望,反馈提供关于操作是否合适的信息。正如斯金纳所说,它也起到了强化的作用。

二 九大教学事件

学习者如何学习知识是决定如何教他们的基础。加涅认为学习发生的内部过程可以由外部条件或情境诱导,并认为为了诱导有效的学习,在教学中应该包含一系列能够促进学习发生的内部认知过程的事件。加涅提出了九种外部教学事件来触发内在学习过程。内在学习过程与外在(教学)事件的关系如表 4-1 所示。

表 4-1　　　　内在学习过程与外在（教学）事件之间的关系

内在学习过程	外在（教学）事件
注意	1. 引起注意
激发动机	2. 教学目标陈述
习得阶段	3. 唤起先前经验 4. 呈现刺激
信息编码 贮存于长时记忆	5. 提供学习指导
探究和回忆 行为表现	6. 展现学习行为
反馈	7. 提供反馈 8. 评价学习成果 9. 促进学习迁移

·**事件一：引起注意**。在教学开始时需要做的第一件事是引起学习者的注意。我们可以使用多种方法来获得学习者的注意。最常见的方法是通过说"这很重要""特别要注意这一点"或者"这是必须要知道的"等来引起学生的注意。可以使用声音或光进行强烈的刺激，也可以使用诸如视听媒体之类的能够吸引注意力的工具。

引起注意也可以通过激发学习者的兴趣来实现。例如，在开始进行与树叶相关的课程时，可以通过提出"为什么树叶会从树上飘落？"之类的问题来激发学习者的兴趣。再举一个例子，如果在课堂上教百分比，可以问："你如何计算棒球运动员的击球率？"

·**事件二：教学目标陈述**。这一步让学生期待在学习结束时可以获得的学习成果。告诉学习者本课程的目标，有助于建立学生对学习的期待。例如，"在本单元结束时，你将能够做到以下几点"。教学目标的例子包括"我可以指出区政府在哪里""我可以测量气体的体积"或"我可以分析诗歌"。无论目标是什么，当提前把它告知学习者时，他们往往会学得更好。

清楚地阐明教学活动与目标的关系将鼓励学习者更加努力地实现这些目标。如果学习者不知道他们期望的最终行为是什么，他们将不知道学习何时完成或不知道何时能获得满足感。教学目标是告知学习者预期的最终行为。

・**事件三：唤起先前经验**。第三步是明确学习者学习新内容所需的技能。学习新内容取决于是否已经储备了必要的先前知识和经验。为了完成此类事件，教学过程中必须首先确定哪些先决条件与新学习相关，之后再指出或回忆它。如果学习者没有先前经验和知识，必须在开始新的学习之前重新教以前的内容。

・**事件四：呈现刺激**。此步骤向学习者呈现教学内容。学习需要展示出新的内容。新信息的呈现方法有很多种，可以解释新刺激的独特特征是什么，也可以用概念或规则的形式说明，又或者是做某件事情的方法论。无论如何，教师的任务是通过呈现新刺激的独特特征来帮助学习者更好地记住学习内容。例如，在介绍一个概念或规则时，应使用各种示例，帮助区分该概念或规则适用的情况。

・**事件五：提供学习指导**。此步骤提供了一种集成所有学习任务的方法。指导学生正确整合新旧信息并将结果贮存于长期记忆中。此类指导应侧重于对汇总信息进行有意义的编码。可以做到这一点的一种方法是提供一个规则或模型，让学习者运用它来正确理解学习任务。例如，举例、演示、图表等都有助于帮助学习者整合、存储和回忆所有可以实现目标的内容。

教师在指导学习者学习特定任务前，必须规划好使用哪些方法来呈现教学内容。有时可以鼓励学习者自行解决问题。在某些情况下，可能需要提供"线索"或"提示"。教师可能会根据情况采取多种方法。

・**事件六：展现学习行为**。展现学习行为是学习者对学习内容展现其外显行为的阶段。前面的步骤帮助学习者学习，将新的信息或技能贮存于长期记忆中，而这一步提供机会来考核学习者实际上是否完成了新的学习。

为了促进学习行为的展现，可以让学习者写练习题、做作业、回答课堂问题、完成实验或练习他们所学的内容。

・**事件七：提供反馈**。操作后应提供反馈，在这个阶段需要告知操作有多么成功、多么准确。为成功的操作提供积极的反馈，有助于加强行为表现。通过反馈，学习者知道他们已经实现了最初的目标，需要提高表现的学习者知道他们还需要多少练习。

- **事件八：评价学习成果**。在这个阶段，通过评价来确定是否可以进行下一阶段的学习。上一阶段对学习内容进行了练习和强化，那么现在是评价学习结果的时候了。这决定了学习者是否为下一阶段新的学习做好了准备。测试应该检查是否已经掌握和理解，而不仅仅是记忆。
- **事件九：促进学习迁移**。在最后阶段，应该提供新的学习内容可以被一般化或应用于其他情况的经验。为此，可以使用的策略是重复和应用。复查学习内容有助于加强记忆。将学到的知识应用于各种情况和环境有助于转移。迁移要求将学到的知识或技能用于超出最初学习的新情况。例如，抽象地学习了分数和带分数的加法，将这些知识应用到现实世界中，如测量一块木头的长度来建造一座房子。为了促进这种迁移，教师应该教学生如何以及何时应用新学到的技能。

第三节　凯勒的学习动机设计模型

一　理论背景

学习者的学习能力不仅与学习者的特性和教学事件有关，而且与学习者的学习动机密切相关。学习者在他们喜欢的科目上表现出较高的学习成就，而在他们不喜欢的科目上成绩较差。此外，由于学习成绩反过来也影响动机水平，因此，学习者一旦失去兴趣，将形成动机持续下降的恶性循环。没有人会怀疑这种动机与学习成就之间的关联。然而，尽管动机对学习成绩的影响很大，但很少有人关注动机因素在学习中的作用。

尽管行为和认知心理学家对教学理论的发展非常有帮助，但他们主要关注的是人类"如何"学习，对"为什么"学习几乎没有兴趣。然而，当学习者对学习情境赋予更多意义并更感兴趣时，他们会表现出更高的成就。因此，有必要关注如何使学习变得更有趣，而不是只关注为学习者提供有效和高效的教学方法。凯勒的理论试图系统地提出学习动机的重要性，并为设计学习动机提供了一个具体的策略。凯勒提出了如何通过将行为理论和认知理论的原理与学习动机研究相结合来提供更高效的教学。

在讨论凯勒的理论之前，有必要了解他的理论所依据的行为和动机之间的关系。为此，必须明确区分"个人努力"和"行为表现"（Keller，1979；1983）。"行为表现"是指实际成就，而"个人努力"是指个人是否为完成任务而从事活动。努力是学习动机的直接指标，而不是操作。因为操作不仅受动机的影响，还受学习者的能力、学习机会和环境等其他因素的影响。凯勒认为，还必须清楚地区分"行为表现"和"结果"。虽然表现是一种外在的实际成就，但是结果包括个人的内在和外在产物——学习者的情感反应、社会和物质奖励。因为"结果"与认知评价挂钩，直接影响学习者后续的努力。

根据凯勒的理论，"一个人的行为是个人特征（Person）和环境（Environment）相互作用的结果"，可以用公式 $B = f(P \& E)$ 来表示。这个公式解释了个人特征和环境对个人努力、行为和结果的影响（见图 4–2）。

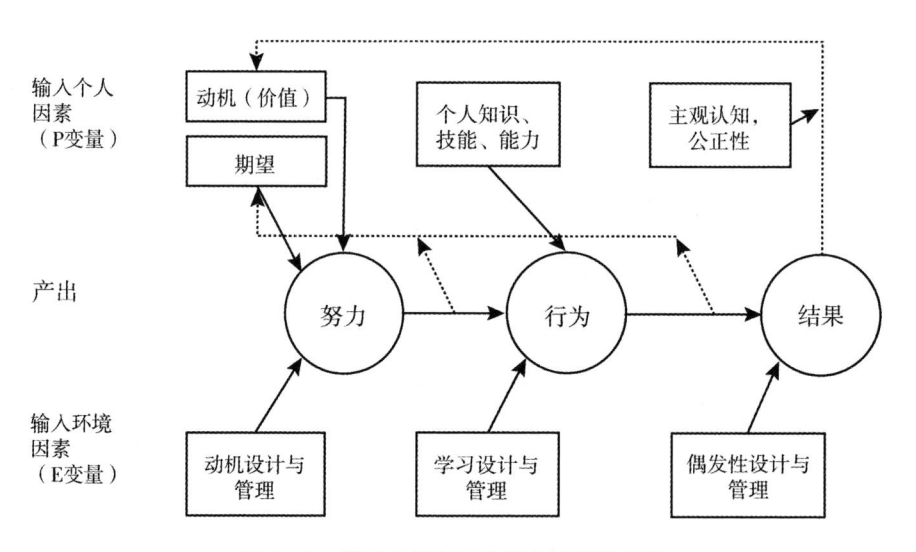

图 4–2　学习动机和行为的宏观理论框架

对学习者的努力有主要影响的因素是个体（P）变量的"动机（价值）"和"期望"。"动机（价值）"和"期望"是被称为"期望值理论"的动机理论中的主要变量。根据这一理论，个人的动机是他对任务的"价值"与他是否能够成功操作任务的"期望"之间综合性相互作用的结果。

虽然"价值"和"期望"是解释个人动机特征的最重要因素,但"强化"这一外在特征也是一个主要因素。个人"操作"一项任务后出现的"结果(外部奖励、惩罚等)"也会影响情绪反应,如自豪、绝望、快乐和解脱,以及对它的"主观认知"。换句话说,它会影响个人的价值观和期望。

总之,凯勒的学习动机理论是整合个人解决某个问题的"个人努力"、实际的"行为"和影响操作的"结果"的个体特征(P 变量)与环境变量(E 变量)的宏观理论。特别是,该理论引入了三种类型的教学设计作为环境变量:动机设计、学习设计和偶发性设计。

"动机设计"是为了让大家更努力地完成学习任务,直接激励学习者,比如积极的反馈和表扬。"学习设计"是指根据学习者的动机水平改变学习内容本身或选择和推荐合适的学习内容。"偶发性设计"是指让学习者相信努力和学习行为与结果密切相关。例如,告知学习者学习过程或告知他们有助于他们成功的诱因。

凯勒认为,必须理解和运用这三个因素才能开发出优秀的教学内容,并在此基础上提出了 ARCS 模型作为微观设计指南。

二 ARCS 模型

ARCS 模型是分别由注意(Attention)、关联(Relevance)、自信(Confidence)和满意(Satisfaction)的英文首字母组合在一起的。

(一)注意(Attention)

学习动机的第一个要素是"注意力"。为了激发学习的动力,学习者的注意力必须集中在特定的学习刺激上,并且维持注意力。注意力与好奇心、唤起注意和感觉寻求等概念有关。凯勒提出,引起学习者好奇心主要有两点。"唤起感知"(perceptual arousal),通过呈现新奇的事件或事实来引起学习者的好奇心或注意力;"唤起探究"(epistemic arousal),不断保持注意力或好奇心,使学习者寻求新的信息并自行解决问题。本书加上第三点——多样性。

1. 唤起感知

唤起感知是一种通过在教学中使用新奇的、奇特的、矛盾的或难以预料的事件来引起和保持学习者注意力的策略。为此可以使用三种方法。

第一种方法是使用视听媒体。视听媒体包括使用简单的图画、图像和图表，以及使用各种动画、声音、闪光和各种字体。第二种方法是在课堂上使用不寻常的内容或事件，呈现与学习者的经历完全不同的悖论或事实、离奇的事实和令人难以置信的统计数据。例如，可以通过讲述几天前一辆卡车和一辆汽车相撞的故事为开端来了解交通安全标志。这种方法可以用于介绍学习内容，同时集中学习者的注意力。第三种方法是将上述两种方法相结合使用，但要避免过度使用，因为过多的刺激会分散学习者的注意力。

2. 唤起探究

唤起探究可以激发学习者的好奇心和求知欲，从而对学习产生期望。该策略具体有三种方法。

第一，可以让学习者尝试一个罕见的类比，或者让学习者想象与学习内容相关的内容，或者可以通过问答来引发学习者进行积极思考。例如，在学习地球自转和公转之前，可以向学习者提出以下问题："如果太阳一个月不升起会怎样？或者如果太阳不下山怎么办？真的有这样的地方吗？"

第二，创建一个解决问题的活动。这是一种帮助学习者保持求知欲的方法，方法是要求学习者自己解决问题，然后提供适当的反馈或结果。让学习者选择满足他们好奇心的学习任务、家庭作业或项目也是一个好的办法。

第三，给学习者营造一种神秘感。例如，在呈现问题的情况时，只提供部分必要的知识。

3. 多样性

多样性是指通过改变教学元素来保持学习者的兴趣。该策略包括四种方法。

一是使课堂单元简洁、简短，但要根据学习者的注意力集中时间，适当使用信息呈现、练习、评价等多种形式。二是以讲座的形式进行信息的片面呈现，并与讨论课等互动课相结合。例如，为了介绍一个例子，你可以先通过视频做一个简短的讲座，然后给学习者一个练习的机会。但是，使用过多的教学策略会使学习者感到困惑，因此每个教学策略必须保持一致。三是与课堂资料的格式有关，适当改变课堂资料每一页或每一屏的空白、图形、表格等文字的形式。四是无论采用何种多样化方法，都必须在功能上与课堂的教学目标和内容相结合。例如，如果在课堂上使用的图片单独显示时没有意义，但它与课程目标相关，有助于将注意力集中在课程的核心内容上，那么可以说图片在功能上与课程相符。

（二）关联（Relevance）

"关联"原则是指"努力寻找一个关于这项任务与我的个人兴趣或目的相关的肯定答案"。

关联有两个方面："结果"和"过程"。"结果"方面是当学习者认为课程内容对他们的未来有帮助时，他们会保持更高的学习动力。一般来说，许多教育工作者都认为他们所教的东西即使现在可能没有任何用处，但对未来会有帮助。另外，凯勒认为，"结果"方面应该与学习者"现在"的兴趣、目的和经验相关联，而不是与未来。

"过程"方面的关联满足了学习者的成就需要。成就需要是指学习者想要快速且高质量地完成被给予的学习任务所产生的欲望，相比为了完成任务克服各种障碍的决心，更强调希望很好地完成困难任务的欲望。如果学习过程满足了对成就的需要，学习者就会对学习过程产生强烈的动力。就这些结果和过程而言，有三种具体的策略可以提高"关联"。

1. 熟悉程度

该策略是指使用与学习者的经历或价值观相关的特定术语、示例或概念。从认知的角度来看，当提出的新任务是基于人们已经知道或已经拥有的知识、信息、技能、价值观和经验时，他们就能够更好地理解现有的认知结构以及与新的认知结构的关系，从而构成具体的图像。有三种方法可以增加熟悉程度。

首先，可以使用熟悉的名字、人物和图片来增加学习的熟悉感。在课堂上直呼学习者的名字，或在课堂材料中展示一张熟悉的人的图片，可能会有助于增加熟悉程度。

其次，使用具体的图片来讲授抽象概念或新概念。通过使用学习者熟悉的图片具体地呈现新的信息，可以提高学习者对学习任务的熟悉程度。

最后，使用学习者熟悉的例子或背景知识。例如，在向小学生讲解减法这一概念时，可以使用去商店购买糖果等情况的示例。

2. 目标导向

这个策略可以通过设定成就目标或让学习者定义这些目标来实现。以下是具体实施策略的方法。

首先，提出强调学习任务重要性或实用性的目标。当人们清楚地知道他们要去哪里以及为什么需要去那里时，他们会努力到达那里。特别是，如果学习目标被认为与未来的实用性和重要性相关，则可以轻松实现"目标导向"策略。

其次，当一项任务的目的或实用性难以清晰呈现时，最好采用游戏或模拟等能够呈现学习活动本身目的的学习形式。其原因是游戏、模拟等都是以自身为目的的学习形式。

最后，允许学习者从各种呈现的目标中选择一个适合他/她自己的目标。帮助学习者选择学习方法和顺序来实现学习者的某个目标，这种方法也很有用。

3. 与需求或动机的匹配性

该策略使用与学习者的需求或动机相一致的教学策略。在学习者的需求中，凯勒强调了对成就感和归属感的需求，并提出了四种具体可满足成就感和归属感的方法。

第一，在不同的层次上呈现学习的目的，让学习者可以根据自己的能力或特点选择合适的层次。这是一种激发学习者成就欲望的方法，意味着让学习者履行自己的责任和学习的权利。

第二，此方法与第一种方法有关，是学习者在操作适合自己水平的学习任务过程中，对其提供必要的反馈。通过不断记录学生的学业成绩并相应地提供适当的反馈，可以检查学习者的成绩需求是否得到满足，同时激发对新任务的成就欲望。

第三，在完成高水平任务时，让他们有机会选择风险较小且没有激烈竞争的学习环境。一些学习者设定了高水平的学业成绩目标，但希望避免竞争激烈的学习环境。这些学习者对归属感有很高的需求，喜欢在非竞争和合作的关系中学习。设计一个学习者可以选择非竞争性学习环境的教学，满足学习者的需求和动机，这样就可以增加课程的相关性。

第四，在非竞争性学习情况下，如果提供一种让学习者沉浸在学习过程中而不会感到任何风险的合作性交互学习情境，就可以满足对归属感的需求。

(三) 自信 (Confidence)

为了激励和持续学习,应该让学习者感到学习的需要和乐趣,并且应该让其认识到存在成功的机会。

与自信有关的方面可以分为三类:"感知的能力""成事在人的信念""对成功的期待感"。"感知的能力"是指感觉自己有能力在某事上取得成功。为了对学习产生较大的积极性,一个人必须觉得自己有能力在学习中取得成功。因此,有必要给予学习者适当的挑战,并且课程的结构必须使一个人在最大程度发挥自己的能力时取得成功。

"成事在人的信念"是相信你所做的选择或你的努力会直接影响你行为的结果。如果认为无助感、运气或其他外部因素是对生活产生影响的首要因素的话,那么这种情绪会干扰学习的进展。因此,要让学习者对结果有掌控感,这种课程会有助于培养学习者的自信和毅力。

"对成功的期待感"是指当人们做某事时,他们对自己的成功充满信心,就会更加为之努力,从而提高实际成功率。以下策略可用于增加这三个方面的自信。

1. 设定学习要求

该策略通过向学习者提供操作所需的条件和评价标准,帮助学习者猜测成功的可能性。

第一,它清楚地呈现了学习目标和班级的整体结构。当学习者知道在学习过程中对他们有什么要求和需要他们做什么时,他们对学习的信心就会增加,成功的机会也会随之增加。

第二,在明确提出评价标准的同时,提供练习的机会,这对实现教学目标也很有帮助。在这种情况下,希望根据学习者的反应提供适当的反馈。

第三,为了帮助学习者取得成功,必须提前陈述所需的知识、技能和态度。学习者可以通过提前了解先验能力并复习和补充自己的能力来增加完成给定任务的可能性。

第四,应告知学习者考试的条件。这意味着提前将试题的数量、性质和时间限制告知学习者,以便学习者认识到学习行为表现的基本要求。

2. 提供成功的机会

成功的机会是指在学习过程和操作条件下提供适当的挑战来体验成功的机会。

第一，课程要由易到难地对内容进行组织和强化。特别是在课程的第一阶段，先从简单的内容或练习开始，以便获得最大的成功机会。

第二，考虑学习者先前的知识和技能，防止过多的挑战或懒惰。换言之，有必要根据学习者的水平保持难易适度。

第三，提前进行测试，评价学习者的水平，有选择地呈现适合学习者水平的内容。

第四，在学习到一定程度后，在实践或应用的过程中给出多样化的案例，给人一种挑战的感觉。

第五，通过提供不同难度的挑战，让学习者可以控制时间、学习速度以及体验情境的复杂性。这种方法为学习者提供了一个可以为自己设定有意义的挑战并增加信心的机会。

3. 增加自律性

为学习者提供反馈和控制的机会，将成功归功于内部的能力因素。如果学习者认为成功是靠外在运气或任务比较简单实现的，那么成功本身并不能增加自信。对于这些学习者来说，应该让他们认识到成功是基于内部因素（能力或努力）。因此，可以通过对内部因素的评价和反馈帮助学习者获得自律。

第一，学习者应该能够随时退出和返回学习情境，回到之前的学习情境进行复习。这更需要使用计算机或其他视听媒体进行学习。

第二，允许学习者控制自己的学习速度，这是"自律"的最基本方法。

第三，允许学习者轻松地移动到他们想学习的部分。反复重复学习不需要的部分，会降低学习者的学习动力。

第四，它是一种让学习者为自己选择各种学习任务和难度的方法。由教师或项目确定的学习任务和难度级别会剥夺学习者的"自律"，并降低他们对学习的信心。

第五，提供反馈，引导学习者将成功归因于他的努力或能力。这有助于学习者思考他们成功的原因，并帮助他们在自己的努力或能力中找出原因。此外，当学习者遇到靠自己的努力或能力无法解决的问题时，给予适当的反馈，引导他们培养应对当前任务或选择其他任务的能力。

（四）满意（Satisfaction）

ARCS 模型的第四个要素是满意。影响满意的因素可以分为学习的内在结果和外在结果。内在结果包括"认知评价"与其他对学习者学业成绩和成果的内部激励，而外在结果包括强化和反馈。适当地使用强化有助于保持学习者在给定任务上学习的动力，从而继续做出理想的行为。

与动机相关的研究表明（Condry, 1977; Deci, 1975），如果人们认识到外在激励不是学习的自然结果，而是被某人操纵的，那么学习者的学习动机就会降低。根据个人情况，他们可能会对学习任务本身感兴趣，而对外部奖励不感兴趣。因此，在考虑到学习者的特点、内部激励和环境因素的情况下，应谨慎使用外在奖励。与内部满意相关的"认知评价"是指"学习者根据期望来评价结果的内部过程"。"认知评价"包括情感和智力两方面。

1. 自然结果

这种策略保持了学习者的内在动机，并提供了将新获得的知识或技能应用于真实或模拟情境的机会，应在学习结束后立即提供此类应用的机会。当学到的知识或技能在真实情境中难以运用时，可以使用模拟情境。这种情况下，各种条件必须反映真实情境。以下详细列举了"自然结果"的策略。

首先，提出可以应用新获得的知识和技能的实际问题。其次，在接下来的学习情境中，设计可以应用新获得的知识和技能的课程。最后，通过增加模拟情境或游戏，在课程结束时应用所学技能或知识，增加应用机会。

这种"自然结果"应用策略类似于"关联"策略，但与关联策略的不同之处在于，自然结果策略是在课程结束的时候使用。例如，在课程结束时，应用模拟情境可以呈现所学知识，也是一种提高动机"满足性"的策略，而在课程开始时告知学习者这种模拟情境会在最后呈现，这种方法是一种"关联"策略。

2. 外在激励

这种策略意味着提供强化和反馈以维持期望的行为。例如，在课堂上表现良好或者在测试中取得满意成绩的学习者，给他们提供玩电脑游戏的机会。使用外在激励的具体策略如下。

第一，在学习新知识或技能的阶段，每次在学习者作出反应后给予积极的反馈或奖励。在学习者应用所学知识或技能的实践阶段，采用间歇性强化。

第二，提供与学习者水平相符的有意义的强化。经常给予过于简单的问题或任务，可能会降低正向激励的动力。

第三，只有学习者在给出正确的回应时，才给予外部激励。外部激励可以是贴纸、有趣的图片、游戏等。

第四，外在激励不应该比实际教学情况更有趣。特别是在学习困难的任务时，给予的外在奖励往往会使学习者的注意力只集中在奖励上，因此应谨慎使用外在奖励。

第五，让学习者选择奖励的类型。当学习者被给予频繁的外在激励时，学习者可能有被教师控制的感觉，或者有可能降低学习者内在动机，该策略可以减少这些负面影响。

3. 公平性

公平性策略是指对学习者的学业成绩使用一致性的标准和成果。公平性原则和方法具体体现在以下方面。

第一，课程的内容和结构应该与提出的课程目标一致。当目标和内容呈现一致时，学习者可以感觉到学习内容满足了目标设定的期望。

第二，学习中练习的内容要与考试内容相匹配。学习者在课程开始时就知道他们期望达到的目标，并在不断被提供满足这些期望的机会时，学习者会一直持续着满意的状态。

表 4-2　　　　　凯勒的 ARCS 学习动机模型的微观学习策略

动机要素		诱发动机策略
注意 （Attention）	A. 1. 唤起感知	（1）运用视听媒体 （2）呈现奇特的内容或事件 （3）避免使用分散注意力的刺激
	A. 2. 唤起探究	（1）诱导主动性反应 （2）对问题解决活动的想法给予奖励 （3）提供神秘感

续表

动机要素		诱发动机策略
注意 （Attention）	A.3. 多样性	（1）使用简洁又多样的教学形态 （2）将单向授课和互动式授课相结合 （3）不断更新授课资料 （4）目标—内容—方法的功能性整合
关联 （Relevance）	R.1. 熟悉程度	（1）利用熟悉的人物或事件 （2）利用具体又熟悉的图片 （3）利用熟悉的例文和背景知识
	R.2. 目标导向	（1）提出侧重于实用性的目标 （2）利用目标指向性的学习形态 （3）赋予选择目的的可能性
	R.3. 与需要或动机的匹配性	（1）提出不同水平的目标 （2）利用学业成就记录系统 （3）选择非竞争性学习情况 （4）提出协同互助
自信 （Confidence）	C.1. 设定学习要求	（1）呈现课程的目标与结构 （2）给出评价标准与反馈 （3）判断先验学习能力 （4）确认考试的条件
	C.2. 提供成功的机会	（1）给予从易到难的课题 （2）保持适当水平的难易度 （3）提供多种水平的起点 （4）随机提出各种事件 （5）提供不同难易度的挑战
	C.3. 增加自律性	（1）提供可以调节学习结束的机会 （2）可以调节学习速度 （3）可以快速回归到所愿的部分 （4）提供各种难易度的可以选择的课题 （5）成功归因到个人努力或能力

续表

动机要素		诱发动机策略
满意 (Satisfaction)	S.1. 自然结果	(1) 通过练习题提供应用机会 (2) 通过后续学习情况提供应用机会 (3) 通过模拟情况提供应用机会
	S.2. 外在激励	(1) 利用适合的强化计划 (2) 提供有意义的强化 (3) 强调正确答案的奖励 (4) 谨慎地使用外在激励 (5) 利用选择性奖励体系
	S.3. 公平性	(1) 保持教学目标与内容的一致性 (2) 保持练习与考试的一致性

练习和探究问题

1. 根据加涅的九大教学事件分析现在学校里以教师为中心的教案,并讨论其特点。

2. 在凯勒的学习动机设计模型中找到能够引起学习者好奇心的注意策略的例子。

3. 从凯勒的学习动机设计模型的角度,讨论当前学校教育的哪些方面没有得到很好的实施。

参考文献

Bruner, J. (1960). *The process of education.* Cambridge, MA: Belknap.

Condry, J. (1977). Enemies of exploration: Self-initiated versus other-initiated learning. *Journal of Personality and Social Psychology*, 35, 459–477.

Deci, E. L. (1975). *Intrinsic motivation.* New York: Lawrence Erlbaum Pub.

Gagné, R. M. & Briggs, L. (1979). *Principles of instructional design* (2nd ed.). New York: Holt, Rinehart & Winston.

Gagne?, R. M. (1985). *The conditions of learning* (4th). New York:

Holt, Rienhart and Winston.

Keller, J. M. (1979). Motivation and instructional design: A theoretical perspective. *Journal of Instructional Development*, 2, 26.

Keller, J. M. (1983). Motivational design of instruction. In Reigeluth, C. M. (Ed.), *Instructional Design theories and models: An overview of their current status* (pp. 383 – 433). Hillsdale, NJ: Lawrence Erlbaum Associates.

Reigeluth, C. M. (1983). Instructional design: What is it and why is it? In Reigeluth, C. M. (Ed.), *Instructional Design theories and models: An overview of their current status* (pp. 3 – 36). Hillsdale, NJ: Lawrence Erlbaum Associates.

Reigeluth, C. M. (1999). What is instructional design theory and how is it changing? In C. M. Reigeluth (Ed.) *Instructional design theories and models (Vol. 2) (pp. 5 – 30)*. Hillsdale, NJ: Lawrence Erlbaum Associates. 최욱 외(역)(2005). 교수설계 이론과모형. 서울: 아카데미프레스.

第五章

以学习者为中心的教学与教学设计

在师范大学读四年级的锡勋去中学做教育实习。锡勋从小就梦想成为一名教师，因此他努力学习专业课程。因为他在学校进行过几次演讲和课堂示范，所以对自己准备的课堂充满信心。"最重要的是，我很期待进行教学实践，因为我现在可以作为一名职前教师直接向学生授课。"

然而，这种新鲜感并没有持续多久。锡勋接手了中学二年级的班级，在他开始授课没多久，学生们就搞恶作剧或做其他事情。有些学生甚至从一开始就趴在桌上睡着了。锡勋试图通过提问来引起学生们的注意，学生却故意给出错误的答案或开玩笑来逗其他同学笑。"我在学校做示范课时，因为是同一专业的同学们当学生，所以问题回答得好，配合得也好，上课并没有什么困难。然而，当我真正上课时，学生们连基本的术语都不知道，也不愿意回答问题。"

"我的老师看到我的第一节课上得很困难，建议我准备一个以学习者为中心的课程，因为现在的孩子很难长时间专心听讲。"但是，由于专业课程主要通过讲授的方式进行，课堂演示也主要以教师讲授的方式进行，因此锡勋对如何准备以学习者为中心的教学感到困惑。

最近，在中学广泛开展以学习者为中心的课堂。本章将尝试帮助读者理解什么是以学习者为中心的课堂，并探索设计以学习者为中心的课堂的方法。

> **目 标**
> 1. 解释以学习者为中心的教学的理论背景。
> 2. 解释以学习者为中心的教学的特点。
> 3. 设计以学习者为中心的学习环境。
> 4. 设计以学习者为中心的教学评价。

第一节 以学习者为中心的教学理论背景

为了理解以学习者为中心的教学,首先需要了解以学习者为中心的教学概念的理论背景。以学习者为中心的课堂与传统课堂的观点差别较大,因为它的方法论是从思考传统课堂问题开始的。以学习者为中心的教学基于建构主义理论。建构主义是一种关注什么是知识以及如何构建知识的哲学方法。与建构主义不同,传统的教学属于客观主义范畴。建构主义和客观主义是相对的理论,与客观主义的特征相比,它更容易理解。本章将首先了解客观主义和建构主义的特征。

一 客观主义与建构主义

(一) 客观主义

客观主义是传统教学方法所依据的认识论,也是现实主义和行为主义的根源。客观主义假设现实情况存在于人类之外的现实世界,并且现实世界独立于人类经验而存在。人类寻求的知识是对现实世界的真实性、属性和原理的认识,而知识独立于个人的思想而存在,是由外向内传递的。因此可以得出的结论是,每个人理解都是相同的。虽然个人对知识的理解程度因个人已有的知识或经验而不同,但由于知识的本质属性是相同的,最终的目标就是追求完美的理解。

这些认识论的假设为教学方法提供了重要的启示。根据客观主义的观点,世界是结构化的,可以用理论模型来解释。教学是已经存在着的知识被已经掌握该知识的教师传递给学习者的过程,学习是被动地接受知识的过程。因此，教学的目的是帮助学习者真实地构建知识的结构，而学习者的任务是接受从教师那里所学的知识，而不是自己解释世界的意义。此外，课堂的目的是以最有效的方式向学习者传达或传递知识，课堂活动的中心是教师（Bednar et al., 1991）。根据客观主义的立场，教学设计侧重于设计一项旨在引起学习者客观理解的教学活动，主要是选择和分析要教授的知识。

客观主义假设知识独立于教学而存在，因此客观主义强调与教学分离的评价。也就是说，为了测量学习者学到了什么，衡量学习者所学内容的评价可以与教学活动分开，以此来证明学习者已经获取了知识。而且，假设每个人都可以获得相同的基本信息的前提下，那么人们获取的信息量是可以客观测量的。传统教学中，在学校普遍进行的标准化测试类型就是源于这种客观主义的认识（Duffy, Jonassen, 1991）。

（二）建构主义

与强调外部知识真实性的客观主义相反，建构主义假设知识是基于个人经验的解释，即知识存在于人的脑海中。也就是说，世界的意义是人类所赋予的，并不独立于人类而存在。客观主义强调我们已经知道的客观事实，而建构主义则关注我们如何构建知识。知识由我们用来解释物体和事件的先前经验、心理结构和个人信念构成。

根据建构主义的说法，学习是学习者构建知识的内部表象的过程，是由经验发展而来的个人解释。因此，世界上不存在客观的、绝对的知识，只存在因人而异的各种意义和观点。

根据建构主义的说法，我们需要追求的教学目的不是让学习者知道一些知识要素（如事实、概念或原理），而是向学习者展示解释世界的方法。该方法不能由教师预先决定，而是要与学习者一起开发。因为意义基于经验，所以为学习设计经验是非常重要的。为了让人理解并使用一个想法，提供包含该想法的体验就至关重要。

为了将构建过程转移到学校或课堂之外，学习必须在反映现实情况的情境下进行（Duffy, Jonassen, 1991; Winn, 1993）。根据建构主义的观点，我们不可能将信息与现实生活的情境分开。然而，目前学校所提供的经验与现实世界所遇到的经验大不相同，这也是在学校所学到的知识很难应用于现实世界的最重要原因（Resnick, 1987）。

根据建构主义的观点，学习是从个人经验中建构意义的过程。因此学习的中心应该是学习者，而不是教师。教师充当助手、促进者或教练的角色，帮助学习者构建意义，成为展示构建意义方法的"模特"。所有的学习都应该营造一个丰富的环境，帮助学习者解决问题，构建意义。在这种环境中，学习者将运用到他们所构建的意义，从而培养学习者将所学知识迁移到实际问题的能力。

表 5-1　　　　　　　　客观主义与建构主义的比较

	客观主义	建构主义
哲学	世界与人类的经验无关，客观的存在于外部	世界是人类的解释。我们经历的世界是存在的，但它的意义是由人类所赋予并构成的
教学	既成的真理通过教师传递	帮助、支持学习者构建世界的意义，展示关于世界的意义构成方法
学习	外部的绝对真理迁移到学习者的内部世界	根据个人经验构建意义的能动性过程
教学设计	有效地传递已经确定的内容	设计学习发生的环境
学习的条件	绝对真理可以和情境分开教学	由于任何事实或技术不可以独立于情境进行解释，所以要提供丰富且反映现实的情境
学习的结果	所有人都形成共同的认识	构成的实际样态或意义因人而异
课堂的中心	教师	学习者
教师的角色	真理传达者	学习助手、学习促进者、教练
主要授课方式	讲授式	问题中心、讨论式、发现学习

二　认知建构主义与社会建构主义

根据对影响知识构建过程因素的认识不同，对建构主义有着多种看法，区分它们的标准之一是将它们分为认知建构主义和社会建构主义。这种分类的标准取决于构成主要知识的主要因素，即个人的认知行为被强调为构成知识的主要因素，还是个人参与和所属的社会、文化和历史情境被强调为构成知识的主要因素。认知建构主义主要关注个体建构知识的过程和认知过程，而社会建构主义更关注个体形成的意义如何塑造社会和文化知识。虽然这两种方法都承认知识是个体建构的过程，但认知建构主义强调个体的活动，而社会建构主义则强调社会互动是影响建构的主要因素。这些认知上的差异最终会导致学与教方法上的差异。

（一）认知建构主义

认知建构主义假定知识的建构是基于个人的心理活动，并以皮亚杰（Jean Piaget）的认知发展理论（Fosnot，1992；Kang，1995）为基础。皮亚杰认为，人类的认知发展是在生物学决定的发展过程框架内，通过同化和顺应过程逐渐发展起来的。

图5-1 皮亚杰

皮亚杰假设人类有守恒（equilibrium）的本能。守恒是指个体对外部世界的理解和解释不与其认知结构相矛盾。如果发现矛盾后产生认知混乱，就无法用现有的认知结构来理解或解释外部世界，个体会试图重新达到守恒。守恒是通过两个活动——同化和顺应来维持的。同化（assimilation）是指当遇到新的信息或经验时，倾向将新的信息或经验应用于已经构建的机制①（schema）；顺应（accomodation）是对现有模式的修改，用以感知新信息或新体验。皮亚杰解释说，认知发展是在同化和顺应的过程中发生的。

皮亚杰认为，学习是在经历认知混乱或矛盾时，通过同化和顺应来改变认知结构的过程。因此，认知冲突或矛盾是促进智力发展的媒介。同化和顺应的过程表明，人类不是被动地接受知识，而是主动地自我内化信息。认知建构主义以这些认知活动在知识建构中发挥关键作用为前提，关注能够促进知识同化和顺应的方法。

---

① 我们为了理解世界，与之发生反应并发挥作用而使用的结构化形态的知识、程序或者关系等。

(二) 社会建构主义

社会建构主义以维果茨基（Lev Vygotsky）的心理发展理论为基础，关注影响学习的社会因素（Fosnot，1992）。社会建构主义将人类认知发展和功能视为内化的社会互动。与皮亚杰主张的儿童构建和理解自己世界的生物学看法不同，维果茨基认为认知发展是社会互动的结果。换句话说，他强调儿童是在他人影响下长大的社会人，在理解人类时强调社会、文化和历史方面。在他看来，人的思维不是一种独立的活动，而是社会学习的结果，学习是通过自己的视角内化社会情境化知识的过程。这个过程是通过与同伴或周围人的互动来促进的。

图 5-2 维果茨基

他通过儿童的"最近发展区"（Zone of Proximal Development）解释了社交互动的重要性。"最近发展区"是指儿童无法自行解决问题，但与成人或优秀同龄人一起学习时可以成功的区域（Woolfolk，1993）。维果茨基认为，认知发展是儿童通过与成人或更有能力的同龄人之间的互动而发生的。对于处于最近发展区的儿童，需要提供结构化提示，帮助记忆细节和步骤，并鼓励其持续努力。这种帮助和鼓励可以来自成年人或更有能力的同龄人。这个阶段是需要教学的，也是最可能真正的学习的阶段。支持孩子智力成长需求的帮助被称为支架（scaffolding），也就是直到孩子达到他/她可以自己解决问题的阶段时所提供的帮助或辅助。

最近发展区理论强调认知发展是社会互动的结果，并为教师和成人积极帮助儿童认知发展提供了理论依据。维果茨基的这些理论发展成了认知学徒制（Brown et al.，1989；Rogoff，1990）、合法的边缘性参与（Lave，Wenger，1991）和建构领域的意义协商（Newman，Griffin，Cole，1989）等理论。

社会建构主义和认知建构主义都认可活动在学习和发展过程中的重要性。认知建构主义将个体学习者的活动放在首位，社会建构主义强调影响个体认知过程的社会和文化（Fosnot，1992）。社会建构主义认为，当学生共同参与文化实践时，学习就会发生。因此，相比构造个人认知过程或者概念，他们更加努力试图让学生参与社会活动（Hanks，1991）。

虽然对于产生认知发展的互动本质，认知建构主义和社会建构主义的看法不同，但两者有一个重要的共同点，就是如果不观察特定情境或文化中的互动，就不可能完全理解个体的认知结构（Fosnot，1992）。文化知识也是个体成员认知作用的结果。因此，归根结底学习是一个文化实践和自我组织的过程。在参与文化实践的同时，通过与他人的频繁互动而发生（Cobb et al.，1992）。在这方面，认知建构主义和社会建构主义是相辅相成的，社会建构主义弥补了极端建构主义的局限，即知识完全依赖于个人经验，并不是每个人都能达成一致的理解。毕竟，根据建构主义理论，知识的建构可以说是一个动态的过程，在这个过程中，社会和文化的互动与内部的认知过程相互融合。

三　建构主义教学设计原理

建构主义思想对教学设计原理的变化产生了很多影响。建构主义理论提出了几种设计学习环境以及教学和学习过程的方案。

（一）以学习者为中心的学习环境

建构主义强调学习的主体是学习者，因为学习是由个人经验构建的过程，而不是将客观存在的知识进行转移。根据建构主义的说法，当学习者积极参与学习过程并建构意义时，可以产生有意义的学习。在传统课堂中，强调教师的活动，而建构主义中的主要焦点是学习者的活动。学习者不再是一个接受既定内容的被动者，而是一个主动解决问题的主体。这些问题可能是自己选择的，也可能是在需要的领域中发生的问题。

从建构主义的观点来看，课程设计并不是要把授课的过程结构化，而是要设计一个促进学习的环境。在这里，环境是指呈现像现实一样具有活力的情境与问题，可以拥有提出多种多样观点的机会以及对学习提供指引的环境，而不是以传递知识为中心的环境。教师应在课前决定要教什么，并准备丰富的实践机会，让学习者尽可能地参与其中。因此，课程设计的重点从组织课程内容或课程程序转变为设计环境，以帮助学习者进行理解（Brown，Duguid，1993）。

（二）强调现实任务和情境

建构主义强调现实任务和使用知识的情境，而不是与情境分离的写实性信息。换句话说,知识不能脱离实际使用它的情境,必须一起提供知识与实际情境才能完成有意义的学习。提供知识的环境应该类似于复杂的、非结构化的现实世界情境,学习者在其中处理的任务应该是真实的(authentic)。通过处理日常生活中可以发生的现实任务,学习者可以更容易地理解任务,构建意义,理解知识的功能,以便在现实世界中出现问题时运用该知识。当在这种情境下学习时,知识迁移的问题就可以得到解决。学习者之所以不能将在学校学到的知识应用到实际的问题情境中,是因为他们分离了知识和情境,也没有了解知识应该应用到什么情境以及知识是如何在实际情境里应用的。在现实生活里需要运用知识的情况下,通过实际的任务进行学习,才能把知识运用到实际情境中。

(三)问题解决导向学习

在建构主义学习环境中,可以提供问题解决导向学习。这种学习方法通过应用知识,不仅能够加深学习者对问题情境的理解,并且可以提升学习者回忆相关信息的能力,还可以在问题解决过程中促进超认知能力和思考能力的发展,这种思考能力是专家们在解决现实问题过程中所经历的思考能力(Winn,1993)。

现实生活中能遇到的实用知识,大部分都是通过解决问题获得的。问题情境能够诱发学习者的学习动机,检查和获取相关知识,从而引导知识的应用。建构主义之所以对通过解决问题的学习表现出极大的兴趣,是因为问题会激发并维持学习者的兴趣(Schank,1992)。问题具有与学习者现有经验或认知结构相冲突的特点。换句话说,一个给定的问题不能用现有的认知结构或经验来理解,也不能进一步推导出问题的适当解决方案。在这里,学习者会产生兴趣和目标意识,并更加积极主动地参与到学习过程中去。在问题情境中,学习者成为学习的中心,并衍生出各种解决问题的策略。因此,问题解决导向学习方法被公认为是最适合应用建构主义思想的方法。

(四)教师的角色——教练、促进者

根据建构主义方法解释的教师角色与传统课堂中的教师角色完全不同。根据建构主义的说法,教师应该是帮助学习者建构意义的助手或促进者(Bednar et al.,1991;Duffy,Jonassen,1991;Winn,1993)。教师不应该是简单地传授知识的角色,而应该通过激发兴趣、引发问题并提供持续的反馈和帮助来引导学习者自行解决问题。与直接授课相比，教练和促进者的角色需要大量的时间和精力，因此应该为教师提供各种辅助材料和支持。

（五）强调合作学习

根据社会建构主义的说法，由于个人并非独立于社会而存在，而是会不断地受到社会和文化的影响，因此社会互动在学习中的作用变得越来越重要。在建构主义学习环境中强调合作学习，通过合作学习中与社区的互动来促进个人的智力发展。当在社区内分享想法时，个人会接触到不同的观点，有时会遇到矛盾或观点不一致的情况（Fosnot，1992）。通过这种多样性和不一致，个人会面临认知挑战，并可能重新解释或转变他/她的观点。而且他们可能也会从他人的角度进行一些反思，并试图领悟共享的意义。从这个角度来看，社区内的互动会引发反思性思维并促进学习。

（六）评价的意义和原理的变化

建构主义思想要求从根本上改变传统评价方式。由于建构主义学习环境关注个体的认知过程和知识转移，评价也必须反映学习者的动态学习和知识迁移过程（McLellan，1993）。

传统评价主要关注学习的结果，而在建构主义中，评价关注的是学习过程和学习结果。由于建构主义学习发生在现实世界等复杂的问题情境中，因此实现学习目标的评价自然是在解决问题的过程中进行的。与评价和学习分离的传统课堂不同，在建构主义的学习环境中，评价包含在解决问题的过程中，所以它反映在学习过程和结果中。它不仅反映学习结果，还反映学习过程。此外，评价的重点应该从局部的和相近的迁移任务转向解决问题和更复杂的迁移任务。

第二节　以学习者为中心的学习环境设计模型

本节主要介绍乔纳森（David H. Jonassen）的"建构主义学习环境"（Constructivist Learning Environment，CLE）设计模型（见图 5-3），该模型是将建构主义思想应用于教学设计的代表性模型。根据建构主义的方法，学习不是获得从外部传输过来的知识，而是学习者通过个人经验理解和解释世界。因此，课程设计就是要建立一个以学习者为中心的学习环境来促进这种学习，乔纳森的模型展示了如何设计这样的环境。

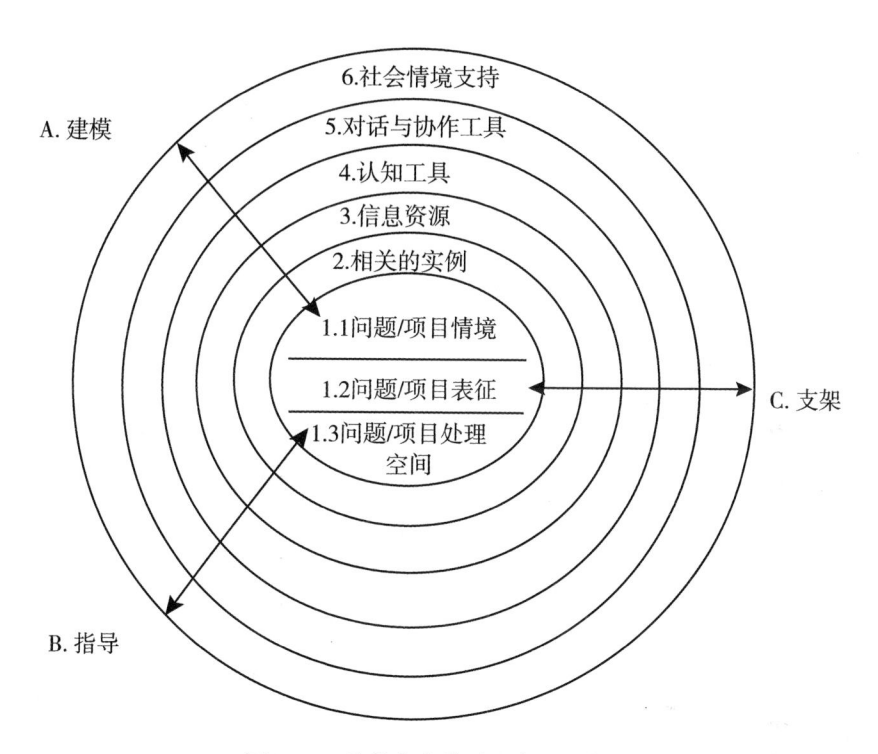

```
A. 建模
                6. 社会情境支持
                5. 对话与协作工具
                4. 认知工具
                3. 信息资源
                2. 相关的实例
                1.1 问题/项目情境
                1.2 问题/项目表征        C. 支架
                1.3 问题/项目处理
                     空间

B. 指导
```

图 5-3 建构主义学习环境设计模型

图 5-3 展示了建构主义学习环境设计模型的关键要素。建构主义学习环境设计模型以"问题或项目"为中心，由围绕它的各种支持系统组成。学习者的主要目标是解决一个问题或完成一个项目，并且为了实现这些目标必须设计与之相关的实例、资源和工具。每个关键因素的详细特征如下。

（一）问题或项目

所有建构主义学习环境都要以学习者需要解决的问题或项目为中心。在客观主义课程中问题作为实例出现，与此不同，在建构主义学习环境中问题主导学习。建构主义学习环境由支持基于问题、基于案例、基于项目或基于主题的学习构成。基于问题的学习是从寻找不清楚或有争议的问题的答案开始，而基于案例的学习则是让学生在总结和分析案例的同时获得必要知识和技能的一种方式。项目式学习适用于相对长期的、具有综合性的教学，学习者参与由多个案例组成的复杂项目。基于问题、基于案例的学习与项目式学习具有不同程度的复杂性，但它们都具有动态性、建设性和实践性的特点。这里使用的问题必须是非结构性的（ill-structured）、开放式的（ill-defined）问题。

在建构主义学习环境中使用的问题应包括以下三个要素。

1. 问题情境（problem context）

当表述问题时，也应该描述该问题的情境。问题的情境可以大致分为情境的背景和与执行者相关情境的背景。情境的背景是指对围绕问题的物理、社会文化和组织环境所做的描述。例如，问题发生的情况、日期和地点。与执行者相关情境的背景是指有关联的人们的价值观、信仰、社会文化期望和惯例等信息。例如，问题情境中的主角的职业、背景、任务等信息。这些信息可以以故事的形式或以与参与者访谈的形式呈现。

2. 问题表征（problem representation）

问题表征是指以吸引学习者注意力的方式呈现问题，使学习者感到有吸引力并沉浸在其中。一种有效的呈现问题的方式是讲故事。故事可以以文本的形式呈现，也可以通过语音或视频的形式呈现。但是，此时提出的问题必须是真实的（authentic）。

3. 问题处理空间（problem manipulation space）

为了进行有意义的学习，学习者必须参与允许他们处理物体并与环境互动的活动。问题处理空间是指通过为学习者提供操纵所需的对象、信号和工具，提供进行此类活动的环境。问题处理空间可以让学习者通过改变物体（或模拟）来验证他们的处理是否有效，或者提供逻辑证据来支持他们解决问题的方案。

（二）相关的实例

要理解一个问题，就必须构建经历问题和关于问题的认知模型（mental model）。认知模型是描述对象或现象在现实世界中如何工作的思维过程。例如，供给和需求是帮助我们了解经济运作方式的认知模型。认知模型影响学习者的认知、推理和决策，学习者通过实例理解问题中内在的要点。相关案例可以帮助学习者形成认知模型，并且通过提供不同视角的观点和解释，培养学习者的认知灵活性。

（三）信息资源

学习者需要信息来识别问题和提出假设。在设计建构主义学习环境时，有必要决定学习者需要哪些信息来理解问题，并及时提供必要的信息。信息可以以文本、图形、语音、视频和动画等多种形式呈现。

（四）认知工具

在建构主义学习环境中，由于学习者的任务可能是全新且复杂的，附加学习者需要自己解决问题，因此他们可能会遇到很多困难。为了帮助学习者，可以使用认知工具。认知工具是帮助学习者将想法形象化和组织化而开发的计算机软件。这些认知工具包括可视化工具、建模工具、操作支持工具、搜索工具等多种形式。

（五）对话与协作工具

在建构主义学习环境中，解决问题通常是在团队的基础上完成的。理想的团队学习应该支持允许学习者之间相互协作，并提供构建社会共享知识的工具。与他人共享信息和建立知识的工具包括在线公告板、电子邮件、聊天和社交媒体。此外，为了构建学习者的合作学习知识，还可以支持他们成立知识共同体或学习共同体。

（六）社会情境支持

社会情境支持是成功实施建构主义学习环境时必须考虑的环境因素。创新失败大多是因为所处的环境和背景还不能接受和容纳创新。要使创新取得成功，就必须要考虑所处的物质条件、组织和文化方面的环境。因此，要使建构主义学习环境取得成功，就必须支持可以实施它的物理情境，并培养教师和学习者以友好的态度进行学习。

（七）支持学习的教师教学活动

在建构主义学习环境模型中，教师应提供支持学习者的教学活动，具体如下。

1. 建模（modeling）

在学习活动的早期阶段，建模可能是一种有用的策略。在这些活动中，学习者在建构主义环境中建立假设并探索学习对象。建模可以分为两种类型：外显行为的行为建模和内在认知过程的认知建模。行为建模通过展示理想行为的示例，提供有关行为表现中包含的详细活动和决策过程的信息。认知过程建模是展示专家在执行任务时，所使用的推理和为了决策所进行的认知过程。例如，教师可以通过在演示期间大声陈述想法，或解释和说明重要行动与过程的线索，以此来提供建模。

2. 指导（coaching）

建模侧重于专业从业者的行为表现，而指导侧重于学习者的行为表现。指导是指在个人学习或执行任务时观察并协助他们（Brant, Farmer, Buckmaster, 1993）。为此，指导者应激发学习者的积极性，分析学习者的表现，提供反馈，并阐明学习内容，引发学习者对学习内容进行反思。

3. 支架（scaffolding）

与建模和指导相比，支架是一种更为系统的方法，它通过关注任务、环境和教师来支持学习者。支架是一种支持学习者完成超出其能力范围任务的方法。指导侧重于学习者执行任务，而支架则侧重于正在执行任务的性质。因此，可以通过以下形式提供支架：（1）根据学习者调整任务的难度；（2）为补充学习者缺失的经验知识重新组织任务；（3）提供不同于现有的评价。当学习者达到可以自己执行任务的阶段时，这种帮助应该逐渐减少直至消失。

为了促进学习者构建意义，建构主义学习环境的设计模型提供了以下几个概括性指导来构建学习环境：如何设计学习任务、如何设计物理工具和环境、教师应该扮演什么角色。当然，为了准备包含这些因素的以学习者为中心的教学，还需要更具体的方法。

对于如何在建构主义学习环境中设计和利用学习任务（问题/实例/项目）的具体方法将在第六章展开单独讨论。本章将更具体地探讨在以学习者为中心的学习中，如何设计教学评价方法以及如何使用物理学习环境和技术设计支持环境。

第三节　以学习者为中心的教学评价设计

一　以学习者为中心的教学评价特点

基于建构主义原理的以学习者为中心的课堂，所要求的学习过程和学习结果与传统的以教师为中心的课堂有着根本上的区别，因此评价的目的和方法也需要改变。以学习者为中心的教学评价应该遵守以下几个关键原理（Choi, Hannafin, 1997）。

（1）以学习者为中心的教学，其重要目的是重构知识并将知识和技能灵活地应用于相关问题。因此，评价应该强调高阶思维能力的灵活性，而不是对形式化知识的回忆。评价应激发学生的思考，要求将知识应用于新情景，并提高他们就自己和他人的学习成果进行交流的能力。

（2）以学习者为中心的教学评价标准应该是多样化的。为了理解学习者的思维，有必要了解学习者为了解决问题所使用的策略和情境，并观察学习者是否可以用自己的能力为问题提供可行的解决方案，并遵循逻辑证明解决方案的合理性。因此，评价应该是一个多方面的过程，包括学习者的思维和行为，以及与行为相关的各种评价的标准。

（3）以学习者为中心的教学评价应该强调解决问题过程，例如想法的产生、计划和执行，而不是简单地寻求最佳答案。换句话说，以学习者为中心的课堂评价需要应用知识和技能来创造新事物，而不只是选择正确的答案。

（4）评价应融入学习过程并具有实际的意义。评价是在参与实际任务时自然发生的。评价内在于解决问题的过程，而不能与解决问题分开，因为解决问题意味着适当使用和应用相关知识与技能。因此，评价应该整合学习过程，而不是作为单独的活动或在课程完成后发生的最终活动。因此，评价应成为一个持续的内在过程，而不是一次性事件。

二 过程导向评价

最近在学校里应用的建构主义观点的评价方法之一就是过程导向评价。因此，接下来看一下过程导向评价的概念和设计方法。

（一）过程导向评价的定义

过程导向评价是一个同时包含过程评价和结果评价的概念，与现有的以结果为中心的评价相比，具有更强调学生学习过程中评价的意义（韩国课程与评价研究所，2018）。此外，过程导向评价是根据教学大纲成就标准制定的评价方案，从各个角度收集学生在教与学过程中的变化和成长的数据，从而提供适当反馈的评价。

过程导向评价的主要特点总结如下（韩国课程与评价研究所，2017；Kim，Kim，2020）。

1. 过程导向评价是评价的范式扩展

现有的评价是对"学习结果的评价"(assessment of learning),强调对学习结果进行决策;而过程导向评价是一种以过程为中心的评价,它与学生自身的诊断和反思活动相联系,是一个学习的过程。旨在将评价扩展到"以评为学"(assessment as learning)和以改善学习为重点的"以评促学"(assessment for learning)。

过程导向评价是普通课程评价的延伸。也就是说,学生的学习过程和执行过程都包含在评价对象中,评价结果可以再次作为学习工具而使用。因此,它是一种通过积极引导学习活动,为学生提供个性化的反馈,而不是简单地检查课堂所教的内容,从而能够更好地帮助学生成长和发展。

2. 过程导向评价是一种重视过程和结果的评价

过程导向评价与评价学生是否掌握了知识的结果导向评价相比,重点在于学生解决问题的过程。此外,它是一种评价学生的知识、技能和态度等能力的方法。不仅可以评价认知领域,还可以评价情感领域。

3. 过程导向评价追求课程设置—课堂—评价之间的连接

根据教学大纲标准进行授课和评价,并通过收集的各种数据向学生提供持续的反馈。课堂与评价的连接,包括时间上和内容上的连接。时间上的连接意味着把评价作为授课的一部分进行。与期中考试和期末考试不一样,没有单独的评价时间,而是在授课过程中进行评价。内容上的连接是指课堂内容与评价的联动。例如,在进行课堂讨论的情况下,现在的授课方式会在课堂讨论后对讨论的定义和方法等理论进行单独的测试,但在过程导向评价中,评价将会发生在课堂上的讨论过程中。表5-2展示了结果导向评价和过程导向评价不同的特点。

(二)行为表现评价

以学习者为中心的课堂评价需要不同于现有标准化评价的评价方法,因为它可以评价学习过程的改进、学习策略和学习态度等各个方面。具有以上特点的代表性评价方法是行为表现评价。

表 5-2　　　　　　　结果导向评价和过程导向评价对比

	结果导向评价	过程导向评价
评价目标	·选拔、分类、分配 ·评价学习者的最终成就达标程度	·指导、指点、改善 ·多方面收集对学习者进行反馈的信息
评价方向	·关于学习的评价 ·重视学习的结果	·以评为学/以评促学 ·重视学习的结果与过程
评价方法	·以测验评价为中心 ·定期评价 ·以教师为中心的评价	·用测验评价、行为表现评价等多种方法 ·随时评价 ·教师评价、同伴评价、自我评价等评价主体的多样化
教与学	·以认知性成就领域为主 ·教师中心	·认知性、定义性特性领域 ·学习者中心
结果利用	·缺失反馈	·及时的、随时的反馈

资料来源：文献（Kim, Kim, 2020）。

行为表现评价（performance assessment）是一种主要用于艺术和体育领域评价行为特征的评价方法，是一种评价一个人如何执行所学知识或技能的评价方法（Seong，2010）。由于行为表现评价一般依靠观察来综合判断行为表现的过程和结果，它要求学习者利用所学的知识或技能来完成一项课程任务，或者利用所学的知识或技能创造一个成果（Choi, Hannafin，1997）。

一个好的行为表现评价应该要求它执行类似于在现实情况中预期的角色，并且应该能够同时测量现实世界的各个方面。例如，在科学领域中评价可能包括各种因素，如实验设备的处理、假设检验的实验设计以及实验结果的逻辑解释。这些行为表现评价使学习者有机会展示广泛的能力。

行为表现评价不仅关注知识或技能的正确答案，而且整体把握行为表现过程及其结果。因此，行为表现任务应该是要求应用而不是简单地回忆知识的任务，并且能够揭示学习者的执行过程（Bergen，1993；教育部、韩国教育课程与评价研究所，2017）。执行的过程可以有学生的思考过程、解决问题的过程、小组活动的过程、成长的过程等各个方面。

行为表现评价方法可以根据评价主体和评价活动分为多种类型（韩国

教育部、韩国教育课程与评价研究所，2017；Kang，Jung，2019）。根据评价主体，评价可以分为自我评价、同伴评价、教师评价，而根据评价活动则可分为口述、面试、实验、实践、辩论、讨论、项目、作品集等（见表5-3）。使用何种行为表现评价类型取决于学习目标和任务类型。

表5-3　　　　　　　　　　行为表现评价的分类

分类标准	评价方法	
评价主体	自我评价、同伴评价、教师评价	
评价领域	知识、技能、价值、态度	
评价活动	实践型	口述、面试、讨论、实验、实践、角色剧
	成果型	项目、作品集、报告书、论述等

（三）量规

1. 量规的定义

量规（rubric）是指评价者在学习者执行学习任务过程中，通过观察其反应或对其水平作出判断时所使用的行为表现标准（Arter，1994）。一般来说，行为表现评价是基于观察和判断的评价，因此需要提供明确的评价标准。此时，为评价行为表现结果而提供的描述性评分量表就是量规。

与以量化分数表现的传统评价方法不同，量规具有以下特点（Kim，2016）。首先，提出详细的评价准则（criteria）。例如，在评价写作能力时，较好的写作标准是写作的组织结构合理、中心明确、书写准确和立意新颖。其次，学习成果以阶段而不是分数来表示。学习者的表现结果不以分数表示，而是以1、2、3或高、中、低等阶段来表示。在这种情况下，1表示最低级别，3表示最高级别。最后，在每个阶段使用陈述句描述（descriptors）学习者行为表现的特征。为了使评价者能够做出准确和客观的判断，陈述句中应使用可观察的、可测量的证据或条件，并且使用行动动词进行描述。该陈述越详细，就越有助于衡量学生表现中难以用分数表达的特征。

量规通过明确评价内容，帮助评价者正确评价学习者的执行过程和执行结果。不仅如此，为学习者提供的详细评价标准可以用来培养他们的自我调节能力。因为学习者在评价之前就知道自己将如何被评价，所以他可以根据评价标准自行准备任务或评价情况。此外，在评价之后，学习者也可以了解自己取得了哪些成就以及处于怎样的水平，评分量规便成为一种有效的反馈工具，这使学习者可以明确下一步该如何提高表现，以及他的需求是什么。

2. 量规设计方法

量规通常由四个基本要素组成：(1) 提出任务；(2) 成就阶段；(3) 评价要素；(4) 评价标准（Kim, 2016）。

(1) 提出任务：提出学生要完成的任务。

(2) 成就阶段：将给定任务的解决情况分为几个级别（3—5）。成就级别可以表示为一个数字，例如1、2、3，或可以区分级别的术语（例如，优秀、普通、基础或优秀、熟练、中级、初级）。

(3) 评价要素：可以区分任务由什么要素构成。例如，可以表现为知识、技能、态度等领域，也可以划分为子任务要素（主题的合适性、讨论活动等）来判断综合成绩。

(4) 评价标准：为每个评价要素制定评价指标确定该阶段的评价标准。换句话说，为了达成评价要素的每个具体任务的成就水平，制定"学习者应该做出什么样的行为"的行动准则。

表5-4　　　　　量规设计实例1

评价要素	优秀	普通	基础
\multicolumn{4}{c}{任务：制定符合问题情况的讨论主题，探索解决方案}
主题的合适性	制定了针对同一问题情境可以提出多种解决方案的讨论主题	制定的讨论主题不是针对同一问题情境或无法提出多种问题解决方案	没有定好适当的讨论主题
讨论活动	提出了有关问题情况的解决方案与适当的理由	清楚自己在讨论中的角色，并正确执行	不能够提出与问题情况相符合的解决方案
参与度	为了找到最佳的解决方案，听取意见的同时做笔记。互相谦让，相互尊重，积极地参与了讨论	为了找到解决方案，互相谦让，相互尊重，参与了讨论	参与了讨论，但缺乏积极性

资料来源：文献（Kang, Jung, 2019）。

表 5-5　　　　　　　　　　量规设计实例 2

针对汇报资料的评价表

评价因素	优秀	合格	不合格
内容	包含了所有重要的信息，提供了详细的说明	包含了重要的信息，提供了比较详细的说明	缺乏重要的信息与详细的说明
沟通	汇报具有逻辑性与说服力	汇报的核心内容很明确，但缺乏说服力	汇报的核心内容不明确，缺乏说服力
媒体资料	汇报内容与资料相衔接，制作得很好	制作得很好但与汇报内容没有构成衔接	资料不能帮助理解内容，造成了混乱
表达能力	发音准确，易于理解，动作和表情很自然	发音准确，易于理解，但动作和表情不自然	发音不准确，难理解，动作和表情不自然

资料来源：文献（Kim，2016）。

第四节　以学习者为中心的学习环境设计

一　学习环境设计的重要性

为了让以学习者为中心的教育有效地运作起来，需要有不同于传统教室的空间及器材配置。要让学习者成为中心，形成各种形式的参与，就必须摆脱现有教室课桌和椅子的布置方式。例如，在只实行特定教学课程的专业教学（如社会课探索式教学）教室中（见图 5-4），为了进行问题解决活动，4—5 名学生把蜂窝形态的移动型桌子组合在一起，组成一个小组。此外，还为每个团队提供一台可以连接互联网的笔记本电脑或平板电脑（林哲一等，2010）。虽然各个学校给定的条件有所不同，但在基本空间和现有设备的基础上，有效地利用额外的设计和设备即可以实现。大多数学校都有可以上网的教室、用于实践培训和体验的特殊空间，以及几个可以使用各种数字设备的多媒体教室。这种情况就要求教师对教室空间的构成和设备的使用方法进行更系统的设计和准备，根据给定的空间和设备进行改造和添加，就可以有效地利用空间和设备。

以学习者为中心的学习环境构建主要由如何重构教室和学校空间以及如何准备设备两个部分组成，教室和学校空间主要提供给教师和学生。

图 5 - 4　典型的社会课教学教室

注：在这个社会课教学教室里，学习者进行参与式探究课程。四五个学生组成一个小组，在老师的指导下，通过连接到互联网的笔记本电脑查询解决问题并展示结果。除了笔记本电脑，还添加了多台独立的显示器，以便小组中的其他学生可以共享数据。

随着强调以学习者为中心的教育的兴起，为了维持学习者的兴趣、诱导学习者参与，强调对教室和学校空间进行再设计和重组。具有代表性的是，随着学科课堂体系在韩国初高中的普及，学校出现了社会学课堂、英语课堂、技术课堂、科学课堂等。

教师参与教室和学校空间设计的过程有两个主要阶段。第一个阶段是在建设教室和学校空间的初期，提出可以达到最佳学习体验的设计方案。这一点也体现了强调用户参与型设计（林哲一等，2019）。第二个阶段是在给定的教室空间内，进行以学习者为中心的教育，灵活使用教室空间。例如，在科学实验室里，为了能够顺利进行个人和团体活动，可以改变桌椅的布置；或者为了激发学习者的兴趣，设置可以展出学习成果的物理空间（如用于展示作品的架子）。关于这一部分，根据老师在给定情况下对空间的不同设计，会产生不同的结果。

教室和学校空间里如何准备必要的有关器材，可以带来不同的学习效果。随着信息和通信技术的发展，已经可以在学校教室中正常使用各种软件和设备。自从引入了智慧教育以来，人们一直在尝试将数字技术融入学校课堂的各种教育活动。目前，教师的主要关注点在于，使用 PowerPoint 演示材料，同时通过网站提供信息和知识也是其关注点。然而，现在正在强调个人学习者使用平板电脑搜索资料和进行研究的做法。

从 2020 年开始，远程教育学习管理系统（Learning Managemeut System）、Zoom 等视频教学工具、Google Docs 等协作文档工具以及 Miro Support 等支持团队活动的工具都能够帮助学习者参与教室活动。

为了实现以学习者为中心的教育，首先，有必要设计使用笔记本电脑或平板电脑来探索材料、表达理解、呈现和分享活动，而不是被动地阅读或聆听。例如，使用 Padlet（一种教学互动工具）或在线协作沟通工具 Miro（思维导图工具）等应用程序或软件，学习者可以进行头脑风暴（brainstorming）活动，从而培养发散性思维。教师需要做的是，决定是否单独使用这些工具，还是要以三人或四人的团队来使用这些工具，并设计相关活动。在这个过程中，普通学科教师需要与学校的教育技术（edutech）负责人合作，了解如何优化使用设备和材料。

二 教室空间设计

设计或配置以学习者为中心的教室空间，可能需要考虑很多事项。林哲一等的一项研究中，提出在设计教室空间时，需要考虑的因素：(1) 教与学活动特点的灵活性；(2) 学科之间融合的关联性；(3) 学习成果的共享；(4) 考虑学习者个体特点的适应性（林哲一等, 2019）。

首先，确保有能够支持各种教学活动的空间，并根据每个学习主题和活动的特点进行不同区域的划分。例如，科学实验室需要划分理论课堂空间、实验实践空间和教师空间，以便在每个区域进行符合学习活动性质的有效学习（Cho et al., 2017）。为进行有效的实验实践，需要调整布局形式，让指导教师在中心进行演示，学生能够有效地观察实验和实践演示（见图 5-5）。

其次，建立支持学科间融合的教室空间。在进行与该学科高度相关的学习主题或学习活动的情况下，将学习者放置在与其相邻的位置，并以此为基础设计学习活动。创客空间（maker space）、科学实验室、STEAM 教室等正逐步在校园内普及开来，这些空间可以相邻放置，并在教室之间搭建跨学科融合的项目教室。将各学科相关的教室布置成相邻的教室后，教室之间设置单独的入口，以在必要时整合和管理教室。通过这种空间设计，使学习者自然而然地体验学科融合。

图 5-5 对特定教学灵活应用学科教室的例子

资料来源:《"留学海南"样本初现黎安国际教育创新试验区》,2021 年 9 月 30 日,中国新闻网,https://www.chinanews.com.cn/cj/2021/09-30/9577809.shtml。

再次,确保有一个空间用来分享学习过程中的产出成果。在未来社会的核心能力中,强调通过合作任务来进行自我组织知识和共享成果(赵颖桓等,2015)。为此,也需要对教室空间进行设计。例如,可以在教室的墙壁和公共空间提供具有磁性的穿孔板和用于张贴作品的架子,以便张贴在学习过程中产出的成果。此外,通过管理整个学校及各教室的平台,在网络空间也可以实现产出成果的共享。

最后,有必要设置反映学习者发展情况的空间和设施。考虑到学习者的个人特点,要确保有足够的空间放置个人储物柜和可调节高度的桌椅。此外,可以为学习者提供一个可以社交的单独空间。这个空间可以在教室内单独设置一个区域,或者单独设立一个独立的空间作为同伴社区。

三 教育设备

在以学习者为中心的课堂和学习活动中,个人学习者可以使用的移动设备(mobile device)(尤其是平板电脑)发挥着非常重要的作用。为了能够便利地访问互联网上的各种资源和数据,需要为个人学习者准备好平板电脑或智能手机,从而进行分析、综合和评价解决问题的活动。这时,就应该利用可以在小组或整个教室共享的技术,以进行解决问题的活动。为了在团队中共享屏幕,可以使用独立的显示器或短焦投影仪共享屏幕的镜像(mirroring)功能,也可以使用电子白板进行整个教室的屏幕共享。电子白板的好处在于，它不仅能够支持传统教学中的书写功能，还可以进行笔记本电脑和平板电脑的屏幕共享。

随着课外远程教育需求的日益增加，也要对相关远程教学设备进行设计。远程课程可以在普通的教室中进行，也可以使用单独的远程教学支持设施。从图5-6中可以看出，为了有效地操作实时远程教学，最少要使用两个显示器。一个显示器用于与学习者共享基本资料，另一个显示器作为聊天、讨论室、合作活动的工具（例如Google Docs），与全体学生进行沟通。如果还有另外的显示器，效果会更佳。此外，为了查看学习者看到的屏幕，还需要通过单独的附加设备访问学习者端。

图5-6 远程授课教师器材及设备示例

注：安徽某大学教师在2022年秋季学期的远程授课中，正在使用多台电脑、显示器以及腾讯会议、QQ群等功能。

在线远程教学中，有多种工具可以支持学习者参与。基本上，大多数学习管理系统都有支持在线讨论（discussion forum）的功能。此外，实时视频教学工具还有一个允许小组活动的功能（例如Zoom的会议室功能），可以用来进行分组做解决问题的活动，还可以使用在线文档工具（例如Google Docs）支持小组活动。简而言之，教师在了解可以支持学生解决问题活动的各种设备和软件后，可以根据学习活动设计和使用设备软件。

练习和探究问题

1. 描述一个运用建构主义观点的学校教育实践案例,并解释选择该案例的原因。
2. 设计行为表现评价任务并编写评价标准的量规。
3. 找一个你喜欢的以学习者为中心的教室空间设计的例子,并解释原因。

参考文献

강대일, 정창규 (2019).수행평가란 무엇인가. 서울: 에듀니티.

강인애 (1995).인지적 구성주의와 사회적 구성주의에 대한 간략한 고찰. 교육공학연구, 11(2), 3-20.

계보경, 김현진, 서희전, 정종원, 이은환, 고유정, 전소은, 김영애 (2011). 미래학교 체제 도입을 위한 Future School 2030 모델 연구. KERIS 연구보고 KR 2011-12.

교육부·한국교육과정평가원(2017). 과정을 중시하는 수행평가 어떻게 할까요? 중등. 한국교육과정평가원 연구자료 2017-19-2.

김대현, 김석우 (2020). 교육과정 및 교육평가(5판). 서울: 학지사.

김영천 (2016). 수행평가 이론과 실제. 서울: 아카데미프레스.

성태제 (2010). 교육평가의 기초. 서울: 학지사.

임규혁 (1996). 교육심리학. 서울: 학지사.

임은진, 한동균, 김원예, 서지연, 조경철 (2018). 사회과 활동중심수업과 과정중심평가 (2판). 파주: 교육과학사.

임철일, 박태정, 한형종, 김근재, 권혜성, 이지연 (2019). 미래학교 공간 구축 및 개선을 위한 핵심 설계요소에 대한 탐색적 연구. 교육공학연구, 35(2), 589-619.

임철일, 홍현미, 최소영 (2010). 교과교실제 기반의 사회과 수준별 탐구학습을 위한 교수설계 모형 개발에 관한 연구. 한국교원교육연구, 27(4), 167-195.

조영환, 박현정, 김정연, 석유미, 이신혜 (2015). 온라인 토론 촉진을 위한 피드백의 역할 탐색. 아시아교육연구, 16(2), 289-313.

조진일, 최형주, 이윤서, 신화주 (2017). EDUMAC 교육시설 해외연수 자료집. 세종: 한국교육개발원.

Bednar, A. K., Cunningham, D., Duffy, T. M., & Perry, J. D. (1991). Theory into practice: How do we think? In G. J. Anglin (Ed.), *Instructional technology: Past, present, and future* (pp. 88 – 101). Englewood, CO: Libraries Unlimited.

Brown, J. S., & Duguid, P. (1993). Stolen knowledge. *Educational Technology. 33* (3), 10 – 15.

Brown, J. S., Collins, A. S., & Duguid, P. (1989). Situated cognition and the culture of learning. *Educational Researcher. 18* (1), 32 – 42.

Chance, P. (1999). *Learning and Behavior.* CA: Brooks/Cole Publishing Company.

Choi, J. I., & Hannafin, H. (1995). Situated cognition and learning environments: Roles, structures, and implications for design. *Educational Technology Research & Development, 43* (2), 53 – 70.

Cobb, P., Wood, T., Yackel, E., & McNeal, B. (1992). Characteristics of classroom mathematics traditions: An interactional analysis. *American educational research journal, 29* (3), 573 – 604.

Duffy, T. M., & Jonassen, D. H. (1991). Constructivism: New implications for instructional technology? *Educational Technology, 31* (5), 7 – 12.

Fosnot, C. T. (1992). Constructing Constructivism. In T. M. Duffy & D. H. Jonassen (Eds). *Constructivism and Theory of instruction* (pp. 167 – 176). Hillsdale, NJ: Lawrence Erlbaum.

Hanks, W. F. (1991). Foreword. In J. Lave & E. Wenger (Eds.), *Situated learning: Legitimate peripheral participation* (pp. 13 – 26). Cambridge: Cambridge University Press.

Khler, W. (1924). *The mentality of apes.* Oxford: Harcout, Brace.

Lave, J., & Wenger, E. (1991). *Situated learning: Legitimate peripheral participation.* Cambridge University Press.

McLellan, H. (1993). Evaluation in a situated learning environment. *Educational Technology, 33* (3), 39 – 45.

Meyer, B. J. F. (1975). *The organization of prose and its effect on memory.* New York: American Elsevier.

Newman, D., Griffin, P., & Cole, M. (1989). *The construction zone: Working for cognitive change in school.* Cambridge University Press.

Resnick, L. B. (1987). Learning in school and out. *Educational Researcher. 16* (9), 13-20.

Rogoff, B. (1990). *Apprenticeship in thinking: Cognitive development in social context.* NY: Oxford University Press.

Skinner, B. F. (1953). *Science and human behavior.* NY: Simon and Schuster.

Tuckman, B. W. (1991). *Educational psychology: From theory to application.* FL, Orlando: Harcourt Brace Jovanovich.

Wertheimer, M. (1959). *Productive thinking.* NY: Harper.

Winn, W. (1993). Instructional design and situated learning: Paradox or partnership? *Educational Technology. 33* (3), 16-21.

Woolfolk, A. E. (1993). *Educational psychology.* MA, Needham Heights: Allyn and Bacon.

附表4　　　　　　　　第五章引用文献对照

	对应韩文
(Kang, Jung, 2019)	강대일, 정창규 (2019)
(Kang, 1995)	강인애 (1995)
(Kye et al., 2011)	계보경, 김현진, 서희전, 정종원, 이은환, 고유정, 전소은, 김영애 (2011)
(Kim, Kim, 2020)	김대현, 김석우 (2020)
(Kim, 2016)	김영천 (2016)
(Seong, 2010)	성태제 (2010)
(Lim, 1996)	임규혁 (1996)
(Lim et al., 2018)	임은진, 한동균, 김원예, 서지연, 조경철 (2018)
(林哲一等, 2019)	임철일, 박태정, 한형종, 김근재, 권혜성, 이지연 (2019)
(林哲一等, 2010)	임철일, 홍현미, 최소영 (2010)
(趙潁桓等, 2015)	조영환, 박현정, 김정연, 석유미, 이신혜 (2015)
(Cho et al., 2017)	조진일, 최형주, 이윤서, 신화주 (2017)
(韩国教育部、韩国教育课程与评价研究所, 2017)	교육부・한국교육과정평가원 (2017)

第 六 章

以学习者为中心的教学方法

下个月我们将在中学进行一次教育实习。在教育实习的迎新会上,导师要求大家提前准备一节课,要求在实习期间每个人都需要讲一节课。导师特别嘱咐大家,在进行授课时,不仅要对知识点进行讲解,还要有创意,以提高学生的参与度并激发他们的积极性。

在大学中我已经了解和学习了各种教学方法。实习导师希望使用的以学习者为中心的教学方法有问题导向学习、讨论·辩论学习以及项目式学习等。于是,我开始纠结到底要选哪种方法。而且,当我突然要使用这些方法来真正设计课程时,编写具体的教学计划也让我感受到了不小的压力。

因此我们决定邀请好朋友一起出谋划策。那位朋友之前已经完成了教育实习,他在课堂上运用设计思维(design thinking)教学法实施了项目教学,并且他的课得到了非常好的评价。我们从那个朋友那里学到了很多有效的策略和诀窍,并成功地完成了授课。

目 标

1. 问题导向学习应用于教学设计。
2. 讨论·辩论学习应用于教学设计。
3. 项目式学习和设计思维的过程应用到教学设计中。

第一节 问题导向学习

一 问题导向学习的定义

问题导向学习（Problem-Based Learning，PBL））摒弃了传统的教学方法，是一种以问题为中心进行学习的教学设计模型（Barrows，1985；Duffy，Cunningham，1995；Savery，2006）。该模型是 20 世纪 50 年代中期，由加拿大的一所医学院开发的。该方法的创始人巴罗斯（Howard Barrows）看到医学院的学生尽管接受了很长一段时间的艰苦教育，但在成为实习医生之后，仍然难以准确地诊断出患者的疾病。因此，他分析了医学院的学生要成为一名好医生应该具备哪些知识和技能（Barrows，1985）。

大学毕业后，医学生在面对病人时，不仅需要记忆信息，还需要更高水平的解决问题的能力。为了让医生能够有效地、高效地治疗患者的疾病，需要准确分析患者的问题，并开出合适的处方。针对患者的病情作出准确的诊断，不仅需要各种基础知识，还需要具备解决复杂问题的推论能力。例如提出假设，为验证假设而收集数据、分析数据，进行综合判断、最终做出诊断和给出处方建议等。然而，传统的教育方法存在一个问题，那就是仅仅为了获得知识而进行教育。

医生需要的另一项主要技能是自主学习能力（self-directed learning skill）。医生必须适应新的治疗系统和面对他们没有经历过的独特病情，并且必须不断了解出现的新知识。这要求医生需要不断地学习，因此自主学习能力是非常重要的。为了满足这些要求，巴罗斯根据医生面临的实际问题开发了问题导向学习（PBL）方法。

虽然问题导向学习是为了医学院独特的教育需求而开发的，但其基本思想体现了建构主义理念，强调以学习者为中心和以问题为中心的学习。此外，问题导向学习不仅在医学院适用，它的有效性和启示性对管理、教育和法律等各个领域也都同样适用。

二 问题导向学习的特点

问题导向学习的一般特征，在医学院的问题导向学习课程中得到了很好的体现（Duffy，Cunningham，1995）。问题导向学习是一种以学习者为中心的环境，在这种环境中，以"诊断病人的症状"等实际问题为中心引发学习，学习者要自己发现和学习所有内容。问题导向学习的课程包括两种类型：合作学习（通过小组活动解决问题）和自主学习（学生自主学习）。通过这一过程，学生将学习如何识别、查找和评价信息资源，并学习如何将它们用作解决问题的工具。学习的结果是学生准确地诊断出患者的症状，证明诊断的合理性，在问题解决后实施评价。

问题导向学习的一般特征可以从"问题""学生""老师"的角度概括为以下几点（Cho，Woo，2003）。

（1）问题导向学习从问题开始。在这种情况下，问题没有明确的答案，不像"2 + 2 = ?"或"巴西的首都是哪里？"，也不容易解决。问题导向学习所使用的问题通常是非结构和实际的问题。解决这种问题的知识之间关系错综复杂，可以通过多种方式方法来解决，并且是可以在现实生活中体验的。而且，它不是学完各种概念后用来练习的习题，而是用在学习的开始阶段。从一个有意义的、综合的问题开始，使学生认识到学习的必要性。

（2）问题导向学习是以学习者为中心的学习环境。学生作为问题解决者参与学习，在解决问题的过程中学习相关概念和原理，收集和分析必要的信息，培养处理信息的能力。此外，通过综合和组织收集到的信息，也可以培养学生解决问题的能力。整个学习过程由学习者自己主导，学习者自己对自己的学习负责。此外，通过小组合作学习和自主学习相结合，学习者实际上经历了一个完整的学习过程。

（3）问题导向学习将教师的角色从"知识传播者"转变为"学习主持者或促进者"。由于学习过程是以学习者为中心的，因此教师在设计、协助和促进学生学习方面起着促进者的作用。作为课程设计者，教师设计问题、准备和规划学习资源、组织学习小组并准备评价。教师作为促进者会带给学生一定的紧张感，作为主持者会给学生提供一些普遍性的观点，作为评价者通过形成性评价提供反馈，作为专家检查知识的临界值以帮助学生维持其学习均衡。

三 问题导向学习的步骤

问题导向学习的步骤包括提出实际问题并探索问题的原因和解决方

案等过程。在每个阶段,学生都在教师和助教的帮助下,使用各种材料进行小组学习和个人学习。巴罗斯与梅尔斯(A. C. Myers)提出的问题导向学习进行的教学流程包括课程介绍阶段、问题呈现阶段、问题再确认阶段、展示阶段和问题总结阶段(Barrows, Myers, 1993)(见表6-1)。其中,学习者在问题呈现阶段和问题再确认阶段进行的问题分析[想法(假设)、事实、学习任务、实践计划]是问题导向学习课堂的核心学习活动,教师可以帮助学习者很好地进行问题分析,扮演一个促进者的角色。

表6-1   问题导向学习(PBL)的进行流程

课程介绍
1. 指导
2. 营造讲课氛围(介绍教师和助教的角色)
问题呈现
1. 提出问题
・让他们感受到问题的主人翁精神(让学生内化问题)
・介绍要在最后提交的作业
2. 作业
・划分小组中每个人的角色(一名学生写在黑板上,一名学生记在笔记本上,一名学生担任小组联络人)

想法(假设)	事实	学习任务	实践计划
记录学生对所给出问题的想法:原因与结果、可行的解决方案等	综合知识和信息,用于支撑个人学习或小组学习中提出的假设	记录学生为了解决给出的课题所需要知道或理解的情况	为了解决课题,需要制订具体实践计划
3. 对给定问题的解决方案进行深刻思考:想想关于写在黑板上的事项我究竟要做什么			
扩大、集中	综合、归纳	查明、合理化	正式确定计划

4. 整理可行的解决方案(虽然要学习的还多)
5. 查明并分担学习任务
6. 选定学习资料
7. 决定下次的会议

续表

问题再确认（小组活动）			
1. 综合利用学习资源，交换意见			
2. 再次尝试新的方法解决问题。想一想关于下列事项我要做什么			
想法（假设）	事实	学习任务	实践计划
修正	利用新知识进行再次综合	（如果需要的话）查明并分担新任务	再次设计之前制定的实践方案
展示			
问题总结			
1. 对所学的知识进行归纳整理（定义、图表、目录、概念、一般化、原则）			
2. 评价（自己、同伴、教师）			
・习得知识			
・解决问题/逻辑性			
・自主学习			
・协作学习			

另外，巴罗斯和梅尔斯提出的问题导向学习程序包括以下六个步骤：（1）提出问题；（2）确认问题；（3）为了解决问题收集信息；（4）再次确认问题并提出解决方案；（5）展示问题解决方案；（6）总结和评价学习成果。具体如图6-1所示（崔廷任等，2015）。

（1）提出问题

问题导向学习从一个要解决的问题开始。教师提前准备好课堂上要讨论的问题，并在课堂上呈现给学生。问题导向学习中的问题可以以各种形式呈现，例如视频、模拟、角色扮演、计算机模拟以及文本（Barrows，1988）。问题为学习者提供了学习的关联和动力。通过尝试理解一个问题，学习者知道他们需要在专业领域学习什么，并掌握他们的学习活动。因此，问题必须以在现实世界中可以体验到的相同方式呈现。

```
┌─────────────┐
│  提出问题    │
└──────┬──────┘
       │                                    第一阶段
┌──────┴──────┐                             确认问题
│  确认问题    │
└──────┬──────┘
- - - - - - - - - - - - - - - - - - - - - - - - - - - -
┌─────────────────────┐
│为了解决问题收集信息 │◄──────────┐
└──────┬──────────────┘           │
       │                          │         第二阶段
┌──────┴──────────────────┐       │         解决问题
│再次确认问题并提出解决方案│      │
└──────┬──────────────────┘       │
       │                          │
   ╱─────────╲                    │
  ╱是否解决了 ╲────否──────────────┘
  ╲  问题？   ╱
   ╲─────────╱
       │是
- - - - - - - - - - - - - - - - - - - - - - - - - - - -
┌─────────────────┐
│ 展示问题解决方案 │                        第三阶段
└──────┬──────────┘                        展示并评价
       │                                   问题解决方案
┌──────┴──────────┐
│总结和评价学习成果│
└─────────────────┘
```

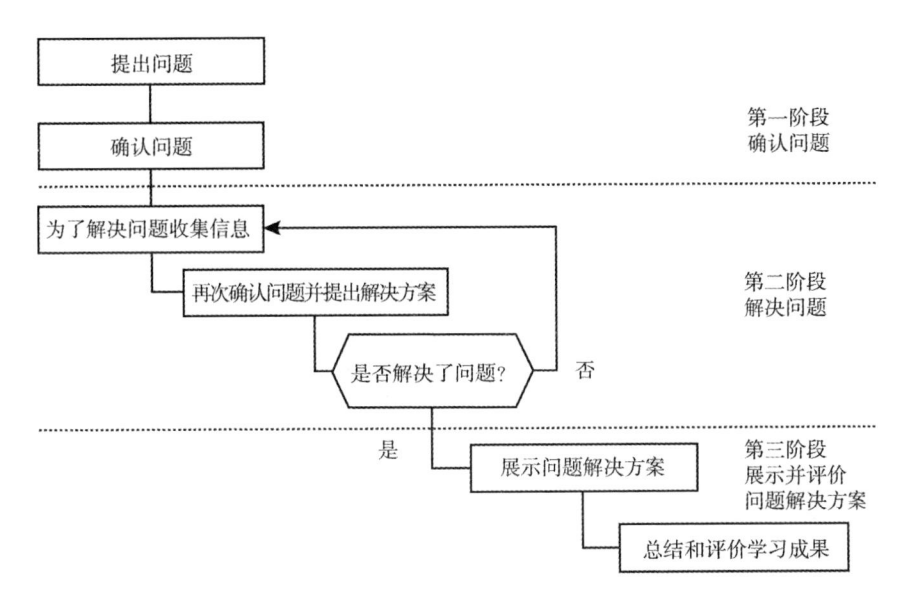

图 6-1　问题导向学习的进行流程

资料来源：文献（崔廷任等，2015）。

（2）确认问题

当给出问题时，学习者必须确定要解决的问题并找到解决方法。在问题确认阶段（见表 6-2），小组中的学习者要详细研讨问题，以确定问题需要哪种解决方案。为了解决问题，学习者可以通过以下四个阶段回顾问题："想法""事实""学习任务""实践计划"（Barrows，Myers，1993）。

表 6-2　问题确认阶段

想法 （Ideas）	事实 （Facts）	学习任务 （Learning issue）	实践计划 （Action Plan）
·理解问题（内容、要求事项、结果等） ·提出关于解决方案的假说或推断	·已经给出的事实和为了解决问题必要的事实 ·学习者知道的事实	·为了解决问题需要知道的学习内容	·为了解决问题所需要的计划 （分工、搜索信息与资料的方法、时间计划等）

"想法"是学习者对问题的原因、结果和可能的解决方案进行假设或

猜想，或者探讨对问题的理解，例如问题的要求、学生需要解决的问题以及结果可能是什么。

"事实"可以分为两个方面。也就是说，学生需要确认问题中呈现的事实以及学习者已经知道的与解决问题相关的事实。检查问题中提出的事实，将帮助学生清楚地理解问题并找出问题中缺少的重要线索。

"学习任务"是指学生为了解决问题而需要知道的学习内容。在这个阶段，学生要确定未来应该做什么，或者建立解决问题的"实践计划"。在这个过程中，学生们要进行分工，制订个人的学习计划，并进行自主学习。

（3）自主学习

确定问题的小组活动结束后，学生个人要进行自主学习，以完成交给他们的学习任务。一般来说，个人学习可能需要2—3天或1—2周，这取决于问题的规模。通过这个过程，学生可以培养终身学习的能力，可以自主地寻求信息和学习知识。学生在个人学习中使用的材料可能包括专业书籍、互联网、期刊文章和视频等媒体资讯，以及通过对同伴、前辈和专家的采访等收集的资料数据。

（4）再次确认问题并提出解决方案

在这一阶段，以在提出问题阶段中确认的资料为中心，再次对问题实施评价。个人学习结束后，学生再次以小组形式会面，汇报并综合学习成果，重新调整第一阶段确定的想法、事实、学习任务和实践计划。在此阶段，要通过以已经确认的资料为中心，重新评估问题，并最终得出最佳诊断和解决方案。如果在此过程中没有达到最终解决方案，则寻找新的学习任务，并重复多次问题确认过程，直到找到最终的解决方案。

（5）展示问题解决方案

展示阶段，小组成员在所有学生面前展示通过团队共同学习而得出的最终结论。然后，将自己团队的想法和其他小组的想法进行比较，最后从整体上寻求最终的解决方案。

（6）总结和评价学习成果

最后一步是整理学习成果并评价学习成果和行为表现。学习者通过展示学习成果来整理所分享的解决方案，教师可以总结和组织与问题解决方案相关的关键概念或在必要时提供简单的讲座。学生可以对自己的表现进行自我评价，也可以由同伴进行评价。

问题导向学习过程可以重新概括为三个步骤：（1）确认问题；（2）解决问题；（3）展示并评价问题解决方案。将问题导向学习应用到课堂时，应用的课时可能会根据问题的难易程度和课堂条件而有所不同。例如，一般情况下，每个阶段可以采用一个课时，即每个问题使用三个课时的方式进行问题导向学习。但是，如果第二阶段"解决问题"包括课外的任务或活动，则可以用两个课时进行；如果问题解决过程需要更多时间，则可以使用四个课时以上。

应用示例：问题导向学习案例

对象：小学六年级学生

学习目标：了解我们身体所需营养元素的功能和特性，了解哪些食物含有营养元素，解决日常生活中与营养元素有关的问题。

《远离肥胖》

现在有1/4的小学生属于肥胖。就我们学校而言，就有10%—20%的学生被判定为肥胖，而且这个比例每年都在增加。这意味着我们学校也有不少肥胖的学生。我想你们都知道，儿童肥胖不仅给生活带来不便，而且对健康有害。

如果你是学校食堂的营养师，为了避免学生继续肥胖下去，你应该计划一顿营养均衡的美味餐点。虽然这一餐会很好吃，但如果你每天都吃这种食物，你会觉得很腻吧？因此，你计划的食谱要每日都不相同，还要确保包括当季的食物。此外，你认为还需要什么才能做出健康的饮食？

所以，从现在开始，你将成为学校食堂的营养师，并为下个月计划一周的食谱。最好的食谱将被发送给我们学校的营养师，并按照该食谱出餐。我们期待你制定的食谱。

资料来源：文献（Cho, 2006），基于问题的学习的理论与实践，第236页。

四 问题导向学习的评价

完成问题导向学习之后，需要对学习结果进行评价。问题导向学习中的评价不同于一般以教师为中心的课程中的评价。在一般的课堂中，评价是在下课后以考试的形式进行的；而在问题导向学习中，课堂和评价不是分开的，评价在课堂上持续进行。在问题导向学习中，如果成功得出解决问题的方案，则不需要单独的测试，因为已经做到了充分的学习。此外，由于必须认真地做好问题解决过程，才能得出有效的问题解决方案，因此问题导向学习中的评价不仅是对结果的评价，学习过程也是主要的评价对象。

同时，由于问题导向学习不只是获取简单的知识，其学习目标是培养各种能力，如解决问题的能力、自主学习能力、合作学习能力和沟通能力，因此必须对这些能力进行评价。在问题导向学习中，解决问题过程中会产生各种类型的成果，可以通过这些成果来评价各种能力（见表6-3、表6-4、表6-5）。因此，问题导向学习中的评价是以各种成果的行为表现评价的形式进行的。参与评价的不仅有教师，还有自我评价和同伴评价等各种主体参与的评价。

表6-3　　　　　　　　　问题导向学习活动成果

问题导向学习阶段	活动	成果
提出问题	为问题导向学习活动提出问题台本	问题台本
确认问题	利用想法、事实、学习任务、实践计划理解并分析问题	任务执行计划书
为了解决问题收集资料	通过自主学习摸索问题解决方案	自主学习成果
再次确认问题并提出解决方案	综合自主学习成果并进行小组讨论，摸索最终解决方案	小组活动记录 任务执行计划书
展示问题解决方案	展示最终解决方案，整体讨论并评价	汇报资料 问题解决方案评价表
总结和评价学习成果	学习成果，自主活动评价，学习内容整理	小组活动评价表 反思日记

表6-4　　　　　　　根据评价目标的评价对象及内容

评价目标	评价对象	评价内容
学习内容评价	最终问题解决方案（展示） 小组活动报告书 反思日记	习得专业知识 问题解决能力 沟通能力
学习过程评价	自主学习成果 小组活动报告书 小组活动评价表 反思日记	自主学习能力 合作学习能力 小组活动参与度 问题解决过程

表6-5　　　　　　　问题解决方案评价量表（举例）

	内容	非常不足	不足	一般	优秀	非常优秀
问题解决能力	正确地理解了问题包含的主要概念、步骤、原理等	1	2	3	4	5
	汇报的内容很有逻辑	1	2	3	4	5
	充分地研讨了解决问题的资料	1	2	3	4	5
	提出了可以实践的方案	1	2	3	4	5
合计				/20		
思想沟通能力	展示的资料很有吸引力	1	2	3	4	5
	展示的资料通俗易懂	1	2	3	4	5
	展示的内容的结构和传递方法很新颖	1	2	3	4	5
	准确地传达了汇报的内容	1	2	3	4	5
合计				/20		

评价依据与建议

第二节 讨论·辩论学习

近期,学校的教育正在发生改变,从教师单向讲解为主的教学逐渐向学习者积极参与和交流达成教学效果的方向转变。讨论与辩论不是让学习者被动地接受教学内容,而是学习者对特定论题积极地提出自己的观点。经过相互比较,扩大理解范围,从而达到深化学习的目的。因此,讨论与辩论是经常被使用的以学习者为中心的教学方法。本节首先梳理讨论与辩论的含义,然后介绍使用它们的课程设计和操作策略。

一 讨论与辩论的定义

（一）讨论的定义

尽管讨论与辩论是不同的概念,但有时会互相交换使用,造成一些使用不当。当然,在真实的课堂场景中,有时讨论会变成辩论,辩论也会变成讨论,甚至在很多情况下会同时使用讨论和辩论。因为讨论与辩论的意义有所不同,所以要注意不要混淆这两个概念。

讨论（discussion）是几个人就某个主题交换信息和意见,了解该主题或解决问题的一种口语和听力活动（Jeong,2004）。也就是说,他们可以不考虑规则自由表达意见,通过集体思考和各种讨论协商寻求解决方案。与非正式对话不同,在讨论中,不同的问题或意见被调和以达到统一的结果,重点是尽可能开放性地找到问题的解决方案。

讨论的要素主要有以下几点（Jung,2013）。

· 聚集讨论的人应该有一个共同的主题。
· 必须至少有两个人。
· 应该有活动让参与者交流信息和分享意见。
· 与简单的对话不同,必须有学习或解决问题的目的。
· 应该包含说和听的活动。

（二）辩论的定义

辩论（debate）是对同一个主题有不同的论点,通过论证和实证,按照一定的规则证明他们各自的主张是正确的,是一种以试图说服他人为目的的听说活动（Jeong,2004）。即对有争议的问题持正反或不同观点的人，根据既定的规则，在论证的基础上，通过提出主张、进行验证和反驳的过程，最后作出理性并合理的判断。因此，在辩论中，他们承认存在不同的意见，并试图通过基于事实、论点和证据的方法来说服对方。双方对特定问题进行有说服力的论证，说服对方同意自己的观点。

辩论的要素主要有以下几点（Jeong，2013）。

· 参加辩论的人应该有一个共同认定的主题。

· 应该有几个人参加，但他们必须有不同的意见。每个人的结论都是已经确定的，他们基于自己主张的结论是正确的来进行辩论。

· 必须提出论据和论证来证明每项主张的合理性。

· 应该有令人信服的辩论规则，为参与者提供平等的机会。

· 必须包含说和听的过程。

表 6-6　　　　　　　　　　讨论和辩论的差异

讨论	区分	辩论
需要定义的主题	主题的形式	需要选择的主题
得出最佳的结果	目的	分出对策的优劣
主张可以一样	参与者	主张需要不同
交换信息或意见	相互作用	论证与实证
没有规则或宽松	规则	严格的辩论规则
没有特别的限制	说和听	为了保证公平而限制
创意性	需要的能力	逻辑性

资料来源：文献（Jeong，2013）。

二　讨论·辩论学习的效果

讨论·辩论作为以学习者为中心的教学方法的一环，强调学习者的自主性和活动性，因此在教学中广泛使用。讨论·辩论学习不仅有良好的学习结果，而且在学习过程中体现出了多样化的教育效果。除了促进教师与学习者、学习者与学习者之间的多样化互动，小组讨论活动还可以培养学生的批判性思维能力，提高解决问题的能力和沟通能力，并获得合作学习能力和领导能力等社交技能（Cho et al.，2009）。另外，Jeong Moonseong 还强调，在讨论·辩论学习中，通过多人共同决策的经验可以培养学习者解决问题的能力,以及应用、分析、综合和评价等高阶思维能力,这些都是教育目标中需要培养的能力(Jeong,2013)。简而言之,学习者在与其他学习者交换意见、比较观点、对主题进行深度学习的过程中,可以培养相互合作和自主学习等能力。

然而,与讲授式课程相比,利用讨论·辩论学习进行授课,教师需要花费更多的时间和精力来准备课程、计划流程和主持。这是因为在讨论·辩论的过程中,学习者可能会发生脱离讨论·辩论主题,进行一些散漫的、流于表面的对话等情况,或者仅由一部分学生主导讨论·辩论等情况(Park,2012)。讨论·辩论学习的优缺点总结如下(Cho et al.,2009)。

优点

- 培养表达意见的能力。
- 提高解决问题的能力。
- 可以有效地实现复杂的课程目标。
- 能够有效转变对有争议的领域的态度。
- 适合在意见一致程度较低的领域学习。
- 培养合作与尊重他人意见的态度。
- 可以立即反馈。
- 可以纠正先入为主的观念和偏见。

缺点

- 信息传递缓慢。
- 需要教师的耐心和毅力。
- 在高度统一的领域(数学、自然科学和工程)不如讲授式授课有效果。
- 需要很多时间。
- 偏离主题的概率很高。
- 只有参与的学习者会发言。
- 在讨论过程中很容易情绪化。
- 可能会发生意外情况。
- 需要提前做好充分准备。
- 为了保证有效讨论,要限制参与人数。

三　讨论学习的步骤

在讨论学习中，学习过程以这样一种方式进行，即学习者通过相互交流得出有价值的结论。其目的是自由表达意见，没有任何固定规则，通过集体思考和各种讨论协商寻求解决方案。特别是，由于目的是通过调和不同的问题或意见得出统一的结果，因此讨论学习应该尽可能以开放的心态寻找问题的解决方案。

讨论学习通常以给予主题、分配角色、选择方法、呈现和评价的步骤进行。进行讨论学习的详细步骤如下（Jeong, 2013）。

（一）提供讨论主题

老师可以根据学习目标来决定讨论的话题，如果需要，老师可以决定一个大的话题，学生可以决定子话题。以下是一些讨论主题的领域及案例。

- 分析概念含义或关系的主题
——"性别差异"和"性别歧视"有什么区别？
- 发现和证明原理或定律的主题
——用给定的数据预测韩国农业的未来。
- 自由表达情绪和感受的主题
——下图给你的印象是什么？
- 产生新想法的主题
——制定一些预防离家出走的青年成为犯罪受害者的措施。
- 关于人生不同方面的主题
——这首诗中的人具有什么样的特征？

（二）角色分配

1. 教师的角色

尽管讨论学习是以学习者为中心的，但为了充分发挥实际讨论学习的效果，教师的角色仍然很重要。教师必须站在前面引导学生进行讨论，对相关问题进行解释说明、下定义、提问以及示范。在适当的时候，必须将主动权传递给学生。归根结底，可以说讨论课的最终责任在于教师。教师在运用讨论学习的课程中需要扮演如下角色。

- 管理者（manager）：在讨论学习中，教师需要将很多内容委派给学生，因此需要更精确地计划、协调和管理课程。

　　·指导者（guide）：由于讨论学习的类型很多，学生扮演的角色也很多，因此应提前提供详细的、友好的指导。

　　·提案者（initiator）：教师的角色是提出一个讨论的主题，并引导它朝着期望的方向展开。特别是，教师要负责激发学生的好奇心，使他们能够有一个良好的开始。

　　·促进者（facilitator）：教师要促进学生积极参与讨论。教师的鼓励是提高学生参与度的最有影响力的因素。

　　·总结者（summarizer）：在讨论期间或结束时，教师要负责整理讨论的过程并进行总结。

　　·评价者（judge）：学生有机会评价讨论过程是件好事，但最终的评价者应该是教师。

2. 讨论者的角色

一般来说，学习者在参与讨论学习时，没有特殊的角色，是自然而然地参与，或者是通过被赋予的期望角色进行参与，后一种情况在激发学生参与动机方面更有效。除了主持人和记录者这种一般角色，参与讨论的学习者还可以承担更多其他的角色。例如，思想批评家（criticizer of idea）扮演批评的角色。特别是，如果你有一个总是爱挑剔的学生，这个角色是非常适合他的，因为其他学生不会对批评者的无情批评有任何异议。此外，观察者（observer）观察并指出可取的行为，总结者总结小组成果，探索者（prober）提出问题以进一步探索所主张的意见。正确地分配角色，会大大提高学生的参与度。

（三）决定讨论方式

进行讨论学习的方法有很多种，因此要选择适合学习目标的方法，然后将其应用于全班学生或部分学生。总结各类讨论学习的类型，主要包括问题解决和探究型共享讨论、研讨会（workshop）讨论、配对讨论、buzz 分组讨论、头脑风暴讨论、游戏和模拟实验讨论、小组讨论、论坛和座谈会（Eom，Eom，2016）。

通常被广泛使用的讨论方式主要有圆桌讨论（round table）、鱼缸式讨论（fish bowl）、论坛（forum）、小组讨论（panel）、专题讨论会（symposium）、群体决策法（Nominal Group Technique）、海沃塔（Havruta)、思维共享（Think-Pair-Share）以及拼图教学法（jigsaw）等。

1. 圆桌讨论、小组讨论、专题讨论会、论坛、研讨会

圆桌讨论是最常见的讨论方式，所有参与者围坐在圆桌旁进行自由发言。小组讨论也称座谈小组，是一种由 4—6 位相关领域的专家组成的小组聚集在观众面前，对特定主题进行讨论的方法。在课堂上，可以赋予学生专家的角色，然后准备讨论的内容。

专题讨论会的结构类似于小组讨论会，但其规模更大。一般来说，它主要用于比较大的学术会议，是一种由许多专家或指定小组成员就各种主题进行讨论的方法。在论坛中，邀请知名专家进行演讲，并由听众进行提问或邀请相关专家代表进行提问。研讨会（seminar）是规模相对较小的学术会议，主要由少数主题演讲者发表观点，并由指定的小组成员或听众提出问题或讨论。

表 6-7　　　　　　　　常见的讨论方式的类型

讨论类型	特征
圆桌讨论	以 1 名主持人为中心进行的讨论 所有参与者都可以自由发言
小组讨论	意见不同的 4—6 人一起为了解决问题进行讨论 讨论后听众可以向某位成员提问
论坛	公开讨论 1—2 名专家做演讲，听众提问，提出意见
专题讨论会	与小组讨论相似，但规模更大
研讨会	比较小规模的学术会议 少数的主题演讲者发表观点，指定讨论者或听众提问

2. 群体决策法

群体决策法（NGT）是一种被广泛用作鼓励表现消极的学习者参与讨论学习的方法。群体决策法是指在讨论或辩论开始前，参与者不与他人交谈，而被给予一定的时间，用笔记本、会议记录本、卡片等整理自己对具体主题的想法。虽然名义上是一个群体，但实际上是以个体进行的，因此也被称为名义群体决策法。

群体决策法可以通过使用精练的单词和句子来节省讨论和辩论的时间，鼓励所有成员积极参与，并听取其他学生的意见。因此，此法应用在讨论的时候非常有效。

在运用群体决策法时，使用便利贴可以更容易地传递写有评论的纸张，从而更顺利地进行会议。在这种情况下，建议每张纸写一个想法，以便于分类，使用易于阅读的版式，并使用粗笔以便于阅读（见图6-2）。

图6-2 用便利贴开名义群体决策会议（示例）

3. 海沃塔和思维共享

海沃塔指的是犹太人的讨论·辩论方法，是一种不断询问和思考"为什么"的教育方法。通常两个人结对学习，因为两人结对可以给予最多的发言机会。海沃塔方法在谈话、辩论和争论的过程中，阐明了一个人对事物的看法，让他们了解更多新的内容。比起追求一个正确答案，它更强调解释为什么会这样想的逻辑依据。

因为海沃塔是一种相互教授和学习的辩论式学习方法，所以在这个过程中进行批判性思考、批判性评价信息和材料以及批判性聆听非常重要（Jeon，Yang，2014）。在这个过程中，提出的问题很关键。为了深入问题的讨论，学习者首先要做好充分的准备，以便于更好地理解问题的内容和对方的逻辑。

另外，"结对思维共享"和犹太人的海沃塔一样，是一种将两个人组成一对的讨论·辩论学习方法。以下是学生在课堂上以两人为一组，进行"结对思维共享"活动的示例。

（1）教师首先提出一个问题或话题供学生讨论，该主题要与当时课堂的内容相关。

（2）让学生在笔记本上写下他们的答案，或者写下他们对讨论话题的看法。

（3）让学生与坐在他们旁边或后面的学生分享他们写的东西。此时，正如海沃塔讨论法所强调的，可以通过问"为什么?"这个问题引发深入的讨论。

（4）经过一定的时间，学生依次解释或讨论完毕后，教师从所有学生中选择1—2名学生，让他们向所有学生展示他们的"结对思维共享"结果。

"结对思维共享"活动是一种非常有效的方式，即使在学习人数众多的大课堂中，也能在短时间内诱导学习者积极参与，并进行互动和深入地讨论或辩论。特别是，学习者一边进行口头说明一边参与活动，可以吸引学习者的注意力并听取他人的意见。"结对思维共享"活动不仅可以在课堂中使用，也可以在课程结束前，作为一种总结方法使用，例如向同伴解释课堂中讲解的主要概念。

4. 拼图学习法（二代、三代）

拼图学习法让人联想到拼图，将部分图片拼成完整的画，拼图学习法也是因此而得名的。拼图学习法是任务分组合作学习模型的一种，是阿伦森（Elliot Aronson）等开发的一种合作环境，主要是为了解决民族或文化差异引起的竞争性教室环境问题（Jeong, 2013）。拼图活动是将课堂上应涉及的学习内容分配给整个组的学生，学生各自研究所承担的部分，然后再教会小组其他同伴的一种学习方式。拼图学习法模型的基本步骤如下。

（1）从要处理的主题中重新选择一个子课题。

（2）每组选择的人数与子课题的数量一样多，组成小组后赋予组内成员一个编号。

（3）开展研究活动，由相同数量的小组聚集在一起，讨论和了解负责的子课题（专家活动）。

（4）回到原来的小组，向其他成员说明你的研究内容。

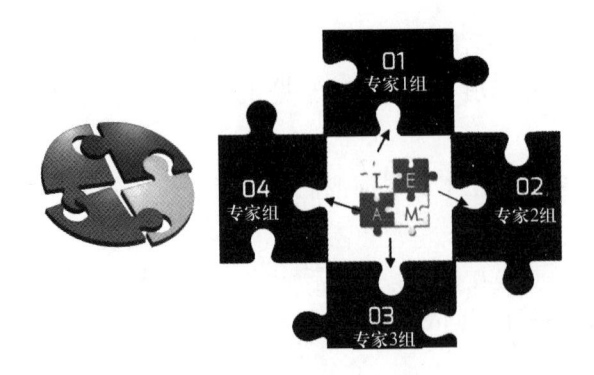

图 6-3 拼图学习法展示

拼图学习法模型有个缺点,就是听了同伴的讲解就下课结束了,学习内容整理得不清楚。为了改善这个问题,已经研究开发出拼图学习法二代和拼图学习法三代。拼图学习法二代在第三阶段之后增加了评价方法,拼图学习法三代在评价前再进行一次小组学习(Jeong,2013)。三种拼图学习法模型如表 6-8 所示。

表 6-8　　　　　　三种拼图学习法模型的对比

			第一阶段	原小组(home team):任务分组活动
拼图学习法三代	拼图学习法二代*	拼图学习法	第二阶段	专家团队(expert team):专家活动
			第三阶段	原小组:相互教授并回答提问
			第四阶段	经过一段时间
			第五阶段	原小组:为了应对小测验进行学习
			第六阶段	小测验(使用 STAD 评价方法)

注:*表示完成第三阶段后用 STAD(Student Teams-Achievement Division)评价做小测验。
资料来源:文献(Jeong,2013)。

(1)拼图学习法模型的特点

拼图学习法模型最大的特点是个别评价和个别奖励。在这个模型中,每个学习者只接受单元的一部分作为学习材料,但评价是针对整体学习单元的。因此，为了学习本单元的其余部分，学习者必须得到其他学习者的帮助。相反，他必须清楚地向同伴传达他所学的内容。虽然拼图学习法在成员之间产生了相互依赖和合作感，但学习者可能难以理解整体的学习内容，并且由于提供了个人奖励，合作可能不会成功。

（2）拼图学习法二代模型的特点

拼图学习法二代模型最大的特点是评价方法不同于现有的拼图学习法模型，而是采用了 STAD（Student Teams-Achievement Division）评价制。换言之，引入了基于改进点和平均分配成绩的小组奖励。在该模式下，将整体的学习内容提供给学生，学生自主选择子课题并在专家团队中学习，然后返回组内教给其他成员。之后，进行与整体学习内容相关的测验（形成性评价），每个学生再进行单独的测验。教师将每个学生在过去的测验中的分数与当前的测验分数进行比较，计算出一个改进分数，并对改进分数高的个人和小组进行奖励。

四 辩论学习的步骤

在辩论学习中，重要的是学生对某个话题给出不同观点，但要通过论证和实证来证明自己的观点，并按照规则说服他人。因此，为了有效地进行辩论学习，教师和学习者都必须提前做好充分的准备。以下是辩论学习的步骤，主要分为准备过程、辩论原则和评价（见图6-4）。

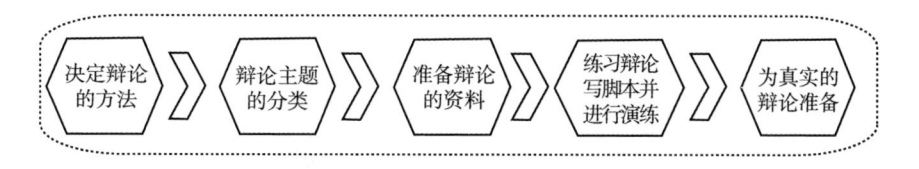

决定辩论的方法 〉 辩论主题的分类 〉 准备辩论的资料 〉 练习辩论写脚本并进行演练 〉 为真实的辩论准备

图6-4 运用辩论学习的准备过程

（一）辩论学习的准备过程

1. 决定辩论的方法

首先要做的就是确定具体的辩论方法。讨论·辩论学习有许多有用的技法，但选择它们时要考虑到辩论的目的和具体情况。表6-9介绍了大家熟知的议会制辩论、CEDA辩论和卡尔·波普尔式辩论，它们主要使用利弊比较的辩论方法，重点关注顺序和时间。

表 6-9　　议会制辩论、CEDA 辩论和卡尔·波普尔式辩论对比

议会制辩论		CEDA 辩论		卡尔·波普尔式辩论	
顺序	时间 （40 分钟）	顺序	时间 （36 分钟）	顺序	时间 （54 分钟）
1. 正方立论	7	1. 正方 A 立论	4（5，6）	1. 正方 A 立论	6
2. 反方立论	8	2. 反方 B 质证	2（3）	2. 反方 C 提问	3
3. 正方立论	8	3. 正方 A 立论	4（5，6）	3. 正方 A 立论	6
4. 反方立论	8	4. 正方 A 质证	2（3）	4. 正方 C 提问	3
5. 反方反驳	4	5. 正方 B 立论	4（5，6）	5. 正方 B 驳论	5
6. 正方反驳	5	6. 反方 A 质证	2（3）	6. 反方 A 提问	3
		7. 反方 B 立论	4（5，6）	7. 反方 B 驳论	5
		8. 正方 B 质证	2（3）	8. 正方 A 提问	3
		9. 反方 A 驳论	3（4）	9. 正方 C 驳论	5
		10. 正方 A 驳论	3（4）	10. 反方 C 驳论	5
		11. 反方 B 驳论	3（4）	商议时间 （每组 5 分钟）	10
		12. 正方 B 驳论	3（4）		

注：CEDA（Cross Examination Debate Association），商议时间每组 3 分钟（6 分钟）。

2. 辩论主题的分类

接下来对辩论的主题进行分类。主要用于利弊研究的辩论主题类型有：（1）探究过去、现在以及未来的某个事件或现象是否真实存在的事实论题；（2）与事实的价值判断相反的价值判断论题；（3）以事实和价值观为基础，提出特定政策的政策论题。

（1）事实论题：根据是否为事实来进行辨别的主题，对于这些主题需要根据更加明确的证据来判断。这类主题是指判断过去、现在以及未来的某个事件或现象是否真实存在或探究其中的因果关系。例如，"基于人工智能的第四次工业革命将在后疫情时代加速""韩国市场是否开放"等论题都属于此类范畴。

（2）价值判断论题：辩论的对象是判断事实的价值，是对事实论题赋予价值。例如，"美国保护主义政策将对全球经济构成威胁""韩国人在文化艺术领域非常有创意"等论题都属于此类范畴。

（3）政策论题：根据事实和价值判断为具体政策进行论证，是对现行政策或制度的建议进行论证的情况。它由可行性、效率、有效性、价值等决定。例如，"应减少国会议员人数""应改革高考制度"等论题都属于此类范畴。

3. 准备辩论资料

准备辩论资料。特别针对如何说服对方论点，需要收集支持我方观点的客观证据或依据，同时还要准备反驳对方论点的具体反证。此时，虽然需要充分准备多样化类型的资料，但也要保证证据资料的出处明确，强调并检查资料是否可信、是否为最新资料。

4. 准备证据资料

讨论·辩论学习不是表达肤浅的意见，而是要以实质性的方式进行。只有这样才能实现学习目标，因此必须要强调学习者准备的可以说服他人的证据。以下是这方面的指导方针。

（1）收集客观证据或依据，并提出具体的反驳数据。

（2）确保统计、案例、证据、专家或观察员的证言有效。

（3）检查支持数据的来源是否准确、可靠以及是否最新。

5. 准备辩论

准备辩论。这些准备包括编写辩论脚本和排练。辩论脚本的大纲包括引言、反问和最后的论点。根据准备好的脚本进行练习，检查是否有遗漏，提供反馈并完善脚本。要让学生熟知辩论的目的和具体目标、整体步骤，预测可能出现的驳论，并制定相应对策的脚本。

6. 准备实战辩论

准备实战辩论，需要提前确定好每个成员的角色，并通过协商共同制定辩论规则和评价标准。

（1）合理安排座位。为了参与者可以进行眼神交流并自由表达意见，建议提前安排好座位。

（2）为辩论准备必要的物品。检查发言所需的计时秒表或指示时间结束的铃声工具是否正常工作。

（二）辩论的基本原则

在辩论学习中，为了辩论能够顺利进行，需要说明辩论的方法和辩论的规则。在辩论中，最重要的是通过对特定问题有说服力的论点来说服对方同意自己的观点。以下是辩论中强调的基本原则。

·合理性原则：正反双方发言机会相同、发言时间相同，用理性的方法解决矛盾的问题。

·动态性原则：通过动态的质证和问答过程，突出对方逻辑问题，根据动态逻辑进行较量。

·倾听的原则：听对方说话，不要单方面地说话。

·说服的原则：必须有说服力地传达想法，以打动听众或评委来支持自己的逻辑。

（三）辩论学习的评价

辩论学习评价的基本原则是对思维的合理性和灵活性、逻辑的动态性、听力分析能力和创造性说服过程进行综合评价。根据辩论的形式或方法，评价的详细标准可能会有所不同，但通用标准如下。

·论证和分析能力：有逻辑的、一致性的分析。

·内容：证据、各种案例、具体知识、有创意的方法。

·质证：逐一反驳对方的观点并加以压制。

·表达能力：表达主张的方法和能力、听众的注意力和关注度。

·团队合作：呈现一致的团队立场。

·语言/风格：词汇、修辞表达、是否使用冗言、说话风格（发音、口音、语气、语速）、肢体动作、外表。

表6-10　　　　　　　辩论学习的个人评价表示例

辩论者	论证力度（5）	内容的充实度（5）	质证（5）	表达能力（5）	语言/风格（5）	总分（25）
A						
B						
C						
D						
E						

另外，Koo JeongHua 以社会课的教学为例，建议考虑以下因素来实施应用讨论·辩论的课程中心评价（Koo，2019）。首先，需要设定与社会学教育目标相关的评价因素，而不是与讨论·辩论步骤相关的评价因素。其次，应根据社会学教育目标提出详细的知识、技能和态度方面的学习目标，以便学生通过讨论·辩论来仔细观察学习过程。再次，考虑到以学生为中心的讨论·辩论和小组活动的特点，评价主体不仅是教师，学生本人、同伴等也应以多种方式参与。最后，不应该根据年级高低实行辩论或者讨论活动，而要适当地在各个年级综合应用这两种方法。一般可用于讨论·辩论学习的评价表如表 6 - 11 所示。

表 6 - 11　　　　　　　　讨论·辩论评价表示例

对整体进行情况的评价	上	中	下
·主题是否适合？			
·提出的主题是否明确？			
·是否准确地定义了术语？			
·讨论者是否积极参与了讨论？			
·是否有趣？			
·重要的问题是否都被讨论了？			
·是否有投资时间的价值？			
对主持人的评价	上	中	下
·是否最大化地引导了参与？			
·是否不慌不忙地领导了讨论？			
·进行得是否公平？			
·是否管理好时间？			
·是否保持中立？			
·需要时是否概括了要点？			
·是否做到不独断专行，保持公平？			
·是否控制好主题，避免了偏离主题？			
对讨论者/辩论者的评价	上	中	下

续表

・发音是否准确易懂？ ・是否整理好思路后发表？ ・是否仔细倾听了？ ・是否遵守辩论规则？ ・是否偏重于感情？ ・是否尊重了对方？ ・是否发挥了创意性？ ・是否正直？		

资料来源：文献（Jung, 2013）。

第三节 项目式学习

一 项目式学习的概念

（一）项目式学习的历史

项目（project）这个词最早的意思是"向前投掷"，它具有"思考、计划、设计、预测"心中所想的含义。项目式学习是一种在教育中使用了很长时间的方法，它起源于16世纪欧洲建筑学校的项目工作。而在现代意义上，它始于杜威（J. Dewey）的实验学校和斯廷森（R. Stimson）的家庭项目（homeproject），克伯屈（W. Kilpatric）将其系统化为项目方法（project method），后来卡茨（L. Katz）和查德（R. Chard）发展为项目教学法（project approach）。在韩国，项目式学习自20世纪70年代以来已广泛用于幼儿和基础教育中（Yu, 2000）。最近，作为强调学习参与、创意性、解决问题能力等的以学习者为中心的授课方式的一种，更加受到关注。以下内容以主要学者为中心，整理了项目式学习的历史发展沿革（Kim et al., 1999）。

杜威于1896年1月在芝加哥大学创办了一所名为杜威学校（Dewey School）的附属小学。作为进步教育运动的开端，这所学校开设的不是传统授课的科目，而是以项目的形式来进行的课程。杜威认为，孩子们可以在自己探索和解决问题的过程中学习思考的方法，包括解决问题的能力。特别是，杜威在项目式学习中关注的是学生的思维活动，而不是活动本身。换言之，他强调了学生面对问题、制定解决方案和反思结果等思考活动的重要性，并将教师的作用视为项目式学习的向导。他认为，教师应该创造一个学生可以思考、探索和反思的环境。

1915 年，斯廷森发表了一篇论文（"The Massachusetts Home Project Plan of Vocational Agriculture Education"），其中介绍了应用于马萨诸塞州一所职业高中农业类课程的"家庭项目"，学生们首先学习理论知识，然后回到家乡所在的农场实践农业技术。

之后，受杜威教育哲学的影响，克伯屈在 1918 年发表了一篇名为"项目方法"的论文，强调学生参与以学生为中心、以目的为导向的活动。他将项目定义为"一系列旨在将自己的精力投入社会环境中的活动"，项目式学习是通过让学生自由选择自己的目标来增加学习的积极性和提高学习的有效性。

与此同时，卡茨和查德在美国于 20 世纪 80 年代后期提出了一种项目教学法。他们使用项目教学法一词而不是项目方法来强调教师和儿童可以通过多种方式合作，进行基于项目的课程，并且这些课程可以根据不同的情况使用不同的方法（Kim et al.，1999）。

(二) 项目式学习的定义和构成要素

项目式学习的定义因学者而异。例如，一些定义侧重项目结果和生产的最终产品（Adderley et al.，1975），而另一些则侧重于项目执行过程中的学习活动或思维过程。项目式学习有以下定义。

·项目式学习是一种学习者在一定时期内自主产生问题，并利用相关知识和经验，根据问题的形式产出具体结果的学习方法（Blumenfeld et al.，1991）。

·项目式学习是一种系统的学习形式，学习者通过长期探索复杂的实际问题并执行任务的过程来学习知识和技能（Buck Institute for Education，2003；Tseng et al.，2013）。

·项目式学习是儿童在整个学习过程中发挥主动性，对话题、题材、问题、争论等进行探究活动后，对探究结果进行呈现，是在创造结果的教育过程中进行学习（Kim et al.，1999）。

由此可见，虽然项目式学习的定义存在着一些差异，但项目式学习的理念用体验型教育思想家杜威的"做中学"（learning by doing）这句话来总结再合适不过了。换言之，项目式学习旨在根据学习者的需求和兴趣，通过经验和反思来学习。

同时，Kim Dae-Hyun 等人根据包括克伯屈在内的学者对项目式学习的看法，将项目式学习分为本质构成要素和附加构成要素，具体划分如下（Kim et al. , 1999）。

1. 项目式学习的本质构成要素

（1）学习者主动参与

在项目式学习中，学习者积极参与整个学习过程。学习者有机会在整个学习过程中行使自己的决策权，并对自己的学习负责。但是，决策权实际上可能受到学习者的年龄、能力、经验以及所处理学科的性质和学习环境等因素的限制。

（2）探究活动与表达活动

在项目式学习中，进行关于主题、题材、问题、议题等的"探究活动"，以及关于结果的"表达活动"。在这里，探究活动是指利用文献研究、实地调查（现场活动和研学活动）、现象实验、志愿者访谈等多种方法对结果进行讨论、分类和组织的活动。表达活动是通过文字、数字、声音、图片、三维物体等表现形式的集合创建书籍、成果、多媒体等，并进行演示、展览、表演等多种方式呈现的活动。

（3）创造成果的教育课程

项目式学习可以看成"创造成果的教育课程"（emerging curriculum）。也就是说，孩子与老师一起进行计划、操作、探究和表达活动，活动的方式有很多种，其发展方向是不断变化的。

2. 项目式学习的附加构成要素

项目式学习的附加构成要素包括参与项目式学习的学生人数、持续时间以及内容组织方式。

（1）参加人数

项目式学习通常以小组形式进行，但在某些情况下，也可能由个别学生、整个班级或全校学生进行。

（2）持续时间

项目式学习需要较长的时间，但视情况而定，也可以在 1—2 小时的短时间内完成。

(3) 内容组织方式

项目式学习的内容或主题通常是跨学科的，但也可以围绕主题内的特定单元进行。

二 项目式学习的过程

项目式学习的过程因实际情况和情境而异，学者们的看法也有所不同。例如，克伯屈系统地建立了项目方法，将其分为四个阶段：设定目标、计划、执行和判断（Kilpatrick，1918）。而 Kim 等则表示它由六个方面组成：准备、确定主题、计划活动、探究并表达、收尾以及评价（Kim et al.，1999）。表6-12 中展示了在学校环境中具有很高使用价值的项目式学习过程。

表6-12　　　　　　　　　　项目式学习的过程

学习过程	Ⅰ. 准备	Ⅱ. 确定主题	Ⅲ. 计划活动	Ⅳ. 探究并表达			Ⅴ. 收尾		Ⅶ. 评价（总概括）
				探究	协商	表达	展示并发表	反思	
学习活动	·决定做项目式学习 ·确定暂定的主题 ·撰写教师暂定的主题网络* ·撰写暂定的资源清单	·确定主题 ·引出儿童的相关主题的经验 ·与儿童一起撰写主题网络*	·确定学习的子主题 ·组织学习活动小组 ·撰写提问清单 ·计划学习活动 ·确保和配置资源 ·发送家长通知书	·文献研究 ——文献资料活动 ·实地调查 ——现场活动 ——研学活动 ——现象实验 ——实验 ——志愿者 ——咨询 ——专家面谈	进行讨论	表达方式： 语言/数字/声音/图片/实物/肢体	·文集（书籍、报纸、杂志、剪贴） ·图片 ·成果 ·多媒体资料（照片、录像资料等）	进行个人以及集体反思	评价方法 ——作品分析 ——逸事记录 ——清单 ——面试 ——家庭调查书 ——社会性测定法
				Ⅵ. 评价（形成）↔					

注：*表示如果是小学可以把标记的部分与教育过程中的各科目教学大纲联系起来。

资料来源：文献（Kim et al.，1999）。

（一）准备

一名教师或一组教师决定进行项目式学习，并初步确定或创建一个主题、主题网络或资源列表。暂定元素在准备后的过程中最终确定。

（二）确定主题

教师和学生共同决定一个话题后，一个教师或一组教师引出孩子对该主题有过的经验（先前经验），并以此为基础，教师和学生共同创建一个主题网络。

（三）计划活动

确定要研究的子课题，组成学习活动小组，并创建问题列表。在这种情况下，可以在两种方法之间进行选择。一种是全班决定一个子题目，根据每个子题目组成一个小组，每个小组写一个问题清单。另一种方式是全班决定一个子题目，为每个子主题写一个问题列表，然后按子题目组成一个小组。

在编辑完问题列表和小组后，制订全班学习活动计划和每个小组的学习活动计划。此外，制定必要的资源清单，获取并置办资源。为了获取外部资源，也可以提出合作。

（四）探究并表达

探究、协商和表达的活动相互关联并同时发生。探究活动包括四种类型：文献研究、实地调查（现场活动和研学活动）、现象实验和志愿者访谈。协商包括小组成员个人的自我反思（self-reflection）活动和收集小组成员意见的活动，并呈现在探究或表达的计划、过程和结果中。表达是关于探究的计划、过程和结果的活动，可以使用语言、数字、声音、图片、实物、肢体等多种表达形式。

（五）收尾

探究、协商和表达的产物可以是文集（书籍、报纸、杂志、剪贴等）、图片、成果（包括组成部件）、多媒体资料（照片、音频资料、视频资料等）等多种形式。收尾活动是将以上活动创造的结果以各种形式呈现给教师、父母或当地社会人士的活动，这些活动可以是演讲、展览和戏剧活动等。

（六）评价

评价包括两个活动：形成性评价和总结性评价。形成性评价的作用是调查、审查和控制项目式学习的过程是否朝着项目式学习的总体目标以及每个要素的活动目标方向发展。总结性评价通过工作分析、逸事分析、个人和群体反思、清单、社会性测试、访谈、填写家庭调查书等多种方式检查学习成果，对项目式学习的整个过程进行判断。

另外，在课堂上使用项目式学习时，教师一般需要遵守以下四个教学指南。

- 将值得学习的话题和内容呈现给学生，引导他们沉浸在其中。
- 应在适当的时候为学生提供必要的材料和支架。
- 管理学生，使他们对自己或团队的项目有使命感和责任感。
- 要以适当标准给项目式学习过程和成果提供评价和反馈。

三 项目式学习与设计思维

最近，在项目式学习、解决问题式·参与式授课方式中结合设计思维（design thinking）的改革开展得如火如荼。设计思维是一种创新的方法论，它通过对人和物体的观察，从以人为本的角度来解释问题，清晰地定义问题，将想法可视化，快速构建原型并反复测试。传统的项目式学习过程主要集中在问题定义、想法设计和产出结论的活动上，而设计思维则是通过"认同、定义问题、构思、制作原型和测试"等过程来进行（见图6-5）。

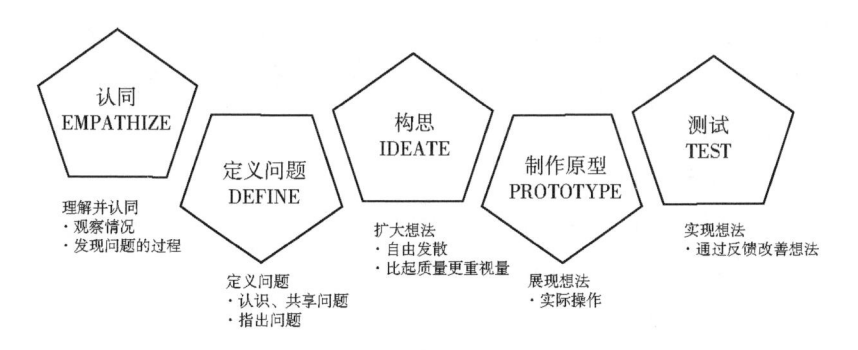

图6-5 设计思维

（一）认同（empathize）

认同是通过共鸣观察主体的位置和他所处的情况来发现问题。对于共鸣，最合适的做法是亲自与对象见面并与他们逐一交谈。提前计划好观察什么是重要的，观察时捕捉重要的时刻并就自己所看到的内容提出问题。例如，根据情况问问自己为什么关心他或他意味着什么。如果亲自见面很困难，可以创建一个虚拟角色（persona）并花时间全面理解以产生共鸣感。

（二）定义问题（define）

定义问题就是通过弄清楚所谓的"真正的问题"（real problem）是什么。在这个阶段，重要的是要区分表面现象和背后的真正原因。通过基于实地观察、事实和证据的充分讨论，可以发现一个真正有价值的问题。尽量用简洁的句子来表达所讨论的对象、需求（needs）和必要价值。

（三）构思（ideate）

构思就是为用户探索不同的解决方案。有必要在不关注特定概念或成果的情况下广泛地发散思维。在这个阶段，经常使用头脑风暴（brainstorming）或书面头脑风暴（brainwriting）来快速产生想法。此外，可以利用逻辑树、阶石法、关联的方法从问题的定义上逐步展开。

（四）制作原型（prototype）

原型是一个未完成的模型，它为用户提供体验，并使他们能够通过具体和直观地表达抽象概念来进行交互。原型应该以尽可能比较低的成本快速产生。有许多不同类型的原型，但大多数情况下它们表达的是形状、形式、操作、感观或体验。

（五）测试（test）

测试意味着通过为用户提供使用原型的机会来尝试改进和优化解决方案。因为是从实际用户的情境中检查完成度较低的原型，所以对否定性、批判性的评价采取开放性的态度非常重要。

如果将上面说的设计思维用于问题解决的课程，例如问题导向学习或项目式学习，它具有很好的教育效果，因为它可以单独分析表象问题背后的真正问题。如果我们可以通过关注学习者可能忽略的问题背后的原因来重新定义真正的问题，那么我们将获得比任何其他解决方案都更

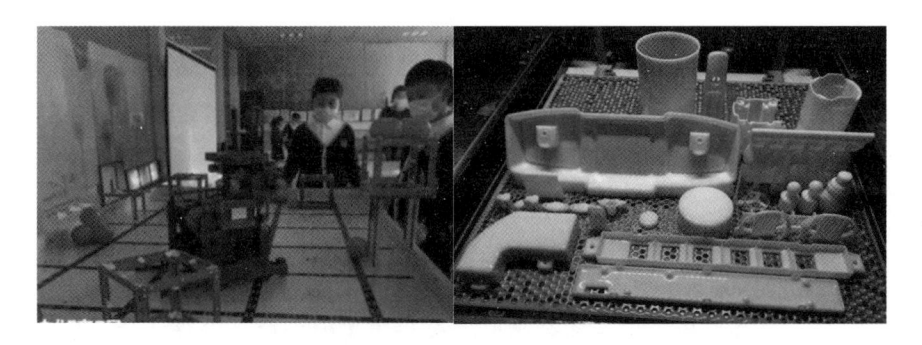

图 6-6 "制作原型"示例

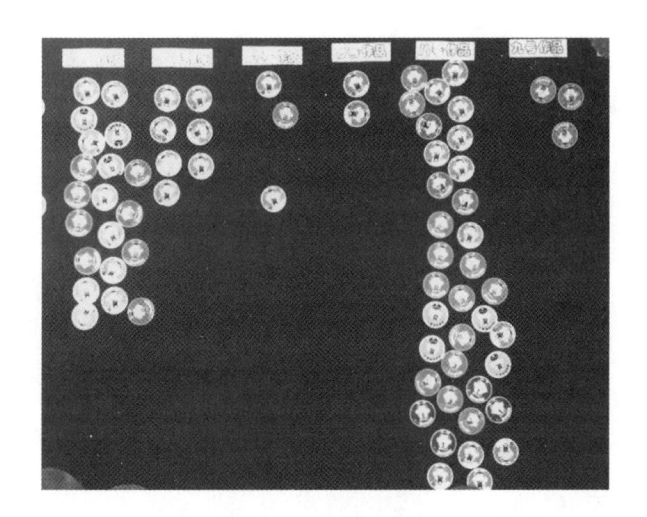

图 6-7 测试示例

重要的学习体验。正如设计师通过观察客户、观察问题情况和站在使用者的角度来了解他们的需求和动机一样,识别真正的问题并定义问题是解决问题过程中最重要的起点。如果将设计思维应用到项目式学习中,解决问题的过程和结果将更加系统化。

> **练习和探究问题**
>
> 1. 在中小学找到一个问题导向学习的应用案例，分析该案例是否正确地体现了问题导向学习的设计原理。
> 2. 确定讨论·辩论的主题后，编写详细的教案。
> 3. 为项目式学习设定一个主题，并提出可以将设计思维结合在一起的行动计划。
> 4. 讨论当你成为一名教师时，你想运用哪种以学习者为中心的教学方法实施课程，并解释原因。

参考文献

구정화 (2019). 2015 개정 사회과교육과정에 제시된 토의·토론법의 과정중심평가 실행방안 논의. 시민교육연구, 51(3), 1-24.

김대현, 왕경순, 이경화, 이은화 (1999). 프로젝트기반학습의 운영. 서울: 학지사.

박삼열 (2012). 토론식 수업에서의 교수자 전략. 교양교육연구, 6(4), 237-262.

엄경흠, 엄이섭 (2016). 고등학교 국어 토의·토론 교수-학습의 방법 연구. 123-158.

유승희 (2000). 프로젝트 수업의 이론적 배경. 열린교육연구, 8(2), 91-100.

전성수, 양동일 (2014). 질문하는공부법, 하브루타. 라이온북스.

정문성 (2004). 토의·토론수업의 개념과 수업에의 적용모델에 관한 연구. 열린교육연구, 12(1), 147-168.

정문성 (2013). 토의·토론 수업방법. 파주: 교육과학사.

조연순 (2006). 문제중심학습의 이론과 실제. 서울: 학지사.

조연순, 우재경 (2003). 문제중심학습(PBL)의 이론적 기초. 교육학연구, 41(3), 571-600.

조용개, 심미자, 이은화, 이재경, 손연아, 박선희 (2009). 성공적인 수업을 위한 교수전략. 서울: 학지사.

최정임, 장경원 (2015). 문제중심학습으로 수업하기. 서울: 학지사.

Barrows, H. S. (1985). *How to design a problem-based curriculum for the preclinical years*. New York: Springer Publishing Co.

Barrows, H. S. (1988). *The tutorial process* (3rd ed.). 서정돈, 안병헌, 손희정 (역), 하워드 배로우스 박사의 튜터식 교수법. 서울: 성균관대학교 출판부.

Barrows, H. S., & Myers, A. C. (1993). *Problem-based learning in secondary schools.* Unpublished monograph. Springfield, IL: Problem-Based Learning Institute, Lanphier High School and Southern Illinois University Medical School.

Blumenfeld, P. C., Soloway, E., Marx, R. W., Krajcik, J. S., Guzdial, M., & Palincsar, A. (1991). Motivating project-based learning: Sustaining the doing, supporting the learning. *Educational Psychologist, 26* (3), 369–398.

Bransford, J. D., Franks, J. J., Vye, N. J., & Sherwood, R. D. (*1989*). New approaches to instruction: Because wisdom can't be told. In S. Vosniadou & A. Ortony (Eds.), *Similarity and analogical reasoning* (pp. 470–495). Cambridge, NY: Cambridge University Press.

Brown, A. S., & Palincsar, A. S. (*1989*). Guided, cooperative learning and individual knowledge acquisition. In L. B. Resnick (Ed.), *Knowing, learning, and instruction: Essays in honor of Robert Glaser* (pp. 393–444). Hillsdale, NJ: Erlbaum.

Buck Institute for Education (*2003*). *Project based learning: A guide to standards-focused project based learning for middle and high school teachers* (2nd ed.). Oakland, CA: Wilsted & Taylor.

Cognition and Technology Group at Vanderbilt (CTGV) (*1992*). The Jasper experiment: An exploration of issues in learning and instructional design. *Educational Technology Research and Development, 40* (1), 65–80.

Collins, A. (1990). Reformulating testing to measure learning and thinking. In N. Frederiksen, R. Glaser, A. Lesgold, & M. G. Shafto (Eds.), *Diagnostic monitoring of skill and knowledge acquisition* (pp. 75–87). Hillsdale, NJ: Lawrence Erlbaum Associates.

Collins, A. (2005). Cognitive apprenticeship, In R. Keith Sawyer (Ed.), *The Cambridge handbook of the learning sciences* (pp. 47–60). Cambridge University Press.

Collins, A. S., Brown, J. S., & Holum, A. (1991). Cognitive apprenticeship: Making thinking visible. *American Educator, 15* (3), 6–11,

38 – 46.

Duffy, T. M., & Cunningham, D. (1995). Constructivism: Implications for the design and delivery of instruction. A draft for the chapter in Jonassen (Ed.), *Handbook of Research on Educational Communication and Technology*, New York: Scholastic.

Lave, J. & Wenger, E. (1991). *Situated Learning: Legitimate peripheral participation.* Cambridge: University of Cambridge Press.

Lave, J. (1988). *Cognition in practice.* Cambridge: University of Cambridge Press.

Savery, J. R. (2006). Overview of problem-based learning: De? nitions and distinctions. *Interdisciplinary Journal of Problem-based Learning*, *1* (1), 3.

Schank, R. C. (1992). *Goal-based scenarios.* http://cogprints.org/624/1/V11ANSEK.html.

Schn, D. A. (1987). *Educating the reflective practitioner: Toward a new design for teaching and learning in the professions.* San Francisco.

Smith, M. K. (1999). *The social/situational orientation to learning.* The encyclopedia of informal education. http://infed.org/mobi/the-socialsituational-orientation-to-learning.

Smith, M. K. (2009). *Jean Lave, Etienne Wenger and communities of practice.* The encyclopedia of informal education. http://www.infed.org/biblio/communities_of_practice.htm.

Spector, J. M. (2015). *Foundations of educational technology: Integrative approaches and interdisciplinary perspectives* (2nd ed.). Routledge.

Tseng, K. H., Chang, C. C., Lou, S. J., & Chen, W. P. (2013). Attitudes towards science, technology, engineering and mathematics (STEM) in a project-based learning (PjBL) environment. *International Journal of Technology and Design Education*, *23*, 87 – 102.

Wenger, E. (1999). *Communities of Practice. Learning, meaning and identity.* Cambridge: Cambridge University Press.

Wenger, E. (2007). *Introduction to communities of practice.* http://wenger-trayner.com/introduction-to-communities-of-practice.

附表 5   **第六章引用文献对照**

	对应韩文
（Koo, 2019）	구정화 (2019)
（Kim et al., 1999）	김대현, 왕경순, 이경화, 이은화 (1999)
（Park, 2012）	박삼열 (2012)
（Eom, Eom, 2016）	엄경흠, 엄이섭 (2016)
（Yu, 2000）	유승희 (2000)
（Jeong, 2004）	정문성 (2004)
（Jeong, 2013）	정문성 (2013)
（Cho, 2006）	조연순 (2006)
（Cho, Woo, 2003）	조연순, 우재경 (2003)
（Cho et al., 2009）	조용개, 심미자, 이은화, 이재경, 손연아, 박선희 (2009)
（崔廷任等, 2015）	최정임, 장경원 (2015)
（Jeon, Yang, 2014）	전성수, 양동일 (2014)

第七章

教学资料开发

今年已经是林老师在高中担任历史课教师的第五年了，林老师总是能听到学生抱怨历史课又难又无聊。为了帮助学生备战高考，林老师主要利用教材和练习册进行教学，但是课堂上总能看到学生打瞌睡或是做其他事情。尽管林老师偶尔会讲一些有趣的故事来吸引学生的注意力，但依旧感到这种方法起到的效果很有限。林老师也曾经尝试过一些新的教学方法来提高课堂效果，也试过利用 Youtube 等视频网站上的视频资源来激发学生的学习兴趣，刚开始学生的反应还不错，但由于反复使用资料，到了后期，学生的注意力开始下降。同时，由于视频网络连接不稳定、视频时间过长等，出现了占用课堂时间等问题，林老师逐渐对自己的教学方式产生困惑，希望能了解更多有效使用媒体的方法。

本章以林老师的案例为中心，了解课堂上有效使用教学媒体的原理和方法，并探究在利用教学媒体时，选择资源和开发资源的原理。

> **目 标**
>
> 1. 根据教学目标和学习内容选择合适的教学媒体。
> 2. 根据教学需要设计制作教学媒体资料。
> 3. 根据教学媒体使用方法适当运用媒体。

第一节　教学媒体的理解

为了有效利用教学媒体，首先需要掌握教学媒体的特征，并且需要了解教学媒体的特征引发的学习效果。本节将介绍教学媒体的定义、特征和种类，以及在课堂上如何合理地选择并使用教学媒体。

一　教学媒体的定义

媒体（media）的复数形式为"medium"，指沟通的通道。"medium"一词来自拉丁语"mdedius"，在拉丁语中意为两者之间（between）。因此媒体被定义为连接沟通的信源（sender）和信宿（receiver）之间的媒介或是传达装置，其中包括影片、电视、图表、印刷材料、电脑等。当媒体应用于教学内容的传达时，则称之为教学媒体。使用媒体的基本目的是将必要的信息进行有效的传达从而促进沟通。因此教学媒体的定义是为了有效达成教学目标，利用各类媒介手段来帮助教师和学习者、学习者和学习者之间进行必要的沟通。

教学媒体具有技术性属性、内容性属性、情境性属性以及抽象性属性（Kwon，1990），各个属性之间有着密切的联系，共同影响着使用媒体的教学情境。下面将详细介绍教学媒体的四种属性。

第一，技术性属性是指构成媒体的材料及设备的属性，影响着信息传递的方式。例如，收音机、电视等都通过电波传递信息，而录像机、录音机、投影仪等通过设备来传递信息。随着技术的发展，技术性属性成为新型媒体出现的原因，根据情境和地点所选择的媒体及其产生的效果都有所不同。例如，选择使用电视或者投影仪会影响媒体的传播范围和学生课堂参与度。又或者，如果使用电脑和电视，其空间的利用和交互性也都有所不同。因此，媒体的技术属性包括新的传递方式和内容，这对课堂上使用不同教学方法所产生的效果也有很大的影响。

第二，内容性属性是指媒体的效果不只取决于媒体自身的技术性属性，也因媒体传递的内容而有所不同。例如，根据电视或电脑传递的内容的差异，媒体可以成为有效的教学媒体，也可能变为对青少年生活有害的媒体。同时，无论是多么好、多么新的媒体技术，传递的内容设计不佳时，其效果往往没办法达到预期。然而不同的媒体传递同样的内容，其效果也会不同。因此为了有效沟通，应考虑到传递内容的设计和媒体特征的不同带来的不同效果。

第三，情境性属性指信息传递的社会环境对媒体效果造成的影响。即使是相同的媒体传递相同的内容，也会因为媒体应用的情境不同而导致沟通的效果不同。关于电视学习有效性的相关研究显示，当妈妈和孩子一同观看电视时，其学习效果更好；在教室里，相比只有学生们自己观看视频或幻灯片，教师与学生一同观看并解释说明则更有助于学生的学习。

第四，抽象性属性是不同媒体传递内容时所使用的文字、语音、符号及语言等特定的象征体系。象征体系是决定媒体特性的最重要的属性，相同的内容可以使用不同的象征体系来表达。象征体系分为直接表达事物的实物系统、以图片形式表达的影像系统以及借助舞蹈和动作表达的运动系统，由于使用不同的象征体系，其传递信息的效果也会有所不同。例如，将"吸烟有害健康"的内容用语音说明与用影像来表达吸烟对身体的危害时，虽然这两种象征体系传递的是同样的信息，但是对于心理上的影响是有一定差异的。

媒体的属性能够帮助我们更好地理解媒体，同时也对媒体应用的方式和学习效果产生影响。

二 教学媒体的作用

教学媒体的作用是进行正确且有效的教育沟通。教学行为和学习行为都可以看作一种分享的过程，而教学媒体正是帮助这一分享过程的传达手段。香农（C. Shannon）和施拉姆（W. Schramn）的信息传播模型恰好体现了这一过程（见图7-1）。

沟通是在创建信息的信源和接受信息的信宿之间发生的现象。沟通的过程中，信源将要传达的知识、技术或价值以语言、非语言或视听觉的形态表达出来，而信宿则解读这些符号，理解并输出意义。此时，信息通过沟通的通道传达，而这一通道即是媒体。

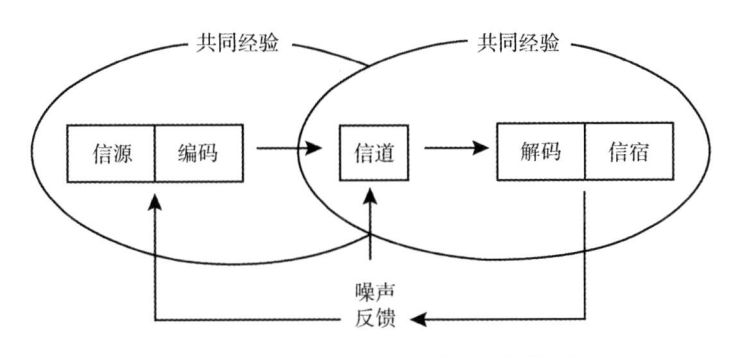

图 7-1 香农和施拉姆的信息传播模型

资料来源：文献（Shannon, Schramm, 1964）。

媒体运用各种视觉、听觉、视听觉等象征体系传达信息，根据使用不同的象征体系，信息的意义和准确度都会有所差异。其中，噪声是影响信息准确度的因素之一。噪声不仅包含由于教室环境和班级规模等产生的物理噪声，也包括信息或媒体的准确度、适宜度等心理性噪声。因此，噪声最小化意味着形成好的沟通，从而达到学习效果的最大化。作为信息接收者的学生通过感知接收、解读和评价信息，对信源提供反馈。教师可以通过学生的反应，调整信息投入，减少或消除错误解读，抑或减少甚至消除系统内噪声的妨碍。

然而随着最新技术的发展，看待教学媒体的观点也发生了变化。教学媒体的概念由简单的内容传播手段，变为学习者解决问题或促进学习的工具。这样的变化也体现为"从技术中学习"（learn from IT）到"用技术学习"（learn with IT）的变化（Howland, Jonassen, Marra, 2014）。传统的教学媒体被视为辅助教师沟通的手段，在媒体内载入记录信息，将信息展示给学生从而达成信息的传递。然而随着电脑和最新技术的发展，技术被视为可以促进学生学习的手段和工具。这样的变化也促使对媒体的研究发生变化，这类研究从强调媒体的技术性属性或是对媒体信息设计的研究，转变为探究如何有效运用媒体。有关如何从认知工具角度看待媒体的观点，将在第八章和第九章以技术为中心进行详细的讨论，而本章主要讨论的内容为传统媒体的特征。

三 教学媒体的分类

教学媒体有多种分类,对教学媒体进行分类,不仅可以拓宽对教学媒体的理解,还可以了解各类教学媒体的特性,有助于将这些特性合理地运用到教学中。教学媒体的分类标准有很多,可以根据不同的学者流派或根据不同使用目的等进行分类。一般最常见的分类有霍本(C. Hoban)和戴尔(E. Dale)的分类、根据象征体系的分类以及根据数据属性的分类。下面将针对三种常见分类进行探讨。

(一)霍本和戴尔的分类

霍本是最早提出教学媒体分类标准的学者(Hoban,1937)。他认为视听资料的价值取决于如何将抽象内容具体表达,因此霍本根据事实性的程度将视听资料进行分类。根据他的分类标准,见学或是实物、模型都属于具体媒体,而地图、图表、语言则属于抽象媒体(见图7-2)。霍本主张离事实越近的媒体信息传达的准确度越高,抽象程度越高的媒体越难理解。

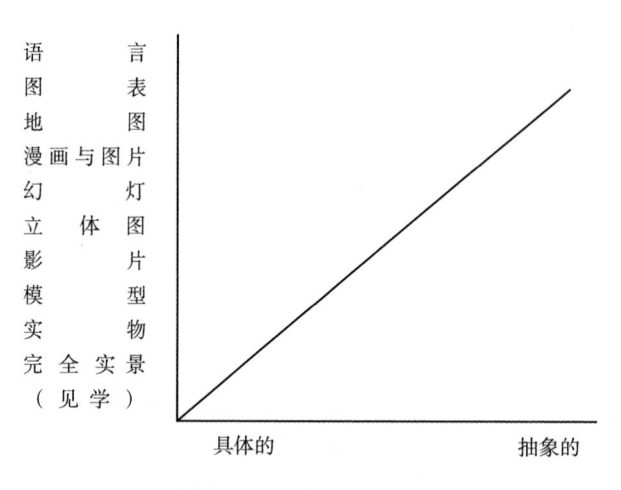

```
语    言
图    表
地    图
漫画与图片
幻    灯
立 体 图
影    片
模    型
实    物
完 全 实 景
( 见 学 )
          具体的            抽象的
```

图7-2 霍本的媒体分类

戴尔补充和完善了霍本的模型,提出了"经验之塔"模型(Dale,1969)。在"经验之塔"中,学习者开始是通过实际参与的经验学习,然后通过观察实际事件或载于媒体中的媒介事件进行学习,最后通过象征性的符号进行学习。戴尔的这一模型将学习类型分为依据行为的学习（做的经验）、通过观察的学习（观察的经验）、通过推理的学习（抽象的经验）三种类型，这一区分与认知心理学家布鲁纳（J. Bruner）的分类一致。

（二）根据象征体系的分类

根据象征体系分类的方法也是广泛使用的一种方法。这种方法主要依传达媒体内容的象征体系，将媒体分为视觉媒体、听觉媒体、视听媒体和交互媒体。

视觉媒体是指将内容依附于视觉方式呈现的媒体。视觉媒体分为投影媒体和非投影媒体。投影媒体主要利用电或光进行投影，幻灯片和投影仪（Over Head Projector，OHP）都属于这一类型，投影媒体可以放大图片或字体，让人们更容易观察其内容；而非投影媒体包括实物、模型、照片、图片等。

听觉媒体主要指使用象征听觉的体系传递信息的媒体，像广播、录音机等都属于听觉媒体。

视听媒体指同时通过视觉和听觉的刺激传递信息的媒体，录像机、电视等都属于视听媒体。事实上，将视觉媒体和听觉媒体进行结合，即可以达到视听媒体同等的效果。例如，在使用录音媒体播放的同时展示幻灯片材料，即可获得视听媒体的效果。视听媒体的另一个特征是，它展示的不是静态的图片或者照片，而是动态的视频。在强调动态性的时候，又可以将媒体分为静态媒体和动态媒体。多媒体就是强调同时具备视觉、听觉、视听觉的所有媒体特性的用语。

交互媒体强调媒体与用户的交互性，主要指与电脑相关的媒体。这类媒体不仅可以传递信息，还能感知学习者的反应，并对反应提出反馈或结果，如计算机辅助教学（CAI）、交互式视频、多媒体、双向电视等都属于交互媒体。一般来说，电脑是最典型的交互媒体。建筑师们可以通过模拟实验程序利用蓝图将建筑图片影像化。这种与电脑的交互性成为扩充我们能力和想象力的工具。

（三）根据数据属性的分类

媒体可以根据传递的数据属性分为模拟媒体和数字媒体。通常电脑发明之前使用的传统媒体属于模拟媒体，而以电脑为基础的新媒体属于数字媒体。

模拟媒体中媒体传递的数据属性为模拟形态。模拟是类似电压或电流、电波等连续性变化的物理量，指将自然生成的波长还原成原状。因此，电视、广播、录音机等传统视听媒体都属于模拟媒体。

相对于模拟媒体，数字媒体则是以传递的数据属性为数字形态的媒体，指以电脑为基础的全部媒体。数字（digital）一词来源于拉丁语"digit"，原意是手指的意思，意义是指相比以形态表达的模拟，用数字来表达信息更加明确。在数字媒体中，所有的信息都使用0和1的二进制法来表达，因此可以准确地用数字理解信息。电脑、数码相机、数字视频、数字电视、互联网等最近出现的新媒体，大部分都是通过电脑进行数据的储存与制作，这些都属于数字媒体。

四　使用教学媒体的必要性

可能大部分人在使用教学媒体之前都会有以下疑问：课堂上一定要使用教学媒体吗？为什么要使用教学媒体？使用教学媒体有什么优势？使用教学媒体的必要性大致可以从以下三个方面加以说明。

（一）具体经验与抽象经验

布鲁姆的教学理论提出，教学中应该从直接经验开始，然后从图片、影片等影像表达到语言等抽象性表达的顺序为学习者提供信息。直接经验或影像表达比语言等抽象性的表达更加准确，更加易于理解。根据布鲁姆的理论，学习者使用资料的顺序对于掌握教学内容有着直接影响。也就是说，没有直接经验的学习者很难理解抽象的概念。因此，提供给学习者充分的直接经验是非常重要的。

前文提到的霍本和戴尔的模型也强调了具体经验的重要性。在他们的模型中，媒体的分类也是按照由具体到抽象的顺序划分的，累积具体经验或观察经验是为了理解抽象概念。这一原理不仅适用于儿童，也同样适用于所有的学习者。因此，在教学设计中分析学习者的经验水平，并提供相应的经验形态十分重要。

教学媒体在提供具体经验方面扮演着重要的角色。语言是很抽象的形态，只提供语言信息时，学习者很难理解；但是使用教学媒体，可以提供图表或图片、实物的形态或动态、声音等类似于实际的具体经验，从而帮助学习者理解信息。

另外，经验的具体程度会受到时间的限制。根据戴尔的模型，越抽象的媒体，越能在短时间内压缩更多的信息。学生直接体验或是实体考察所花费的时间比观看电影、视觉资料以及语言信息资料要多。通过观看电影或影像，可以在较短的时间内获取类似于直接经验的经验。因此，教师需要对信息的本质及教学目标、所需时间等进行综合考虑后，选择使用合适的教学媒体。

（二）引起注意和激发动机

教学媒体可以引起学习者的注意，诱导情感反应，从而激发学习者的学习动机（Heinich et al., 2002）。在展示相同内容和信息的资料时，比起通篇只有文字，插入适当的图片和照片更能引起学习者的注意和学习兴趣。此外，相比听觉的刺激，大部分学习者对视觉的刺激更为敏感。当然，同时提供视听刺激的话，效果会更好。例如，在讲授关于环境污染的内容时，比起直接进入讲授具体的学习内容，先观看有关环境污染现状的投影资料、幻灯片或视频等，更能激发学习者的注意和兴趣，效果更好。

（三）促进理解

教学媒体可以用多种形式表达信息，从而能够促进理解。使用语音或者文字信息结合视觉资料时，信息将以多种多样的形式呈现。对学生来讲，对于那些使用语音的方式没能理解的内容，这一举措提供了用视觉方式理解的机会。因此，可以通过这种方法来尽可能减少在沟通中出现的误会或失误。

多样的信息表达最大地压缩了学习者需要处理信息的量，从而有效地促进了学习。这一原理可以通过双重编码理论（Dual-coding theory）和认知负荷理论（Cognitive load theory）来解释。

根据双重编码理论，负责信息处理的工作记忆（working memory）分为视觉信息和语言信息两个通道（Paivio, 1971）。每个通道每次处理信息的量有限，所以在接收信息时，同时使用两个通道比使用一个通道更能减少认知负荷（cognitive load），有助于简化处理信息。因此，相比只使用语言进行说明，使用媒体结合视觉材料的方法可以将学习效果最大化。

但是，如果信息容量超出每个通道可以接受的范围，那么就会引起认知负荷超载，从而妨碍学习。因而在设计多媒体资料时，需要采取可以将两个通道的认知负荷最小化的设计策略（Baddeley，Mayer，2001；Mayer，Moreno，2003）。例如，如果使用语音和文字同时提供学习材料，负责语言信息的通道就会发生超量的认知负荷，所以将语音和视觉信息的图片共同呈现，其学习效果更好。

第二节　教学媒体的选择和使用

选择合适的教学媒体需要综合考虑诸多因素。本节主要介绍在选择媒体和使用媒体的过程中，最具代表性的经典模型——ASSURE 模型。虽然 ASSURE 模型是教学设计模型，但是模型中媒体的选择与使用阶段详细介绍了如何选择和使用媒体，因此也被用作媒体使用模型。在 ASSURE 模型中，强调了媒体的选择与使用不仅要考虑媒体的特征，而且需要对教学目标、学习内容、教学方式等多种教学设计因素进行综合考虑。

（一）分析学习者

使用教学媒体进行教学设计的第一个阶段是分析学习者特征。分析学习者特征大致需要考虑一般特征、初始能力、学习风格三要素。

第一个要素是一般特征，包括年龄、年级、工作或职位、文化和社会经济因素等广泛的因素。例如，考虑教学对象是小学生、初中生抑或是教师团体、教会的青年团体等。第二个要素是初始能力，需要确认教学对象是否具备学习课程内容所需要的知识和技能。第三个要素是学习风格，即需要考虑教学对象的焦虑程度、倾向、视觉或听觉喜好、动机等心理因素。

（二）陈述目标

第二阶段是尽可能详细地阐明教学目标。教学目标可以参考教材、教案、教学指南等，也可以由教师直接设定。教学目标要以"通过课程学习，学生可以做什么"的方式陈述。例如，把教学目标设定为"可以提高学生的数学能力"。显然，这样的陈述并不是很具体。如果重新阐明这一目标，可以说"使学生可以区别自然数和小数"。

同时，最好的方式是为学生提供体现目标行为的条件和达成目标的标准。例如以下陈述，"学生应在 10 个两位自然数减法问题中答对 8 个以上"。

（三）选择媒体和资料

根据教学对象设定了目标，就可以视为确定了起点（学习者知识、技能、态度）和重点（目标），而选择适当的教学方法和媒体并决定所要使用的资料正是连接这两个点的桥梁。所有的资料并不需要教师自己开发，教学资料可以从以下三种方式中选择：(1) 选择可利用的资料；(2) 修订已有的资料；(3) 设计和开发新的资料。

选择资料时最好设立选择的标准，选择一般资料时运用的标准可以参考以下几个问题（Heinich et al., 2002）。

(1) 资料与课程是否一致？
(2) 资料是否正确，是否是最新的？
(3) 资料内容是否使用了正确的、简洁的语言？
(4) 资料是否能激发并且维持学习者的兴趣？
(5) 资料是否能引导学习者参与？
(6) 技术质量是否良好？
(7) 是否具备资料有效性的证据（如现场检验结果）？
(8) 是否存在有意的偏见或带有广告性质？
(9) 是否包含用户使用说明？

（四）使用媒体和资料

选择、修订或设计教学资料之后，需要针对如何使用这些资料制订计划。使用媒体和资料的过程可以分为预览资料、准备资料、准备环境、让学习者做好准备、提供学习经验五个阶段。

1. 预览资料

提前确认教学资料，不可以没有经过预览就直接使用教学资料。因为有可能会突然出现意想不到的视频而导致惊慌失措，也有可能会因为图片或画面不清晰而导致教学效果不佳。因此，教师必须亲自预览所有教学资料的内容。只有教师充分了解其内容，才能充分有效地运用教学资料。

2. 准备资料

教师需要按照计划为教学活动准备必要的媒体和资料。准备所有需要的资料，要决定使用媒体的顺序和方法。同时计划好在使用这些资料时，教师需要做什么以及学生需要做什么，并且填写教学所需的资料和器材的清单。

3. 准备环境

为了在教学地点顺利使用媒体，需要提前准备合适的环境。检查教室里是否有电源或插排，是否具备适宜的照明或遮光设备，是否配置了需要使用的媒体。同时，检查学生使用的设备是否能够正常启动，所有学生的座位安排是否都可以清楚听到和看到媒体。

4. 让学习者做好准备

学习者的准备情况不同，教学效果也会有所不同。也就是说，学习者需要对课程充满期待且产生学习动机。为此，教师需要介绍有关教学内容的概要，阐述学习目标以及提示学生需要注意和集中学习的内容等。

5. 提供学习经验

做好全部准备后，就可以使用教学媒体进行授课了。如果资料是以教师为中心的授课形式，那么就需要借助讲授等方式展示资料；如果资料是以网络为基础的、以学习者为中心的授课形式，那么就需要帮助学生使用网络进行主题探究和讨论。

（五）要求学习者参与

有效的教学媒体运用课程要求学习者主动参与。课堂上在学习者处理知识或使用技能时，一定要对学习者的努力提供适宜的反馈。对此最有效的方法就是在学习过程中，给予针对学习内容进行练习的机会，如对新的拼写或词汇的练习、解数学题、练习体育项目等。在任何情况中，学生都应获得对于自身行为的反馈。反馈可以由教师提供，也可以由同伴提供，或通过电脑等媒体呈现。

（六）评价与修订资料

教学结束后，需要评价教学效果和影响。为了掌握全面的结果，需要对整个教学过程进行评价。评价的内容不仅要包含学生是否达到教学目标的成绩评价，还需要对教学方式是否合适、教学媒体是否有助于教学目标达成，以及所有学生对使用媒体是否合理等有关教学方法和媒体的评价。如果预期和实际间存在差距，那么下一次就应适当调整教学计划。

第三节　教学资料设计原理

选定要使用的教学媒体后，要筛选或制作相应的教学资料，并合理地使用教学媒体。选择合适的教学媒体，根据其特征合理运用，并有组织性地设计教学资料，这有助于促进学生的学习。然而设计不当的教学资料，不仅会降低媒体的效果，还会增加学习的负担。因此本节将根据媒体的种类，讲述有效设计教学资料的基本原理。

一　视觉资料的设计原理

视觉资料的范围非常广，包括简单的印刷材料，以及幻灯片、视频、多媒体等。相比只提供文字资料，适当结合使用视觉资料更有助于信息传递。

在设计视觉资料之前，决定"为什么"和"怎样使用信息"是十分重要的。大部分情况下，视觉资料是有助于学习的；然而在某些情况下，视觉材料也会妨碍学习或歪曲信息。因此在设计视觉材料时，要考虑以下几点因素。

（一）内容

用于教育的视觉资料必须与传递的信息有关联。如果使用的图片或照片与传递的内容无关，反而会因为分散学生的注意力降低学习效果。

（二）真实性

所有的视觉资料都具备一定的真实性，但是它们的真实程度不一样。从图 7-4 可以看出，漫画、图片以及照片具有不同的真实性程度，真实性程度越高越接近实际。视觉资料的真实性程度过低或过高，都可能妨碍学习过程中的沟通。如果真实性程度过高，学生在区分实质性的学习线索时可能会遇到一定的困难。因此，比照片真实性低的图片或插画可能更便于沟通。

图 7-4 漫画、图片、照片的真实程度对比

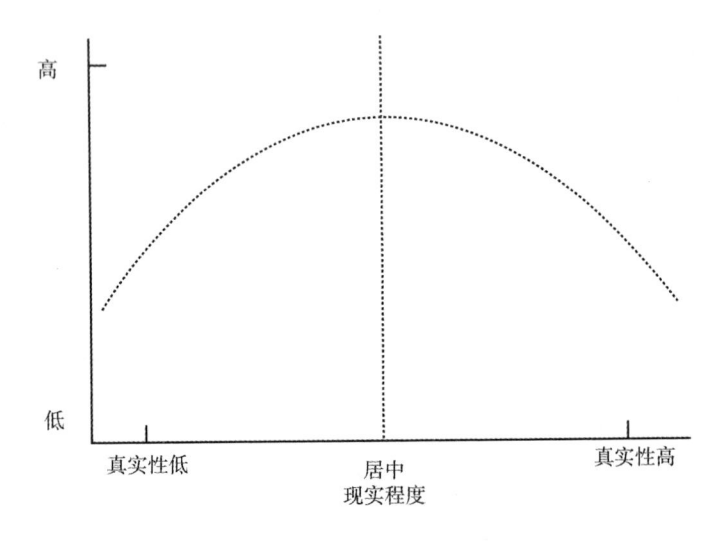

图 7-5 真实性程度说明

资料来源：文献（Heinich et al.，2002）。

（三）复杂性

一份视觉资料所传递的信息应该具备沟通过程需要的适当水平的复杂性。太过详细或复杂的资料可能会引起学习者在理解内容的时候产生混乱，或者降低学习者的兴趣。因此在出示图片时，只需要保留必要的因素，删除其他不必要的因素。复杂性的适宜水平，根据学习内容、学习者、学习目标及视觉资料形式的不同而有所差异。

如果需要展示详细的信息，使用多张图片要比使用一个承载很多信息的视觉资料更加有效。例如在使用幻灯片时，相比将所有内容全部放入一张幻灯片，不如分多张幻灯片呈现其内容，效果会更好。

（四）颜色

虽然颜色对于学习效果的影响并不大，但是相比白底黑字的资料，学习者更倾向于带色彩的资料。因为适当的颜色搭配，可以激发学生的兴趣并使其集中注意力。在使用带有颜色的资料时，需要注意以下几点。第一，通常利用颜色强调重要的因素或信息。但是，使用过多的颜色反而会分散注意力并引起混乱，因此要避免使用过多的颜色种类。第二，颜色的选择要符合学习者特征。例如，针对儿童的资料，比起灰暗的冷色系，他们更喜欢鲜艳明亮的颜色。第三，使用颜色时，要考虑颜色的一致性。最好在相同主题或事物上使用一致的颜色。没有一致性的颜色，反而会带来混乱。

二　多媒体资料的设计原理

多媒体资料指为学习提供的语言与图片同时呈现的资料（Mayer, Moreno, 2003）。在多媒体资料中，语言可以用文字表达，也可以用配音的方式呈现。图片可以是图标或照片等静态的形式，也可以是动画、视频等动态的形式。为了说明事物操作原理而带有说明的电脑动画就是一种典型的多媒体资料。近期随着数字学习的普及，将教师的语音结合幻灯片资料做成的视频也是一种常见的多媒体资料。

提供多样信息形式的多媒体资料能够提升学习效果，而学习者需要同时处理多种信息也可能导致认知负担（认知超负荷）。因此有效的多媒体资料设计需要考虑减少学生认知负担，这一原理即认知负荷理论（Mayer, Moreno, 2003）。

认知负荷是指工作记忆储藏或处理信息时所需要的精神努力的总量。认知负荷理论将认知负荷分为内在认知负荷、外在认知负荷和关联认知负荷三种类型（Sweller, 1988；1994）。

内在认知负荷（intrinsic cognitive load）是指学习资料或任务本身的难易度和复杂性。外在认知负荷（extraneous cognitive load）并非学习任务本身的难易度，而是设计不佳或错误的教学方法导致的认知负荷。关联认知负荷（germane cognitive load）是指知识构建所需要的认知努力，即与学习相关的精神努力。

认知负荷理论的基本观点是，由于人的工作记忆（working memory）容量有限，要求过多容量的学习任务会妨碍学习。因此需要在工作记忆最优的状态下使用资料，在设计任务和资料时要避免认知超负荷。保持任务本身存在的内在认知负荷和关联认知负荷即是最优状态，要将学习之外的因素引起的外在认知负荷最小化。对此，梅耶尔（R. Mayer）提出以下设计原理（Mayer，2009）。

表7-1　多媒体资料设计原理

分类	原理	实践策略
减少外在认知负荷原理	聚焦要义原理（coherence principle）	删除无关的词汇、图画和声音等，仅保留与学习内容相关的部分
	提示结构原理（signaling principle）	突出强调重要的信息
	控制冗余原理（redundancy principle）	相同的内容不要以不同形式（图片、配音、文字）重复呈现
	临近原理（contiguity principle）	将图片和相关解释靠近说明
调节内在认知负荷原理	切块呈现原理（segmenting principle）	将信息分块呈现，而不是连续表达
	预先准备原理（pre-training principle）	让学习者提前学习主要概念和特征
	双重通道原理（modality principle）	同时使用视觉和听觉通道，从而减轻认知负担
关联认知负荷原理	多种媒体原理（multimedia principle）	不仅使用文本信息，还要结合声音或图片呈现信息
	个性显现原理（personalization principle）	比起官方语气，以对话风格提供说明
	原音呈现原理（voice principle）	配音时，比起机器合成声音，采用真人原声

三　视频资料设计原理

最近多媒体资料的使用已经逐渐普遍化，并且随着用户创建的内容（User-Created Contents，UCC）、YouTube、慕课（Massive Open Online Course，MOOC）、翻转式学习等的普及，教学中使用了大量的视频资料。在教学中使用视频资料时，为了使其效果最大化，应考虑以下几点因素。

（一）选题

制作和选择视频资料时，最好选择与主题接近的视频。视频资料适合需要直接观察的、强调动态的主题或是感人的伦理主题等（Baek et al.，2009）。静态信息或大量文字信息等是不适合制作成视频资料的。使用最有效的媒体形式传达相关主题的信息是所有媒体资料制作的核心。

（二）拍摄和剪辑技巧

制作视频时，制作者很容易被华丽的拍摄手法和剪辑技巧迷惑。这些技巧虽然可以美化视频，但过度的添加反而会影响学习者对内容的集中度，因此更加容易导致混乱。所以相比添加技巧，更重要的是如何有组织地设计内容。在制作视频时，需要充分地制订计划，并在实际拍摄之前制作系统的故事脚本。

（三）画质

视频的画质是保证信息正确传递和吸引注意力的重要因素，因此推荐使用清晰度较高的视频。但是画质越清晰意味着文件容量越大，所以需要使用与设备容量相匹配的画质。尤其是在线上使用视频时，高画质的视频文件传输速度较慢，因此需要选择适宜环境的画质。

（四）声音

视频最重要的特点就是可以同时传递视觉信息和听觉信息。因此，视频的画面、声音的大小以及画质都很重要。部分学习视频因为教师的声音过小或者混有噪声，妨碍到学生学习，所以要预先检查视频的声音。

根据视频的种类，适当使用背景音乐不仅可以有效传递信息，适当传达情感因素，还能起到活跃气氛的作用。因此，在选择背景音乐时，不能喧宾夺主，过于突出或强调背景音乐。尤其是带有说明的情况下，要降低背景音乐的音量，以免妨碍学习者对内容的关注。同时需要注意的是，流行音乐或与学习内容无关的音乐也有可能妨碍学习。

（五）时长

视频需要学习者主动观看进行学习，如果视频过长，很容易让学习者乏味。因此，运用于教学中的视频资料不宜过长。根据布雷姆（C. Brame）的理论（Brame，2016），诱导学习者参与的最佳视频时长是6分钟或者更短。如果需要传递较多的信息，相比制作10分钟以上的视频，最好是将长视频的内容制作成多个短视频。

(六) 字幕

视频中适当插入字幕,有助于准确地传达信息从而起到增加学习效果的作用。但是,字幕过长或者无关的说明过多的话,就会分散学生对学习内容的注意力。另外,字幕中的字体和字的大小都会影响学习效果,字体太小、太复杂等都会妨碍学生接收信息。

练习和探究问题

1. 选择一个教案,判断教案中选择的教学媒体是否符合学习目标和学习内容,并说明理由。

2. 选择一个课堂上使用的资料(印刷媒体、视觉媒体、视频、幻灯片等),基于媒体制作原理评价该资料。

3. 指出在学校教育的情境中,教学媒体使用不当的案例,并提出改善方法。

参考文献

권성호 (1990). 교육공학원론. 서울: 양서원.

백영균외 (2009). 효과적인 수업을 위한 교수-학습 매체의 제작. 서울: 학지사.

주영주, 최성희 (1999). 교수매체의 제작과 활용. 서울: 남두도서.

Brame, C. J. (2016). Effective educational videos: Principles and guidelines for maximizing student learning from video content. *CBE—Life Sciences Education*, 15 (4). https://doi.org/10.1187/cbe.16-03-0125.

Dale, E. (1969). *Audiovisual methods in teaching*, third edition. NY: Holt, Rinehart and Winston.

Heinich, Molenda, Russell, Smaldino (2002). *Instructional media and technologies for learning* (6th ed.). Englewood Cliff, NY: Prentice Hall.

Hoban, C. F., & Hoban, Jr. C. F. (1937). *Visualizing the curriculum.* NY: The Corden Company.

Howland, J. L., Jonassen, D. H., Marra, R. M. (2014). Meaningful learning with technology. 이영주, 조영환, 조규락, 최재호(역). 테크놀로지와 함께하는

유의미학습. 서울: 아카데미프레스.

Mayer, R. E. & Moreno, R. (2003). Nine ways to reduce cognitive load in multimedia learning. *Educational psychologist*, *38* (1), 43 – 52.

Mayer, R. E. (2009). *Multimedia learning*. Cambridge University Press.

Peterson, R. (1988). *Visuals for information: Research and practice*. Englewood Cliff, NY: Educational Technology Publications.

Shannon, C. E. & Schramm, W. (1964). *The mathematical theory of communication*. Urbana: The University of Illinois Press.

Sweller, J. (1994). Cognitive load theory, learning difficulty, and instructional design. *Learning & Instruction*, *4*, 295 – 312.

Sweller, J. (1988). Cognitive load during problem solving: Effects on learning. *Cognitive Science. 12* (2), 257 – 285.

附表 6　　　　　　　　　　第七章引用文献对照

	对应韩文
(Kwon, 1990)	권성호 (1990)
(Baek et al., 2009)	백영균외 (2009)
(Joo, Choi, 1999)	주영주, 최성희 (1999)

第 八 章

运用技术进行教学的基础

　　预备教师金美淑和朋友们参加了在首尔举办的教育技术博览会。博览会上展出了在线学习平台、人工智能、虚拟现实、3D打印机、编程软件等多种教育技术产品。在逛展位时,金老师试用了展示的产品,有疑问时就会咨询相关专业人员,或者要求其演示如何使用产品。金老师对采用人工智能技术与学习者对话并能提供支持个性化学习的对话机器人十分感兴趣。逛完博览会,金老师和朋友们谈起了有关运用技术进行教学的话题。所有人对新技术都十分感兴趣,并且期待可以在学校教学中运用这些技术。其中有一位老师突然问到:"今天在博览会看到了很多新技术,为什么学校不引进这些技术进行教学呢?"金老师也对此产生了疑惑,就像在日常生活中,我们一直都携带并使用的智能手机,为什么反而在学校里要禁止使用智能手机呢?

　　想要运用技术进行有效的教学设计,首先需要了解教学与技术的关系。教学中根据对技术角色定位的不同,接受和运用技术的方式就会有所不同。在上述例子中,金老师提出的教学中禁止使用智能手机的疑问,其原因是教师、学习者、家长不能正确理解智能手机的教育角色,或者可以说他们否认了智能手机的教育角色。另外,当学习者和教师运用技术进行教学的能力不足时,技术应用于教育的效果也会减弱。本章将探讨技术在教学中的角色,并了解在运用技术进行教学时,教师和学习者所需要的能力。

> **目　标**
> 1. 说明教学中技术的角色。
> 2. 说明运用技术进行教学时，学生需要具备的数字素养。
> 3. 说明运用技术进行教学时，教师必备的能力。

第一节　教学与技术

以物联网、云计算、大数据、移动通信、人工智能等技术为核心的第四次产业革命悄然而至，标志着我们已经迈入了智能信息化社会。因此，未来社会人才所需的核心能力也随之改变。这些变化也影响着学校的教学内容和教学方法。为了理解教学与技术的关系，本节将讲述如何看待教学中技术的作用，并了解运用技术进行教学的影响因素。

一　教学中技术的角色

回顾历史，每当新技术出现时，教育也会随之发生巨大的变化。我们期待着技术为学习带来积极的影响，然而，现实却是技术应用于教育的效果良莠不齐，甚至多数情况下，技术往往带来了更多的副作用。20世纪80—90年代，在美国就计算机本身是否具备教育效果而发生过争议。近年来，期待借助智能设备进行教育改革的智能化教育政策也尚未能取得较好的成效。从这些经验中得到的启示是，虽然尖端技术具备改变教学活动的潜力，但是教师和学习者如何在教学中运用技术，其效果也会有所不同。因此理解技术在教学中扮演怎样的角色是十分重要的。

（一）作为教学媒体的技术

一般来说，技术是担任传递知识的媒体角色。以媒体的观点看待技术时，教师通过技术向学习者传递知识并与学习者进行沟通。例如，广播和电视是向大众传递信息和知识的有效媒体。近年来，线上教学中许多教师运用拍摄课堂场景的视频作为教学媒体。Kang Myunghee 等提出了以下四种教学媒体的功能（Kang et al.，2017）。第一，教学媒体具备集中学习者注意力和激发其学习兴趣的辅助功能。第二，可以不限时间和地点，正确并迅速地传播大量的学习内容。第三，学习者可以通过教学媒体表达自己的想法并建构知识。第四，教学媒体代替教师传递信息，对学习者的感知、认知和表达都有所助益。教学媒体具备的功能多种多样，并且一种媒体可以由多种技术形态呈现。例如，电话这一媒体可以是有线电话、无线电话、智能手机等多种形态。

为了充分发挥技术作为教学媒体的角色，教师需要迅速且准确地传达学习内容。当传达学习内容的过程中发生错误或者可传达的内容范围和形态有限时，就会削弱技术的有效性。鉴于这一点，计算机和互联网对于教学媒体做出了巨大的贡献，因为网络可以让学习者随时随地访问教师上传的多媒体资料。同时，教学媒体由模拟媒体到数字技术的发展，实现了向学习者更迅速地传递高质量音质、画质的信息。并且数字资料的存储、修改、删除等操作简单，以较低的费用就可以实现复制，可以有效向学习者传达学习内容。因此，当技术作为教学媒体时，为了提高传达学习内容的有效性，需要设计好信息（Clark，Mayer，2011）。例如，认知负荷理论强调有效设计多媒体资料以减少学习过程中不必要的认知负荷。

然而将技术当作媒体时，就会弱化学习者的角色。教师通过技术将知识传递给学习者，与学习者自己建构知识的建构主义假设相冲突。当很多名学生同时观看教学视频时，很难保证所有的学生都能按照教师的意图正确获取信息。这是因为学习者的先前经验和知识不同，对于视频的集中度和理解度就会产生差异。如果学习内容与学习者日常生活的经验相冲突，学习者会根据自己的经验或者方式去诠释学习内容（Vosniadou，Brewer，1992）。因此，在以学习者为中心的教育观点中，技术并不是作为传递知识的媒体，而是作为帮助建构知识的工具。

（二）以学习者为中心的教育与技术

在以学习者为中心的教育中，技术是一种用来支持学习的认知工具（cognitive tool）（Jonassen，Reeves，1996）。从教学媒体的角度来讲，技术就像配送材料的货车，为学习者传达信息和知识，因此学习者进行的是利用技术的学习（learning from technology）。相反，认知工具的观点认为，技术支持学生独立思考和与他人的互动，此时的学习者进行的是使用技术的学习（learning with technology）（Howland，Jonassen，Marra，2012）。根据分布式认知理论，人的智力活动并不是在个人的脑海中发生的，而是通过工具与参加活动的人们合作而产生的（Salomon，1993）。正如在伽利略（Galileo Galilei）证明地球自转时，观察天体运动的望远镜起到了重要作用；如果解复杂的数学题时，没有纸、笔、计算机等工具，那么记忆解决问题的过程和高层次思维都将变得非常困难。因而，技术正是帮助学习者思考的认知工具，在学习中起到重要的作用。

学习者和技术形成一个完整的活动机制完成任务时，使用不同的技术会影响任务完成的效果。同时，即使是同样的技术，由于不同的人使用、使用目的不同、使用时间不同等，都会使其产生不同的效果。也就是说，人和技术共同承担学习的责任。因此使用新技术改善课堂时，教师只做到快速而便捷地传递知识是不够的，要从本质上改变学习者的学习活动（Jonassen，Reeves，1996）。迄今为止，技术的教育效果不佳的原因之一便是，技术的使用并没有改变教学和学习活动。即使是尖端科技的多种功能，现在也只局限于使用了教师的知识传递和学习者成绩评价功能。因此为了提高技术应用于教学的效果，要设计以学习者为中心的教学环境，使学习者和技术共同实现有意义学习。

学习者应该将技术作为认知工具使用，并主动参加探究、设计、合作、反思等学习活动（Howland，Jonassen，Marra，2012）。例如，运用计算机模拟软件可以探究科学现象的起因和结果；使用 Scratch 等编程软件可以设计创意性动画、游戏、视频等；利用云计算技术可以有效完成小组作业；通过 SNS 与学校内外的专家或其他地区的学习者进行知识共享；运用虚拟现实技术体验现实中难以体验的经历；使用论坛反思校内外的经验，同时可以将内容作为作品集收藏。通过这些例子可以看到，在以学习者为中心的教育中，学习者不是通过技术学习，而是与技术共同学习。传统的课堂上为了传递知识，以媒体的角度看待技术和使用技术，但是在以学习者为中心的教学中，将技术作为认知工具来使用。

> **美国教育部的 NETP（National Education Technology Plan）**
>
> 美国教育部提倡使用技术支持所有学习者体验学校内外的多种学习经验，以成为积极的、创新的、有能力的、有道德的国际社会成员。作为支持该目标的一部分，2017年，美国在国家层面上发表了基于技术的教育计划，计划中包含如何运用技术提高学习的方案，具体内容如下。
>
> 1. 使用技术设计个性化学习，同时提供与学习者联系密切且可以促进参与的学习环境。
> 2. 使用各种数字学习工具和资源，组织具有现实性的任务（如项目式学习）为中心的学习。
> 3. 将技术运用于博物馆或图书馆等教室外的学习环境中。
> 4. 根据学习者自身的兴趣和热情使用技术。
> 5. 提供平等的使用技术的机会，减少数字鸿沟，为所有的学习者提供新的学习机会。
>
> 资料来源：https：//tech.ed.gov/netp/#collapseaccordionone。

二 影响使用技术进行教学的因素

在日常生活中，很多人经常使用手机等尖端科技，但在教学中使用的情况则较少。虽然在一些学校中使用技术进行的教学活动十分活跃，但并不是所有的学校都如此。理解发生这一现象的原因，对有效准备和实施使用技术的教学是十分必要的。

（一）使用技术进行教学的组成要素

为了了解影响使用技术进行教学的因素，要先理解学校所处的社会文化背景（Collins，Halverson，2009）。对于教师决定选择哪种技术以及如何使用技术，除了教师的专业性，还与教育生态圈的其他因素有关。例如，美国的初高中，在计算数学问题时经常会使用计算器。然而，韩国的学生在上大学之前的教育中，要求不能使用计算器。使用计算器可以帮助学生快速而正确地计算，韩国学校却要求不使用计算器。为了理解这一现象，就需要了解韩国数学教育的传统和入学考试制度等社会文化背景。类似的，可以将影响使用技术进行教学的多种因素看作一个活动机制来理解。

活动理论（activity theory）有助于系统性地理解运用技术教学的影响

因素（Murphy，Rodriguez-Manzanares，2008）。活动理论假设教师和学习者在学校的历史、社会文化环境中，使用技术作为一种媒介参与教学这一有目的性的活动。如图8-1所示，活动机制由主体、工具、客体、规则、共同体、分工、结果等要素构成，每个要素与其他要素紧密相连、相互影响（Engeström，1987）。主体意味着实践特定活动的个人或小组，客体代表着活动的对象，即任务或问题。主体利用电脑等物质工具或语言等抽象工具，让客体执行并得出结果。共同体是共享同一客体的活动机制的参与者们，他们通过分工共同分担任务和角色。规则则代表控制活动的显性或隐性的制度规范。

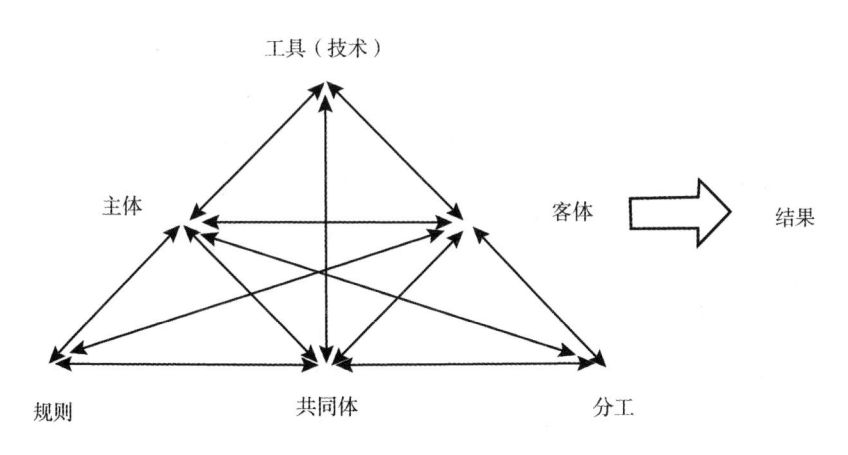

图8-1 活动机制模型

资料来源：文献（Engeström，1987）。

在使用技术的教学中，教师和学习者作为教育的主体，使用技术这一媒介讲授或学习特定学科知识等客体。如此反复进行这些教学活动，最终提升学习者的能力。使用技术的教学还受到以教育主体构成的学校共同体的文化和制度的影响，因此教师和学习者的教学和评价都要遵守规则。同时，在使用技术进行教学时，还需要明确教师和学习者担任怎样的角色，或对在小组任务中担任什么样的角色进行分工。活动机制的组成要素不断相互作用，因此为了有效实施使用技术的教学，就必须要使各个要素之间相互协调。当教师设计的使用技术的教学与其他要素相冲突时，可能会产生与预期相违背的意外结果。

(二) 使用技术教学困难的原因

根据活动理论,教师在引入新技术应用于教学时所遇到的困难主要有以下几点(Murphy, Rodriguez-Manzanares, 2008;赵颖桓等, 2014)。第一,当引入新技术时,学校内可能不具备有关新技术的 ICT 基础建设。例如,教师想要在课堂上使用智能设备,但是学校可能并没有充足的智能设备或者无线网络不稳定,从而导致无法使用智能设备。第二,技术可能与现有的教学方式相矛盾。当学习者使用智能设备学习时,教师很难观察或控制所有学习者的学习活动。新技术要求学生具有较高的自律性,然而从传统教学方式的角度来看,会担心学生使用新技术或者设备做其他事情,而不是在学习。第三,学习者的数字素养或教师的技术运用能力不足,会减少在教学中使用技术的频率,也会增加使用技术失误的忧虑。尤其是学习者之间存在数字鸿沟时,教师可能误认为是因为自己的能力不足而没能顺利完成教学。第四,新技术可能与现有的学校文化相矛盾。传统教育中学校是一个物理空间,而使用计算机、互联网、智能设备等的线上教育则打破了这一概念,对学校的空间产生新的认知。同时,以考试为主导的教育文化中,大部分教师或学习者认为技术因素对学习成绩产生负面影响。第五,运用技术的教学与现有的学校规定相矛盾。许多学校禁止教师和学生在工作中或者课堂上使用智能手机,因此基于自带设备(Bring Your Own Device, BYOD)的运用技术进行教学十分困难。并且当需要使用学校预算购买新技术设备时,复杂的行政手续和规定也会导致使用技术的教学受到限制。第六,运用技术的教学中定义的教师和学习者的角色与传统课堂上定义的角色有所不同。为了线上教学,教师需要开发视频资料并且学习在线上与学习者进行沟通的方式。这比起以往的学校课堂,要求学习者线上学习具备更强的自律性,因而也要求学习者具有更多的自主学习的能力。

除了上述原因之外,影响运用技术教学的难点还有很多。新技术可能与现有的学校系统互相矛盾,而放弃使用技术的教学是不可取的。在活动理论中,如果发生相互矛盾的情况,就不能只看到负面的影响,应将其看作活动机制发展的动力。因此,需要分析运用技术教学的难点,诊断其原因,从多方面多角度探究解决方案,这有利于更进一步发展学校教育。为此,对于运用技术的教学需要教师的反思,并且为了改善教学，需要学校各成员之间的通力合作。

第二节　学习者的数字素养

为了能够有效地实施运用技术的教学，学习者的数字素养十分重要。另外，如果持续使用技术进行教学，那么学习者的数字素养会逐渐提高，学习者之间的数字鸿沟（digital divide）也会逐渐缩小。由于学习者的数字素养与运用技术进行教学紧密相关，因此，教师必须要注意培养学生的数字素养。

一　数字素养的重要性

（一）数字土著民

从小接触电脑、互联网、智能手机、社交网络服务（Social Network Service，SNS）等数字技术的一代人被称为数字土著民（digital native）。尤其是2010年之后出生的一代，他们熟悉智能设备和人工智能，我们称他们为"阿尔法世代"。相反，成年之后接触并适应数字技术的一代则被称为数字移民（digital immigrants）。在丰富的数字环境下成长起来的数字土著民比起父母和教师，他们更善于运用数字技术，并且擅长多项任务处理（multitasking）。最近，很多国外的学习者通过YouTube视频（国内的学习者则通过B站）来获取信息，通过Facebook、Twitter、Instagram、TikTok（抖音国际版）等SNS平台表达并与他人分享自己的想法。

由于数字土著民十分熟悉技术，因此可以期待运用技术进行教学为他们带来的积极效果。出乎意料的是，许多学校限制个人使用智能设备等尖端科技产品。例如，韩国、澳大利亚以及法国等国家以网络暴力和妨碍学习为由，严格限制在学校里使用智能手机。2019年，世界卫生组织国际疾病分类修订版中，将游戏中毒纳入新的疾病类型。与此同时，对技术可能带来副作用的警惕心也日益加剧。

校园里，限制技术使用的原因之一是学习者的数字素养不足。虽然学习者可以熟练运用技术，但是对数字环境中发生的各类犯罪、虚假新闻及保护个人隐私等方面的处理都还不够成熟。同时，为了培养学生有效运用技术来进行搜索、组织、评价解决问题所需的学习信息的能力，有必要为学生提供系统化的教育。也就是说,并不是所有的数字土著民都具备数字素养。

(二) 数字鸿沟

即使是相同年龄的学习者,有些学习者可以根据教育目标合理运用计算机和智能设备,而有些学习者却不能。教育、收入水平、性别、地域等因素都会导致对数字技术的接触和应用产生差异,这些差异便被称为数字鸿沟。2018 年,韩国教育学术信息院在全国范围实施了数字素养调查。根据调查结果,小学生中具备优秀数字素养水平的占22%,普通水平的占 33.9%,基础水平的占 33.1%,而未达到标准水平的学生占 11.1% (Yi et al., 2019)。教育鸿沟的存在本身就具备重要意义,且与教育不平等密切相关。因此,教师在设计运用技术进行教学之前,需要了解学习者这一特征,即确认学习者的数字鸿沟。

数字鸿沟的种类多样,其中是否能够接触到数字技术或者是否掌握数字技术的差距是最基本的数字鸿沟。由于信息通信技术已经广泛普及家庭和学校内,有关接触数字技术的数字鸿沟问题已基本得到改善。韩国的智能手机普及率在全世界范围内属于较高水平,也有良好的无线网络基础建设,并且政府还特别针对低收入家庭的学习者给予通信费用的支援,以帮助所有的学习者都可以访问 EBS(教育频道)等在线教育平台上的内容。即使这样,能否很好应用数字技术仍然是学习者之间数字鸿沟的主要问题。例如,以学习为目的使用智能手机的学生和以游戏或社交为目的使用智能手机的学生之间存在一定的数字鸿沟。同时,学习者的家庭环境不同或者在学校期间的学习经验不同,都会导致对技术的使用情况有所不同。在技术运用方面,数字鸿沟最终可能影响学习者获取新知识的能力、创新性能力、批判性思维能力和合作能力等核心能力的提升。在接触技术、运用技术以及结果产出方面,表现出多样形式的数字鸿沟问题,并且对于学习者接受高等教育或者职业教育方面有着重要的影响。因此,需要校内外共同努力缩小数字鸿沟带来的差距。

二 数字素养的意义和构成要素

(一) 数字素养的意义

数字素养是学习者在数字社会自主生活中必要的核心能力。传统的素养包括批判性思考和听、说、读、写的能力，也是受过良好教育的表现。在过去，学习者使用印刷品来获取知识，或者通过与其他人进行沟通交流来获得知识。然而随着信息通信技术的发展，应用计算机和互联网等进行学习和交互的情况在不断增加，随之也出现了新形态的素养需求。吉尔斯特（P. Gilster）将数字素养定义为运用电脑在多种资源中查找各种形式的信息，而且能够理解并使用信息的能力（Gilster，1997）。根据这一定义，数字素养的意义超越了单纯地灵活使用电脑或互联网的能力，而是需要有效运用技术进行搜索、评价以及使用各种形态的信息和知识，为此必须学习和整合各方面的知识、技能等。在吉尔斯特第一次定义数字素养之后，随着信息通信技术的迅速发展，数字素养的概念也逐渐扩大。2000年以来，随着Web 2.0的发展，通过博客（blog）、维基（wiki）、播客（podcast）等互联网平台，大家可以便捷地制作和共享信息，学习者的角色也由信息消费者逐渐转变为生产者。但是同时也出现了新的问题，例如，出现了很多为了吸引眼球不惜夸张或扭曲事实的假新闻，或是无端使用他人作品或侵犯私生活的案例。基于这种数字环境的变化，Kim Soohwan等将数字素养定义为"作为数字社会成员自主生活的必备基本素养，以道德规范的态度去理解和运用数字技术，通过信息的搜索、管理、创作而解决问题的实践能力"（Kim et al.，2017）。

类似数字素养的概念还有ICT素养、网络素养、信息素养、媒体素养（Ala-Mutka，2011；Lee，2015a）。ICT素养指理解信息通信技术的优劣势，可以使用电脑和软件的知识和能力。网络素养指在互联网等网络环境中有效查找所需的信息和资料，并且能安全地运用信息的能力。信息素养是指了解何时需要信息，同时可以根据自身目的确认、搜索、评价、管理、应用信息的能力。信息素养与ICT素养、网络素养不同，它是在数字环境之外也必须具备的能力。随着终身学习型社会进程的发展，不断强调获取新信息的能力和批判性评价信息的能力。媒体素养是指认识、评判、运用文字、语音、图片、视频等各种形式的媒体的态度与能力，且强调能够批判性评价和用媒体进行创作的能力。随着社交网络上分享视频的行为越来越频繁，以及虚拟现实和增强现实等新媒体的出现，越来越强调提升媒体素养的重要性。而且媒体素养还包括理解和运用印刷品、广播、电视等传统媒体的能力。在强调批判性思考这一点上，媒体素养和信息素养有许多相似之处。然而比起信息素养，媒体素养更聚焦于媒体的解释、使用和创作（Ala-Mutka，2011）。综上所述，根据强调的侧面不同，数字时代所需的能力出现了素养的多种分类。数字素养与其他类型的素养的关系如图 8-2 所示。其中，数字素养的使用范围最广泛，信息素养和媒体素养包括数字环境之外的信息获取和媒体使用，这也是信息素养、媒体素养和数字素养的区别之处。

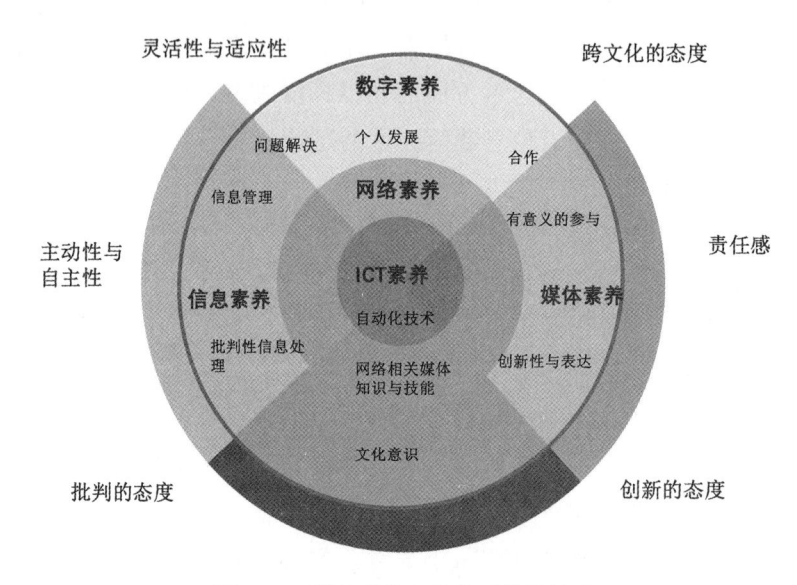

图 8-2　数字素养与其他素养的关系

资料来源：文献（Ala-Mutka，2011）。

（二）数字素养的组成要素和标准

数字素养由多种知识、技术、态度构成。为了有效设计运用技术的教学，有必要理解数字素养的组成要素。通过对数字素养组成要素的理解，在运用技术进行教学的教学设计中，需要增强学科活动中学生所缺乏的数字素养（Hague，Payton，2010）。同时，在运用技术进行教学时，提前预测学生因为缺乏数字素养会遇到怎样的困难。

Kim Soohwan 等将数字素养的组成要素分为数字技术的理解与运用、数字意识与态度、数字思维能力、数字实践能力四个领域（Kim et al.，2017）。各领域的具体内容如表 8-2 所示。第一，学生需要理解数字技术的工作原理和最新技术动向，利用互联网和软件进行信息管理，培养通过编程表达想法的能力。第二，在数字环境中理解和尊重生命的宝贵和多样性，遵守社会规范和礼仪，形成安全使用技术的意识和态度。第三，提升数字社会需要的批判性思维、计算思维、创新性思维等高层次思维能力。第四，从实际出发，培养运用数字技术与他人沟通、合作、解决问题、创作内容等的实践能力。

表 8-2　　　　　　　　　　　数字素养的组成要素

领域		组成要素
数字技术的理解与运用	计算系统	理解计算机、移动设备、可穿戴设备等硬件的工作原理
	软件应用	应用各类设备运行系统和软件的技能
	互联网和网络	理解运用互联网技术、大数据、物联网、云计算的原理
	数据与信息管理	收集、加工、储存、传递数据与信息的技能
	编程	理解计算机语言，应用基础计算机语言表达想法的能力
	最新技术话题	了解虚拟现实、人工智能、机器人（传感器）、3D打印机等最新技术动向
数字意识与态度	尊重生命的意识	在数字环境中理解生命的宝贵和人类的多样性
	数字法制精神	遵守网络安全、数字知识产权保护、个人隐私保护等数字社会规范
	数字礼仪	预防网络暴力，在线上和线下环境中遵守数字设备使用礼仪
数字思维能力	批判性思维	对收集的信息进行理解和分析、推理和论证、综合和评价的思维能力
	计算思维	抽象化和自动化表达想法，解决问题的思维能力
	创新性思维	换位思考，构思更多的创意，与其他领域的知识和技术相互融合的思维能力

续表

领域	组成要素	
数字实践能力	沟通与合作	在数字环境中相互交流,讨论和辩论,合作完成任务的能力
	解决问题	运用数字技术分析问题和提出解决方案的能力
	创作内容	能够使用演示(表达)、设计、编程技术,制作新信息或媒体

资料来源:文献(Kim et al.,2017)。

运用技术进行教学,需要将上述数字素养的组成要素与学科教学目标很好地结合起来。例如,组织有关社会话题的辩论活动时,学生需要上网查找有关主题的信息,并判断信息是否恰当,这类活动可以培养对数字信息的批判性思考能力;如果学习者在网络上看到诽谤的文章或者无视与自己相反的意见时,可以借此机会进行数字意识和态度的教育;美术课上使用3D打印机或虚拟现实技术完成艺术作品,可以增强数字素养中的创新性思维和提升创作内容的能力(Lee,Kim,2020)。同时,科学课上可以使用传感器装置,收集教室内雾霾、温度、湿度、二氧化碳浓度等信息,并利用图表记录,探究数据随时间的变化(Son et al.,2018)。这不仅可以促进科学探究活动,还有助于提高数据和数字信息的收集、管理、分析、应用能力。

数字素养的各组成要素从低到高分为多个水平。欧盟将数字素养视为特定情境中完成任务时所必需的知识、技术和态度,为提高公民数字素养的发展,提出了数字素养框架DigCom2.1(Carretero,Vuorikari,Punie,2017)。DigCom2.1框架分为5个素养域,分别是信息域(信息数据素养)、交流域(沟通与合作)、内容创建域(数字内容创作)、安全意识域、问题解决域,共包括21种素养,每个素养又分为8个标准(见表8-3)。初级(foundation)、中级(intermediate)、高级(advanced)和高级专家(highly specialised)四个水平下面各包含两个维度标准,各个标准根据任务的难易程度、是否可以自主完成以及高层次思维的程度来区分。教师根据学习者的数字素养水平,选择难易适中的任务及技术来设计学习活动。

表8-3　　以著作权与专利为例的 DigCom2.1 框架内容

等级		认知维度	详细内容
初级	1	记忆	需要辅导的初级水平 ·知道数据、数字信息、内容的著作权和专利的简单规则
	2	记忆	自主性，必要时需要适当辅导的初级水平 ·知道数据、数字信息、内容的著作权和专利的简单规则
中级	3	理解	自行解决简单问题时 ·可以在结构化的常规规则中反映有关数据、数字信息、内容的著作权和专利
	4	理解	根据个人需求独立解决结构化非常规问题时 ·可以对有关数据、数字信息、内容的著作权和专利进行讨论
高级	5	运用	指导他人时 ·对数据、数字信息、内容的著作权和专利可以应用到其他规则
	6	评价	在复杂情境中根据自身和他人需求的高级水平 ·可以选择关于著作权和专利的数据、数字信息、内容的最合适规则
高级专家	7	创造	专业水平 ·对有关数据、数字信息、资讯内容的著作权和专利的使用相关规定的复杂问题，提出解决方案 ·可以整合个人知识，完善专业实践和知识建构，并可以指导他人有关著作权和专利的内容
	8	创造	高级专家水平 ·可以对多方因素影响下的数据、数字信息、内容的著作权和专利的相关复杂问题提出解决方案 ·提出相关领域的新想法和处理方案

资料来源：文献（Carretero et al., 2017）。

三　提高数字素养的教学方法

接触技术有助于提升数字素养，然而数字素养并不会因为技术使用频率多而提升。反而有研究结果显示，过度使用 SNS 等以社交为目的的信息通信技术，会妨碍中小学生的计算思维能力（Lee et al., 2019）。因此，为了提高学生的数字素养，需要教师进行系统化的教学设计。日常生活中，为了纪念某一场景，通常我们使用智能手机拍照或摄像；然而学校的数字内容创作与日常生活不同，我们需要使用智能手机参加更多的活动。例如，在拍摄前需要调查观众需求、制订拍摄前计划、有创意地构思内容、制作脚本、检查网络资料的著作权等。同样，学校里的辩论活动和使用SNS与朋友沟通不同，需要批判性地探究不同立场的数字信息是否恰当，选择表达自己想法的合适媒体，并进行有效的信息设计。

英国教育传播与技术署（British Educational Communications and Technology Agency，BECTA）建议设计有关数字素养的教学时，以定义、发现、评价、创作、沟通的活动为主（Hague，Payton，2010）。通过这样的学习过程，学习者运用数字技术定义任务或问题，查找解决问题所需要的信息并比较和评价发现的信息。综合多种信息，提出新的解决方案，最后与其他学习者分享结论，互相进行提问和反馈。设计对于各年级和各学科均适用的提升学习者数字素养的课堂活动，可以根据教师的教学目的，选择适当的活动或者变更活动顺序。下面提供一些有效的数字素养活动设计策略。

第一，根据教学目标和学习者特征定义任务或问题。为了提高学习兴趣，应提供具备实际意义的任务，同时帮助学习者自主定义主题。麻省理工学院媒体研究室在开发图形化编程软件Scratch的过程中发现，学习者在与同伴共同游戏时更有热情（passion），因此建议学习者自主参与到项目中（Resnick，Robinson，2017）。如果以学习者感兴趣的主题进行项目式学习，会让学习者更加积极地参与项目。假设教师已选定好任务，那么要根据学习者有关任务的先前知识和经验，给他们提供解释和定义的机会。同时，学习者需要自主分析任务，制订针对在数字环境中如何查找以及查找什么样的信息和资料的计划。

第二，为了让学习者有效执行任务，需要学习者积极运用网络搜索，此时教师需要帮助学习者，确保学习者可以查找到所需要的信息和资料。同时，帮助学习者学习如何有效查找数字信息和资料。毕竟网络上的资料数不胜数，因此学习者应提前明确目标，确定需要查找的资料类型，并在查找到资料后，确认该信息是否正确且合适（Hague，Payton，2010）。需要确认的信息包括信息的出处、作者以及日期等，需要检查是否大多数网页都提供了同样的信息。直接复制使用网络搜索的资料可能会引起著作权、知识产权、剽窃等方面的问题。教师需要提前对学习者说明有关数字信息的法律法规，并确认学习者是否掌握了正确标记出处的方法。最近出现了很多需要与他人共享的数字创意作品，因此韩国出现了创作共用许可证（Creative Commons License，CCL）这一典型案例。在网络上找到标有 CCL 符号的作品，如果满足署名、非商业用途、禁止变更、相同方式共享这四个条件，就可以不经过作者的许可使用该作品（Park，Kim，2019）。最后需要引导学习者，网络搜索到的信息和资料需要根据自己的任务，修改内容和表现方式后再使用。

第三，教师应该引导学习者辨认自己或他人的主张是否具备合理的依据，并且判断、分析和评价这些观点是否符合社会性，是否有文化偏见。即使刚开始认为是客观、中立的信息，在比较多种信息并进行批判性分析后，有时可能会发现这一主张属于特定集团的文化或政治立场。近期 YouTube、Facebook、TikTok 等 SNS 储存并收集用户的个人信息和网络活动的大数据（big data），并根据用户喜好推荐数字内容。虽然在为用户提供最优化的喜好信息方面是可取的，但是持续提供带有倾向性的信息，会限制用户在多种观点中比较并自主判断的机会。同时，真假难辨的虚假信息在网络上不断扩散，运用深度伪造（deep fake）技术制作的虚假视频，已经达到了无法与现实区分的程度，而这样的案例层出不穷（Park，Kim，2019）。因此，需要帮助学习者以批判性思维对数字信息和资料加以辨别。可以展开针对同一事件的正反面解读的新闻报道的讨论，或在线上图片共享网站（Flickr）上，针对同一个概念是否基于文化有不同的表达进行比较（Hague，Payton，2010）。许多学习者在辩论时，只提供支持自己主张的依据，并不考虑反方的见解或证据。针对这类学习者，需要帮助他们积极反思，促进发展批判性思维，从而培养尊重各种立场的态度。

第四，支持运用技术制作作品，从而提高学习者的创新性思维和计算思维能力。随着 Web 2.0 和编程软件的发展，学习者可以轻松开发并共享线上内容，同时受到创客运动（maker movement）和 STEAM 教育的影响，学校和社区里具备电脑、3D 打印机、激光切割机等各种工具的创客空间也在不断增加。教师需要考虑学习者的 ICT 运用能力，选择并设计与教学目标相符的创作活动。例如，可以运用 Cospaces 工具，让高中生创建符合美术作品特征（如古典主义、印象主义）的虚拟现实作品（Lee，Kim，2020）。学习者在运用技术制作作品时，需要引导学习者注意制作作品的目的是什么、使用或欣赏作品的观众是谁、要以怎样的方式展示作品等。为了促进创新性思维，可以指导学习者践行设计思维

(design thinking)的程序,即生成创意阶段、制作原型的过程、进行测试并反复修改阶段。表8-4是小学阶段应用Scratch进行设计思维程序的创作活动案例。

表8-4　　　　　　　运用设计思维的计算机创作课程

阶段	学习策略
学习	学习编程的基本功能和使用方法
构思	以学习内容为主题,设定目标、构思创意、绘制视觉草图、制作项目计划书
设计	绘制创意图纸,具体呈现工作原理,完成编程方案
开发	运用图形化编程工具开发各部分内容,尝试各种程序以得出结果,记录开发过程,用户测试
分享	线上分享开发项目,评价自身学习过程,展示并分享后续想法

资料来源:文献(Lee,2015b)。

第五,需要在数字环境中提供与其他学习者、其他创意或其他作品分享的机会,从而互相交换见解。小组解决问题或执行任务时,可以使用Quip、Google Docs、Slack等工具。尤其是Google Docs,针对合作写作十分有效。不仅可以在不同空间实时编辑同一篇文本,还可以非实时地留下关于文章的批注,根据时间确认文本的修改过程,随时可以返回之前的文本版本。只要分享谷歌文本的URL,校外的专家或其他学校的同学也可以共同合作。为了更好地完成这一活动,教师需要与学习者共同制定数字环境中合作和沟通时需要遵守的规则,均衡分配担任的角色,防止"搭便车"行为。同时,指引学习者在小组活动中共同建立计划,并在实施过程中不断检查和调整计划。

另外,教师还需要预防学习者在线上交互时可能出现的问题。例如,当线上交互交流的机会增加时,可能会发生为难某个学习者的网络暴力。为了防止网络暴力,教师需要制定一些规则。例如,要求学习者在线上环境中互相尊重,履行职责,同时教师需要认真观察小组活动(Divaharan,2018)。通过对网络暴力案例的讨论和角色扮演活动,思考被害学生的立场,培养学习者与对方共情的能力。如果学习者经常使用SNS与校外人士接触,教师也有必要指导学习者如何在陌生人面前保护自己。教师可以告诫学习者，妥善保管线上个人信息或资料；删除发送不当信息的陌生人；不打开陌生人发送的网络链接；在线上发生不好的事情或被对方要求线下见面时，应及时告知教师或父母；等等（Hague，Payton，2010）。教师设计课程时应思考，怎样能让学习者在线上交互过程中学会，在发生危险时保护自身安全，同时做到有效的合作和沟通。

上述内容中的定义、发现、评价、创作、沟通等活动需要与学科教学相互整合。根据各学科的特征，活动的内容和形式可能会有所不同，而通过学习者主动参与运用技术进行教学来培养数字素养的原理是相同的。如果被动地听教师说明或原封不动地按照教师的例子进行活动学习，很难培养出高水平的数字素养。学习者参与运用技术的各种学习活动时，教师需要根据数字素养的组成要素评价学习过程，并根据评价结果提供适应性学习资源。

由于学习者的社会经济背景不同，其数字素养水平也存在差异，因此教师有必要在教学设计中反映学习者的要求，提供给学习者不同的适应性任务或学习资料。例如，针对计算思维水平较高的学生提供更为复杂的任务，并给予学生更多自主学习的机会。同时，使用检查清单让学习者检查自己的数字素养，反思自身的不足之处。为提高学生的数字素养，教师要为学习者提供个性化的学习支持。

第三节 教师运用技术进行教学的能力

如果教学中所需要的技术及条件都已经完备，课堂上使用技术的效果就取决于教师的专业能力。经常使用技术可以提高运用技术进行教学的能力，而评价教师使用技术的频率与如何运用技术也是非常重要的。因此，教师需要不断努力持续提升运用技术进行教学的能力。

一 运用技术进行多样化的教学

根据教师的知识和理念使用技术进行教学有多种多样的方式。从不使用任何技术的教学阶段到运用技术建构以学习者为中心的教学活动，教师在教学中运用技术的程度和水平是多样的。与使用新技术传递知识或反复解答练习题相比，让学习者与技术共同参与构建有意义学习的教学更为重要（Ertmer, 2015）。了解运用技术进行教学的标准，有助于教师诊断和改善自己的教学方式。

技术整合矩阵（Technology Integration Matrix，TIM）是分类和评价运用技术进行教学的工具之一（Harmes, Welsh, Winkelman, 2016）。TIM 是美国佛罗里达教育技术中心的研究人员在 2006 年开发的工具，一直应用至今。如表 8-5 所示，TIM 提出了有关有意义学习的 5 个特征，并结合技术整合的 5 个层次，构成了 25 个技术运用类型的单元矩阵图。有意义学习的 5 个特征，即主动性、合作性、建构性、真实性、意图性的活动，体现了有意义学习的多样性；而技术整合标准从入门阶段到逐步深入的接受、适应、融合和创新阶段，则体现了从以教师为中心的学习活动向以学习者为中心的学习活动的转变。TIM 网页（https：//fcit.usf.edu/matrix）中还有对各课程类型的详细说明以及各学科的教学案例视频。

入门（entry）阶段中教师使用技术的目的是传递教学内容，而学习者听完教师的讲解后，运用技术解答练习题。在这一阶段，何时何地使用技术完全由教师决定。接受（adoption）阶段要求学习者全部使用相同的技术，学习者按照教师的详细说明，根据固定的步骤执行任务。在适应（adaptation）阶段，学习者从概念上理解技术，虽然也是传统的学习方式，但学习者被允许独立地运用技术。在使用过程中，学习者可以以多种方式运用技术，不必按照教师的说明进行。在融合（infusion）阶段，各类技术与教学活动灵活地结合，学习者可以自主决定何时使用何种工具。在创新（transformation）阶段，学习者以创新、多样的方式参与运用技术进行的高层次学习活动中，教师扮演使用技术过程中的解说者和促进者的角色。

表 8-5　　　　　　　　　　　技术整合矩阵

	入门 （entry）	接受 （adoption）	适应 （adaptation）	融合 （infusion）	创新 （transformation）
主动性 （active）	被动接受信息（如观看说课视频）	传统且步骤化的方式使用工具	传统且独立的方式使用工具，学习者自行选择工具进行探究	学习者自行选择工具，自主地按照规则使用工具	使用创新和多样的方式运用工具

续表

	入门 （entry）	接受 （adoption）	适应 （adaptation）	融合 （infusion）	创新 （transformation）
合作性 （collaborative）	个人使用工具	依照传统的方式为了合作而使用工具	共同合作使用工具，学习者自行选择工具进行探索	学习者自行选择工具，为了合作而按照规则使用工具	运用工具与同伴或外部专家进行合作
建构性 （constructive）	教师向学习者传递信息和知识	为了建构知识，利用传统且步骤化的方式使用工具	为了建构知识，独立使用工具，学习者自行选择工具进行探索	学习者自行选择工具，为了建构知识而按照规则使用工具	为了建构知识，使用创新和多样的方式运用工具
真实性 （authentic）	在学校以外的环境中使用工具	在有意义的情境中，根据教师的指引使用工具	为了解决与学习者生活相关的问题独立使用工具，学习者自行选择工具进行探索	学习者自行选择工具，为了进行有意义的活动，按照规则使用工具	为了参与联系校外环境的高层次学习活动，以创新的方式使用工具
意图性 （goal-directed）	根据教师的指令，按步骤执行任务	为了计划和检查，利用传统且步骤化的方式运用工具	为了计划和检查，有目的性地使用工具，学习者自行选择工具进行探索	为了计划和检查，持续使用工具	为了计划和检查，以创新的方式使用工具

资料来源：https://fcit.usf.edu/matrix。

根据TIM，越是运用技术教学经验丰富的教师，随着专业性的积累，使用技术逐渐会由以教师为中心进行的教学过渡到以学习者为中心的教学，运用创新的方式使用技术的重点不是技术而是为了实现有意义学习。

大部分教师在刚开始，为了适应传统的教学方式，使用技术会比较受限。但是，对技术产生信心之后，教师会观察到学习者在动机方面和学习活动中的积极变化，从而逐渐转变为以学习者为中心的技术运用。但是，仅在教室里使用技术并不能证明教师的技术能力得到了提升，而是要对运用技术的教学持续反思，并与其他教师共同探究有效的运用技术的教学方法以促进主动性、合作性、建构性、真实性、意图性的学习活动。

二 运用技术进行教学的 TPACK 模型

（一）TPACK 的意义和特征

教师的教学能力在设计并实施运用技术的教学中受到诸多因素的影响。根据教师的能力，即使在落后的 ICT 基础设备环境中，运用技术进行教学也可能取得成功，反之亦然。这是由于教师的知识、自我效能感、对教育的信念等都会影响到运用技术进行教学的效果（Ertmer，2015）。越是对技术运用有信心的教师，越积极在课堂上尝试新技术。同时，带有建构主义教育信念的教师，在运用技术的教学中不但进行知识的传递，而且帮助学生促进高层次的思维和合作学习。

教师的知识、技术、态度都影响运用技术的教学，本章将重点介绍整合技术的学科教学知识（Technological，Pedagogical and Content Knowledge；TPACK）。TPACK 原本被称为 TPCK（Technological Pedagogical Content Knowledge），后来改为 TPACK 并广泛应用。TPACK 是为了教师能有效开展运用技术的教学，而对学习何种知识提供方向性的框架，为教师教育提供了一定的启示和帮助。

舒尔曼（L. Shulman）指出，教师具备丰富的学科知识并不意味着就可以进行有效的教学（Shulman，1986），因此他提出了整合教学知识和学科知识的教学内容知识模型（Pedagogical Content Knowledge，PCK）。米什拉（D. Mishra）和科勒（M. Koehler）在 PCK 理论基础上，增加了运用技术的教学，从而提出了 TPACK 模型（Mishra，Koehler，2006）。这一模型表明，教师需要掌握有关学科知识、教学方法的知识以及整合有关技术的知识。

如图 8-3 所示，TPACK 综合了技术知识（Technological Knowledge，TK）、学科知识（Content Knowledge，CK）和教学知识（Pedagogical

图 8-3 TPACK 模型

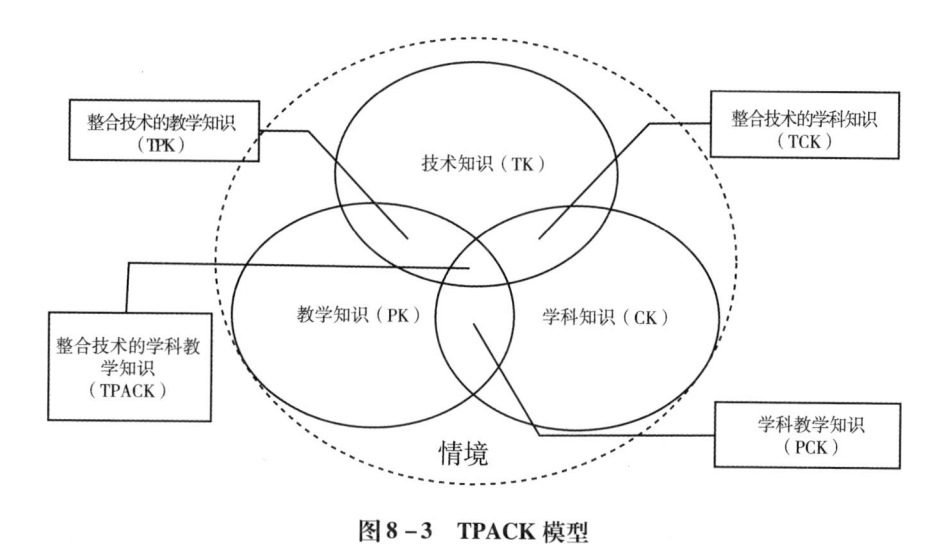

资料来源：http://tpack.org。

Knowledge, PK)，具备具体的情境性和关联性。例如，运用视频会议系统 Zoom 向小学生教授科学课程时，教师需要了解 Zoom 的多种功能和操作方法，同时深入理解学科内容，知晓讲授式教学、探究学习、讨论学习等教学方法中哪种方法对实现学习目标更有效，而这些知识应该反映小学生在线学习环境的具体情境。在 TPACK 模型中，PCK 是指将教学知识和学科知识相整合，称为学科教学知识；同样，将技术和学科知识相整合，称为整合技术的学科知识（Technological Content Knowledge, TCK）；将技术和教学方法相整合，称为整合技术的教学知识（Technological Pedagogical Knowledge, TPK）。

（二）TPACK 的教育启示

TPACK 模型表明，教师具备丰富的技术知识，不代表可以设计和实施好运用技术的教学。在具体的教学情境中，教师需要整合好技术知识、学科知识以及教学知识，才能带来有效的运用技术的教学。因此，比起将技术知识、学科知识和教学知识分开，将三种知识根据实际情境综合时，其教学效果更佳。例如，预备教师和现任教师在学习电子教科书的功能和使用方法时，也应学习根据小学生或中学生的特定学科内容，运用电子教科书可以开展哪种类型的教学活动。因为根据学科和学习者特性，会有不同的行之有效的教学方法，而且根据学习活动的类型不同，运用技术的方法也会有所不同。

TPACK 模型可以作为运用技术进行教学的教学设计模型。在利用 TPACK 模型进行运用技术的教学设计时，应根据以下三个阶段进行设计：(1) 设定教学目标；(2) 选择技术和教学活动；(3) 反思、执行以及修改（Chai，Koh，2018）。首先，在确定教学目标的阶段，教师应该考虑的是学习者需要学习的学科知识（CK）是什么，适合使用技术的主题（TCK）是什么，学习者在学习学科知识时会有怎样的困难（PCK），技术的加入是否可以提高教学效果（TPACK）等。在这一阶段，教师需要考虑的因素都与 TPACK 模型密切相关。其次，教师需要选择技术和教学活动并制作教案。在这一阶段教师需要考虑的是，通过教学活动可以培养学习者哪些方面的能力（PCK），能够有效开展学习活动的技术是什么（TPK），是否考虑了网络道德方面的问题（TPK），评价学习者对学习内容的理解程度的 ICT 工具有哪些（TPK），符合学习内容的技术有哪些（TPK），是否可以在网上获取教学资料（TPACK）等。最后，教师要对教案进行检查，并在实施运用技术的教学后通过反思修改和完善教案。在这一阶段需要考虑，课程对学习者能力开发有多大帮助（PCK），在运用技术的教学实施方面有哪些困难（TPACK）等。如上所述，TPACK 模型可以在设计和实施教学过程中，帮助教师进行决策。

三　运用技术进行教学的能力

预备教师可以通过教师培养机构开发运用技术进行教学的能力，而现任教师可以参与教育局或其他单位组织的有关技术的培训活动。选择教育培训项目时，为了达成 TPACK 模型的培训效果，可以从以下几个方面考虑：是否综合了学科内容、教学方法和技术，是否从实际情境中设计运用技术的教学，是否给予实践的机会。尤其是对预备教师来说，可以通过微格教学（micro teaching）或教育实习，在实际情境中设计、实施、反思教学，这些经验是十分重要的（林哲一等，2016）。

除了参与教育培训项目，还需要教师自主培养运用技术进行教学的能力。第一，要反思自己运用技术的教学设计和实践经历，了解自己在知识、技术和态度方面，还有哪些不足。例如，可以根据 TPACK 的七种知识（CK，PK，TK，PCK，TCK，TPK，TPACK）评价自身的优点和弱点。表8-6是写作教育中自我检查TPACK知识的示例表,教师可根据自己的学科情境适当修改这一检查表,以便开展使用技术进行教学的能力的自我检查。

表8-6　　　　　　写作教育的TPACK检查表示例

要素	内容	检查记录
CK	具备有关写作教育的丰富知识	
CK	具备理解写作教育内容的多种策略	
CK	理解并可以有效使用写作策略	
PK	可以使用多种教学方法授课	
PK	可以根据学生的理解水平调整教学方法	
PK	知道教学中评价学生表现的方法	
TK	具备熟练运用技术所需要的技能	
TK	日常生活中可以自己解决有关技术的问题	
TK	当有重要的新技术出现时,愿意学习新技术	
PCK	在写作教育中,知晓消除学生错误概念的方法	
PCK	在写作教育中,为了评价学生的理解程度,能够使用多种评价方法	
PCK	在写作教育中,可以使用熟悉的例子说明教学内容	
TCK	在写作教育中,能够帮助学生运用技术建构多种形式的知识	
TCK	在写作教育中,能够有效使用适合教学内容的技术	
TCK	在写作教育中,可以选择适合增强对教学内容理解的技术	
TPK	能够考虑学生的知识及技术差异,选择使用合适的技术	
TPK	可以运用技术方法了解学生成绩,并提供适当的反馈	
TPK	能够考虑学生兴趣使用技术	
TPACK	能够选择与写作教育内容和教学方法适合的技术	
TPACK	在写作教育中,能够适当综合教学内容、技术和教育方法	
TPACK	能够帮助同事组织写作教育的教学内容、教学方法和技术	

第二,通过反思发现不足之处后,可以运用国内外慕课(MOOC)进行自主学习。韩国的K-MOOC(http://www.kmooc.kr)和国外的edX(https://www.edx.org)、Coursera(https://www.coursera.org)等平台提供免费的或价格低廉的有关运用技术进行教学的线上学习材料。在MOOC

学习平台上，不仅有学习的视频课程，还可以与其他同伴学习者进行讨论，也可以针对学习任务或问答与教师进行互动，这些都有助于培养运用技术进行教学的能力。

第三，积极参加教师学习共同体或社团，同样有助于开发运用技术进行教学的能力。近期韩国出现了许多不同学校教师自发组成的教师学习共同体（如 chamssaem school、AKkumseon），共同体内的教师们积极共享信息和资料。通过这类共同体的活动，教师不仅可以学习有关运用技术的教学知识和技术，还可以在解决学校面临的多种困难和挑战时学习到所需要的经验（Coburn et al., 2012）。同时，通过其他教师成功或失败的案例分享，不仅可以得到实质性的帮助，还可以在分享运用技术进行教学的经验时，获得情绪上的支持，提高教学积极性。

练习和探究问题

1. 请说明在培养第四次产业革命时代所需人才中技术起到的作用。
2. 请举例说明在教学中将技术作为媒体和认知工具时使用技术的差异。
3. 请制作学科教学中提高学生数字素养的教案。
4. 请反思自己运用技术进行教学的能力，针对不足之处制订实践计划。

参考文献

강명희, 정재삼, 조일현, 이정민, 임규연, 소효정 (2017). 교육방법 및 교육공학. 파주: 교육과학사.

김수환, 김주훈, 김해영, 이운지, 박일준, 김묘은, 이은환, 계보경 (2017). 디지털 리터러시의 교육과정 적용 방안 연구. 한국교육학술정보원 연구보고 KR 2017-4.

박일준, 김묘은 (2019). 디지털 & 미디어 리터러시: 디지털을 읽고 분석하고 쓸 줄 아는 능력. 부천: 북스토리.

손미현, 조영환, 정대홍 (2018). 어포던스 관점에서 살펴본 디지털 탐구도구의 역할과 특징: 과학탐구 활동 사례를 중심으로. 현장과학교육, 12(2), 274-286.

이소민, 김효정 (2020). 가상현실(VR)을 활용한 미술 감상수업이 학습자의 학습동기 및 학업성취도에 미치는 영향. 교과교육학연구, 24(2), 167-177.

이애화 (2015). 디지털 리터러시 교육을 위한 디지털 역량의 개념적 특성과 한계. 교육문화연구, 21(3), 179-200.

이운지, 임선아, 김한성, 이현숙 (2019). 초·중학생의 디지털 리터러시 수준 예측 요인에 대한 다층모형 분석. 한국교육, 46(2), 35-60.

이지선 (2015). 컴퓨터적 사고를 기반으로 한 컴퓨터 교육에 디자인적 사고 적용에 관한 연구: 초등학교 컴퓨터 교육을 중심으로. 한국디자인문화학회지, 21(1), 455-467.

이현숙, 김수환, 김한성, 이운지, 임선아, 박세진 (2019). 2018년 국가수준 초·중학생 디지털 리터러시 수준 측정 연구. 한국교육학술정보원 연구보고 KR 2019-1.

임지영, 진명화, 임규연 (2020). SW교육에서 초등교원의 TPACK 역량에 대한 교육요구도 분석. 교육정보미디어연구, 26(4), 879-907.

임철일, 한형종, 홍영일, 이선영, 이은철, 장수 (2016). 스마트 교육의 효과적 운영을 위한 예비교사 역량 향상 교육 프로그램 모형 개발 연구. 교육정보미디어연구, 22(2), 351-380.

조영환, 김윤강, 황매향 (2014). 3차원 가상세계 역할놀이를 통한 초등학교 예비교사의 문제해결력 증진 방안에 관한 사례연구. 교육공학연구, 30(1), 45-75.

Ala-Mutka, K. (2011). *Mapping digital competence: Towards a conceptual understanding*. Luxembourg: Publications Office of the European Union.

Carretero, S., Vuorikari, R., & Punie, Y. (2017). *The digital competence framework for citizens*. Publications Office of the European Union.

Chai, C. S., & Koh, J. H. L. (2018). *The scaffolded technological pedagogical content knowledge lesson design model*. In Y. H. Teo, & J. H. L. Koh (Eds.), Technology-enhanced 21st century learning (pp. 99–112). Singapore: Pearson.

Clark, R. C., & Mayer, R. E. (2011). *E-learning and the science of instruction: Proven guidelines for consumers and designers of multimedia learning* (3rd ed.). San Francisco: Pfeiffer.

Coburn, C. E., Russell, J. L., Kaufman, J. H., & Stein, M. K. (2012).

Supporting sustainability: Teachers' advice networks and ambitious instructional reform. *American Journal of Education*, *119* (1), 137–182.

Collins, A., & Halverson, R. (2009). *Rethinking education in the age of technology: The digital revolution and schooling in America.* New York: Teachers College Press.

Divaharan, S. (2018). *Cyber wellness in the 21st century: Themes and recommendations.* In Y. H. Teo, & J. H. L. Koh (Eds.), Technology-enhanced 21st century learning (pp. 220–229). Singapore: Pearson.

Engeström, Y. (1987). *Learning by expanding: An activity-theoretical approach to developmental research.* Helsinki: Orienta-Konsultit.

Ertmer, P. A. (2015). *Technology integration.* In J. M. Spector (Ed.), The SAGE encyclopedia of educational technology (pp. 747–750). Thousand Oaks, CA: SAGE Publications.

Gilster, P. (1997). *Digital literacy.* New York: Wiley Computer Pub.

Harmes, J. C., Welsh, J. L., & Winkelman, R. J. (2016). *A framework for defining and evaluating technology integration in the instruction of real-world skills.* In Y. Rosen, S. Ferrara, & M. Mosharraf (Eds.), Handbook of research on technology tools for real-world skill development (pp. 137–162). IGI Global.

Hague, C. & Payton, S. (2010). *Digital literacy across the curriculum.* UK: Futurelab.

Howland, J., Jonassen, D. H., & Marra, R. M. (2012). *Meaningful learning with technology.* Columbus, OH: Merrill/Prentice-Hall.

Jonassen, D. & Reeves, T. (1996). *Learning with technology: Using computers as cognitive tools.* In D. Jonassen (Ed.), Handbook of research on educational communications and technology (pp. 693–719). New York: Scholastic.

Mishra, P., & Koehler, M. J. (2006). *Technological pedagogical content knowledge: A framework for integrating technology in teacher knowledge.* *Teachers College Record*, *108* (6), 1017–1054.

Murphy, E., & Rodriguez-Manzanares, M. A. (2008). Using activity theory and its principle of contradictions to guide research in educational technology. *Australasian Journal of Educational Technology*, *24* (4), 442 – 457.

Resnick, M., & Robinson, K. (2017). *Lifelong kindergarten: Cultivating creativity through projects, passion, peers, and play*. MIT press.

Salomon, G. (Ed.) (1993). *Distributed cognitions: Psychological and educational considerations*. New York: Cambridge University Press.

Shulman, L. (1986). Those who understand: Knowledge growth in teaching. *Educational Researcher*, *15* (2), 4 – 14.

Vosniadou, S., & Brewer, W. F. (1992). Mental models of the earth: A study of conceptual change in childhood. *Cognitive Psychology*, *24*, 535 – 585.

附表7　　　　　　　　第八章引用文献对照

	对应韩文
(Kang et al., 2017)	강명희, 정재삼, 조일현, 이정민, 임규연, 소효정 (2017)
(Kim et al., 2017)	김수환, 김주훈, 김해영, 이운지, 박일준, 김묘은, 이은환, 계보경 (2017)
(Park, Kim, 2019)	박일준, 김묘은 (2019)
(Son et al., 2018)	손미현, 조영환, 정대홍 (2018)
(Lee, Kim, 2020)	이소민, 김효정 (2020)
(Lee, 2015a)	이애화 (2015)
(Lee et al., 2019)	이운지, 임선아, 김한성, 이현숙 (2019)
(Lee, 2015b)	이지선 (2015)
(Yi et al., 2019)	이현숙, 김수환, 김한성, 이운지, 임선아, 박세진 (2019)
(Lim et al., 2020)	임지영, 진명화, 임규연 (2020)
(林哲一等, 2016)	임철일, 한형종, 홍영일, 이선영, 이은영, 장수 (2016)
(趙潁桓等, 2014)	조영환, 김윤강, 황매향 (2014)

第九章

运用技术进行教学的实践

宋英浩是师范学院韩国语教育专业在读的学生,他平时对新技术十分感兴趣。最近,英浩对人工智能产生了兴趣,在学习了编程软件 Python 后,和朋友一起开发了韩语教学的聊天机器人。虽然刚开始一直失败,但在经过计算机专业朋友的帮助后,最终开发出了可以通过智能手机来互动的聊天机器人。这学期英浩到了一所中学实习。实习期间,英浩需要设计和实施教学,他对于如何才能有效运用技术进行教学的问题十分苦恼。英浩希望在课堂上运用计算机、智能手机、互联网、人工智能等技术来提高中学生的学习动机,促进他们主动学习,然而他不知道使用何种技术以及如何使用技术才能达到最佳的效果。

运用技术进行教学,不仅对实习教师来说很重要,对于学校里教学的每一位老师都很重要。由于新冠疫情的影响,线上教学的比重增加,人们对如何有效运用技术的关注度也大幅增加。本章将了解如何在课堂学习、翻转式学习(Flipped Learning)和在线学习中有效地运用技术。翻转式学习是运用技术将课堂学习和线上学习相结合的代表性例子。

> **目 标**
>
> 1. 说明运用尖端技术有效进行教学的方法。
> 2. 设计线上和线下相结合的翻转式学习。
> 3. 提出有效设计线上学习的策略。

第一节　运用技术的课堂教学

运用技术进行教学设计时，需要考虑与技术相交互的教学系统中的多种组成要素。有必要检验学生是否充分具备数字素养，是否选择了适合技术的教学活动等。了解技术本身的特征后使用技术，对提高学生的参与度和成绩有很大的帮助。为了改善课堂教学，可以使用多种多样的技术，本节将以移动学习（mobile learning）、游戏化（gamification）、运用人工智能的教学三个主题为中心，探讨如何在课堂教学上有效运用尖端技术的方法。

一　移动学习

（一）移动学习的特征

移动学习是以无线互联网和卫星通信技术为基础，运用移动技术（mobile technology）进行的一种数字学习。数字学习是一种基于互联网技术的系统，通过使用多种媒体可以让学习者不受时间和场地的限制，与其他学习者、教师、学习内容进行交互，从而可以获得丰富的学习经验。数字学习可以在教室内或教室外实施，这一点与教师和学生在物理上分离的线上学习有所区别。

随着可以随身携带的平板电脑（见图9-1）和智能手机的出现，移动学习越来越受到瞩目，并且这些设备可以搭载多样化的教育软件。移动学习既是个性化的，也可以指基于无线网络可随身携带的教育和学习形式。这种形式不仅可以在教室内促进教师和学习者之间的互动，也可以提供有效连接校内外的学习经验。

平板电脑带有电脑的主要功能，携带方便，通过手指触屏可以直观地交互，在移动学习和电子教科书中广泛运用。

移动学习的目的是实现随时随地学习的教育理想。移动学习的出现摆脱了数字教育在教室内、特定时间内进行教学的局限。例如，教师可以使用一款叫作Socrative的应用软件，在教学过程中上传简单的问题，学生可以通过个人平板电脑或智能手机回答问题，而教师通过这个应用软件管理整个学习过程。同时，运用智能手机可以在课堂外实现多种形

图 9 – 1　便携式的平板电脑

态的合作学习和探究学习。例如，学习者拍摄自己家附近的动植物与其他学习者分享，在课堂上使用照片进行科学探究活动。

　　移动学习有以下几个特征。第一，移动学习可以帮助学习者在实际情境中学习。根据学习者的个人位置和所处的情境，通过移动设备提供适合的学习内容。例如，在参观美术馆时，走近某些特定作品，智能手机就会自动收集到关于作品的信息或学习活动（如问答、游戏），以促进实际学习。这一特征体现了移动学习与普通教室教学或运用计算机教学的根本区别。第二，移动学习支持学生的个性化学习。因为移动设备方便携带，所以无论何时何地都可以进行信息搜索，通过笔记或照片、录像记下想要记录的内容。这一点可以促进体现学习者兴趣和要求的个性化学习，通过帮助学习者自主学习，提高学习效果。第三，移动学习可以将学习者个人的学习成果通过学习者之间的社会性互动进行共享，因此具备共享的特点。运用 Facebook、Twitter、Naver Band 等社交网络服务（Social Networking Service，SNS）可以将移动学习活动或成果轻松地与教师或其他学习者分享。这一点是移动学习的技术运用于合作学习的重要特征。

　　（二）智慧教育与电子教科书

　　在韩国，移动学习也被称为"智慧教育"或"智慧学习"（韩国教育科学技术部，2011）。由于运用平板电脑或智能手机进行教育而得出了"智慧教育"一词，在这里智慧教育在教育方法上指以下五种教育方向

（SMART）。

· **自我导向式**（Self-directed）**学习**：通过智慧教育，学习者由知识接收者逐渐转变为知识生产者，教师则是学习帮手而不是知识的传递者。学习也不再局限于教室内，学生可以随时随地进行自主学习。

· **激发动机式**（Motivated）**学习**：在智慧教育中，学习者是带着学习动机和兴趣参与学习的，摆脱了传统讲授式教学的被动性。智能设备的运用不仅实现了合作学习、教室外体验学习等教育方式的转变，也激发了学习动机。

· **灵活定制化**（Adaptive）**学习**：智慧教育可以实现符合学习者特性和水平的个性化教学。智慧教育结合反映学习者喜好和要求的定制化教育，根据学习者的学习过程和结果灵活地调整学习内容和水平。

· **丰富资料的**（Resource enriched）**学习**：公共机构、私营部门或个人开发的丰富资料都可以自由运用于教育中。学生还可以利用社交网络扩大学习资源的共享和合作学习。

· **技术沉浸式**（Technology embedded）**学习**：基于云计算（cloud computing）的学校基础设施和无线网络等技术构建了可以随时随地学习的环境。

智慧教育的五种方向不仅可以运用于移动学习，也适用于运用各类技术的教学。韩国为了支持智慧教育，以社会、科学、英语学科为中心开发了电子教科书，并在中小学进行普及。电子教科书提供了课堂教学中所需要的视频、动画、虚拟现实等数字资料。同时，为了支持自主学习，也提供了笔记、彩笔标记、批注、书签、录音、记事本等功能。如果学习者对内容有疑问，也可以在教科书、教育网、知识百科等搜索相关内容。电子教科书连接了线上学习社区，因此电子教科书中的笔记和批注可以轻松地与其他教师和学习者共享。

学习者也可以在自己的平板电脑中下载电子教科书参与教学活动。在急速变化的社会中，电子教科书运用多媒体、虚拟现实、增强现实技术等多样化的形式提供最新的信息和知识，将大量的学科内容载入智能设备当中，具备随时随地可以使用的优点。即使具备这些优点，如果不改变以知识传递为中心的教学方式，那么电子教科书也会毫无用处。传统教科书多数被用作知识传递的工具，从这一点来看，电子教科书与以往的纸质版教科书差别不大,而且电子教科书中搭载的教学所需多媒体的内容没有 YouTube 等 SNS 平台上的资源丰富。因此,为了有效运用电子教科书进行教学,需要以"用技术学习"(learning with technology)的观点,结合电子教科书、智能设备和线上学习社区的多样化功能,将其运用于以学习者为中心的教育(Sung et al., 2017)。

设计运用电子教科书的教学时,可以考虑以下四种方法。第一,课堂教学中,学习者可以独自学习电子教科书的多媒体素材,利用搜索功能查找不懂的内容,解决教师提供的问题。如果需要电子教科书之外的实质性资料,教师可以提供获取文本的二维码,来支持学习者自主学习。第二,学习者进行探究活动或校外参观活动时,可以将观察的内容拍照上传至电子教科书的笔记中。照片可以帮助学习者减轻记忆的负担,并且可以让学习者在笔记中一同记下说明,以培养学习者的高级思维。学习者可以利用拍摄的照片和笔记,将校内学习内容和校外的经验连接起来。第三,学习者的文章、照片、视频等可以分享到线上学习社区中,通过其他学习者的提问和反馈,促进学习者之间的交互。在这样的交互活动中,学习者可以通过其他学习者的帮助,解决独自思考难以解决的困难问题,通过合作解决复杂的实际问题。第四,电子教科书可以持续收集学习者的学习数据,通过对数据的分析,可以将其应用于形成性评价或支持学习者个性化的学习过程。今后随着人工智能和大数据技术的发展,电子教科书将反映学习者的需求,自动支持和提供个性化学习。

二 游戏化

(一) 游戏化的意义

为了帮助没有学习兴趣或不遵守班级规则的学习者主动地参与到学习中,可以在教学中使用游戏化元素。游戏化(gamification)不是指游戏,而是运用游戏的元素或原理。游戏化可以应用在包括教育的很多领域中。例如,将楼梯台阶设计成像钢琴键盘的黑白键一样,每当脚踩到台阶时,发出特定的音节,那么平时不喜欢上楼梯的人,也会因为脚踩键盘的乐趣而经常使用楼梯。正如这一例子,运用游戏的反馈和激励元素,可以赋予人们更多的动机,去做一些不会自发主动去做的事情。

在教育领域,广义的游戏化定义不仅包含教学中游戏元素的应用,还包括功能性游戏（serious game）（Kim，2014）。功能性游戏不以娱乐为目的，而是以学习知识或技能为目的。根据这一点，区别于其他类型的游戏。例如，为了教授学生如何针对因溺水而失去意识的人进行心肺复苏而开发的第一人称视角的视频游戏就属于功能性游戏。除此之外，还有有关学习数学、科学、英语等学科的基础知识的各种功能性教育游戏，这些教育游戏包括从反复解决问题的游戏到在虚拟学习环境中通过高级思维和推理解决实际问题的游戏。

从狭义的角度来说，将游戏的多种要素运用于实际教学情境中也被称为游戏化（Kim，2014）。目前，许多研究试图通过分析数字游戏中哪些因素可帮助学习者沉浸于学习，并试图在课堂上将游戏元素应用于激发学习者动机和促进参与。区别于功能性游戏，狭义的游戏化在教室环境中实现。比起学习结果，狭义的游戏化更注重提高学生学习动机的过程（Bai，Hew，Huang，2020）。下面将介绍运用狭义游戏化的教学设计原理和案例。

（二）游戏化原理和技术

为了实现游戏化，需要理解游戏的组成要素，以及如何有效整合游戏因素从而能够有效促进学习者参与。游戏的组成要素包括目标、规则、反馈、激励机制、等级和故事脚本（Kapp，2016）。第一，游戏中需要有非常具体的并且有吸引力的目标，在游戏结束时，根据量化结果确认目标完成的程度。第二，为了完成目标，参与者需要遵守游戏中的各种规则，并按照规则与队员互相竞争或合作。第三，游戏中需要频繁提供距离目标完成程度的反馈，失败时需要给予再次挑战的机会。游戏中即使失败也不会造成任何损失，而且可以重新开始。因此为了解决问题和证明假设，可以进行各种尝试。第四，完成任务时给予激励。完成小的任务时可以给予积分或奖章，而积分达到一定水平以上时将得到更大的激励。作为一种激励机制的积分榜（leader board），它可以帮助参与者互相比较各自的分数，积分高的参与者可以得到更多的成就感和满足感，而积分低的参与者会被激发努力参与的动机。第五，根据任务的难度区分初级、中级、高级等游戏等级。刚开始参与者完成简单的初级任务，随着知识和技能的提升，逐渐完成难度大的高级任务。一般游戏设计都需要完成初级任务目标才能挑战高级任务，但也有些游戏可以让参与者自主选择游戏难度等级。第六，不是所有的游戏都需要故事脚本，但是故事脚本是增加游戏乐趣的因素之一。故事脚本可以提供所执行任务的详细情境，因此使得参与者的行为和想法在特定的情境中具有意义。

在教学中应用游戏化元素需要有效地使用技术。在教学中，学习者可以利用智能手机登录学习平台，参与类似于游戏的测验活动。教师可以在测验问题中添加图片或视频，并且可以设计让学习者在有限的时间内选择问题的答案。教师可以运用教室正面的投影屏幕或显示器提出测验问题，而学习者使用自己的智能手机回答问题。每回答完一个问题，学习者的回答结果会以柱状图的形式显示在教师的屏幕上，在积分榜上会以学习者答题速度和准确率显示学习者的姓名和分数。在测验结束后，分数排前三名的学生将获得奖章。学习者可以实时确认自己的测验答题情况，根据答对次数和答题速度获得分数，根据积分榜和奖章获得奖励。

Classcraft 提供了类似游戏的线上学习环境，学习者根据班级规则获得反馈和奖励。学习者可以选择指导者、魔法师、治疗师中的一个角色来创建自己的虚拟形象（avatar），每个角色都有不同的优点。学习者将多种角色组成小组，共同完成打击怪物、守护村庄等虚拟世界的任务。每当学习者完成事先约定的任务时，教师会赋予学习者经验值（experience point）。例如，学习者回答教师问题或帮助其他学习者就会获得经验值。积累经验值后，学习者等级上升，将获得能量值（power point），学习者可以运用能量值享有延迟提交作业、免除测验等实质性的优惠。同时，当学习者做出违反规定的行为时，教师就会扣除虚拟形象的健康值（health point）。学习者迟到、辱骂他人或晚交作业就会失去健康值，当健康值全部扣完时，学习者会得到提早交作业等惩罚。一名学生获得惩罚时，所有队员的健康值都会有所减少，因此队员之间的相互依赖性很强。Classcraft 中包含了规则、反馈、激励、惩罚和等级等游戏化元素，以及学习者之间的合作和以虚拟形象为媒介的故事元素。

根据 Meta 分析，教育领域的游戏化对于学习有积极的影响（Bai, Hew, Huang, 2020）。游戏化可以促进学习者的投入，提供有关任务进行与完成情况的反馈。学习者得到奖章或等级上升时，就会有成就感，从而愿意设立更高的目标。但是，只强调激励和惩罚，学习者的内在动机可能会减少。如果为了得到奖励而努力参与教学活动，那么当奖励消失时，自主学习的动机将会减少。同时，当积分和奖励变得重要时，会加

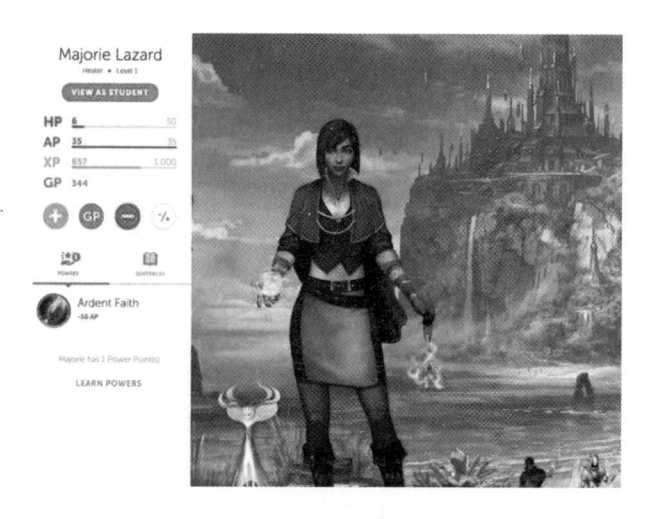

图 9-2　Classcraft 的虚拟形象

资料来源：https://mp.weixin.qq.com/s/nKyB4XfEK9v8WWdMmjF2VA。

剧学习者之间的竞争，而分数较低的学习者会感到不安和受挫。因此，比起注重激励，更应该注重结合沉浸理论和自我决定性理论（self-determination）来进行游戏化教学的设计。

在教学中结合游戏元素时需要考虑以下六点原理（Huang, Hew, 2018）。第一，在教学初期要明确地说明游戏的规则。当积分、奖章、激励等规则不明确时，学习者会感到混乱。第二，教学设计时，应注意游戏化策略要与教学目标和学习活动相匹配。为了实现有效的游戏化策略，需要进行有助于达成教学目标的学习活动。第三，设计学习者完成任务时能够获得成就感的课程。当学习者接收到有关学习参与和成就的积极反馈时，会有助于学习者的自我效能感提升。如果未能成功完成任务，需要提供反馈和重新执行任务的机会。第四，设置等级，让学习者由简单的任务开始，逐渐到困难的任务。提供多种等级的任务，可以让学习者自行选择任务，支持学习者的自主性，促进内在学习动机。第五，在完成任务时，所有学习者应该具备同等的机会。完成任务的资源不足时，游戏化教学可能导致学习者被不公平对待。第六，为了不让游戏化引发过度竞争，需要提高学习者之间的相互依赖性。设计团队任务时，需要让各组员的成就积极影响其他组员，这样团队间的信息共享和情感支援会更加活跃。

三 运用人工智能的教学

（一）人工智能的意义

人工智能是指能产生人类智能行为的计算机系统。人工智能可以像人类的感知器官一样识别外部的事物和信息，从数据中找到规律，制作预测模型，通过逻辑推理解决问题。近年来，人工智能技术迅速发展，我们周围生活中可以轻易找到人工智能音箱或聊天机器人。许多学习者误认为人工智能就是机器人，其实除了机器人之外，利用传感器识别世界的模式、为了推理而制作的模型、通过数据来进行的学习、与人类进行自然交互的计算机系统都属于人工智能。

目前的人工智能，在围棋或国际象棋等特定领域可以做到像人类一样完成任务，这被称为弱人工智能（Weak AI），他们不是完全像人一样可以完成多领域智能活动的强人工智能（Strong AI）。虽然是弱人工智能，但是也可以反映学习者的兴趣和要求，支持定制化学习，因此对教学有很大的影响。教师很难一一指导教室内的学生，而运用人工智能可以定制化帮助学习者理解学习内容和解决问题，为学习者提供最合适的任务和资料。下面将介绍运用人工智能的教学，主要从智慧教学系统（Intelligent Tutoring System，ITS）、运用聊天机器人（chatbot）的教学、智慧学习环境、基于人工智能的创作活动四个方面进行介绍。

（二）智慧教学系统

基于人工智能的智慧教学系统，在语言、数学、科学等学科中可以帮助学习者检查问题解决过程、分析错题，为学习者提供需要的资源和反馈。卡内基梅隆大学所开发的 MATHia[1] 在帮助学习者解决数学问题时，可以评价学习者的知识和能力水平，推荐最适合的数学题；并且当学习者遇到困难时，可以提供适应性反馈和提示。韩国开发的数学教育平台 Knowre[2] 通过分析学习数据，提供多样化的方法帮助学习者提升学习成绩；并且为了防止学习者再犯同样的错误，还提供了针对性的定制

---

[1] https：//www.carnegielearning.com/products/software-platform/mathia-learning-software.

[2] https：//www.knowre.com.

化内容。除了数学之外，智慧教学系统可以有效运用于具有固定答案的结构化问题（well-structured problem）的相关知识和技能的学习。智慧教学系统还可以根据学生的成绩提供最优化的学习路径和系统化的学习资源，就像教师对学习者进行一对一的指导。

智慧教学系统是基于教学模型（pedagogical model）、领域模型（domain model）、学习者模型（learner model）构成的（Luckin et al., 2016）。教学模型包括最有效的教学方法，在什么时候提供什么学习支援；领域模型包括数学、科学、英语等学科内容的知识；而学习者模型包含学习者的先前知识、概念（有可能是错误的）、参与度等内容。如图9-3所示，智慧教学系统会持续收集学习者学习或解题的数据，通过人工智能算法分析数据，根据结果提供适应性反馈或提示等来帮助学习者学习。学习者模型还会根据数据分析的结果，准确推断学习者目前的状态。根据智慧教学系统三个模型中的动态变化，为学习者提供个性化学习内容或问题。同时，个别的智慧教学系统还具备开放学习者模型（open learner model）的功能。这些模型可以为教师或学习者提供有关学习者的参与度、成绩、错误概念等相关的分析结果，帮助学习者反思学习过程。为了将智慧教学系统运用于知识学习之外的目的，则有必要增加情感性、社会性、元认知等模型。

（三）运用聊天机器人的教学

聊天机器人（chatbot）是聊天（chatting）和机器人（robot）的合成词，可以通过文字和语音与学习者进行交互。聊天机器人不仅可以根据用户的要求提供自动化回答，而且可以运用自然语言处理（natural language processing）技术和机器学习（machine learning）技术与用户达成自然的对话。用户不仅可以使用智能手机或电脑等设备与聊天机器人进行交互，还可以使用亚马逊的Alexa、Kakao Mini、NaverClova等人工智能音箱与聊天机器人进行对话。现在，教师们可以使用谷歌的Dialogflow，韩国Kakao公司的i Open Builder、LG CNS公司的Danbee等聊天机器人开发平台。这些平台仅需具备基础电脑编程知识，就可以开发教学中所需要的聊天机器人。

在教育领域，运用聊天机器人可以不受时间和场地的限制，为学生提供个性化支持。聊天机器人可以根据学习者的反应提供个性化提问或回答，也可以根据学习者的特征提供个性化学习指导和帮助。例如，佐治亚理工学院（Georgia Institute of Technology）开发了基于人工智能聊天

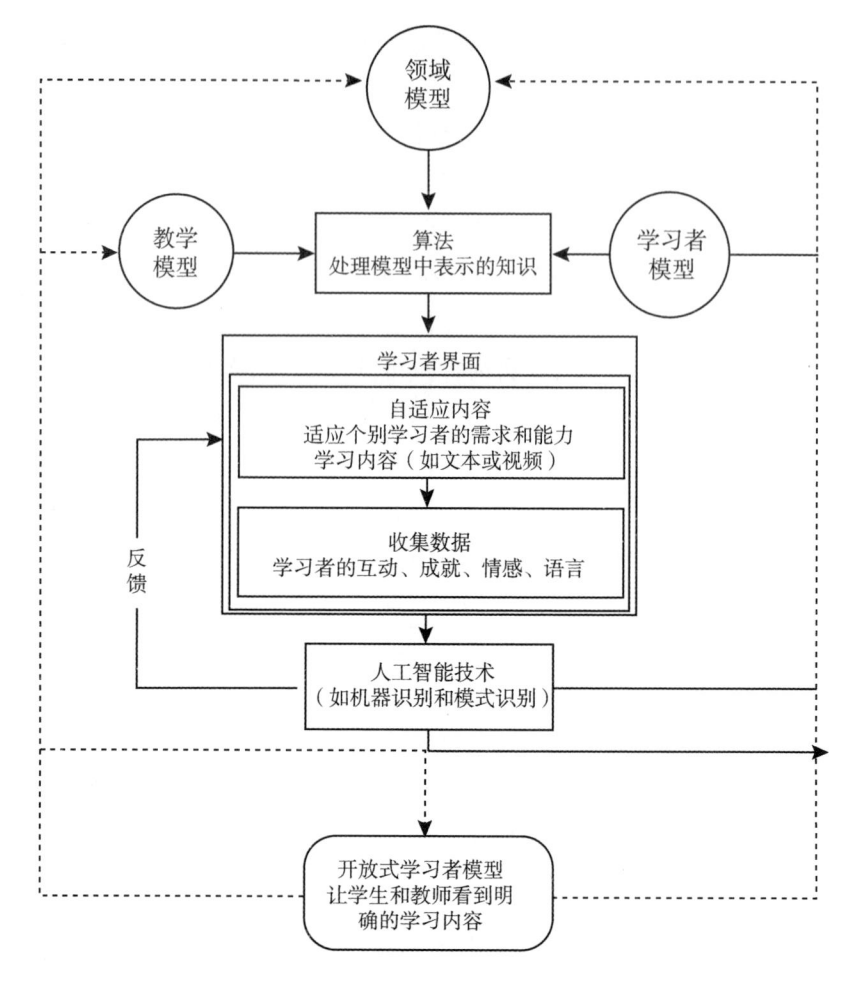

```
                    ┌──────────┐
          ┌────────▶│ 领域模型 │◀────────┐
          │         └────┬─────┘         │
          │              ▼               │
    ┌──────────┐   ┌──────────────┐  ┌──────────┐
    │ 教学模型 │──▶│     算法     │◀─│学习者模型│
    └──────────┘   │处理模型中表示 │  └──────────┘
                   │   的知识     │
                   └──────┬───────┘
                          ▼
          ┌─────────────────────────────────┐
          │          学习者界面             │
          │  ┌───────────────────────────┐  │
          │  │       自适应内容          │  │
          │  │ 适应个别学习者的需求和能力│  │
          │  │ 学习内容（如文本或视频）  │  │
          │  └─────────────┬─────────────┘  │
          │                ▼                │
          │  ┌───────────────────────────┐  │
          │  │        收集数据           │  │
          │  │ 学习者的互动、成就、情感、│  │
          │  │           语言            │  │
          │  └───────────────────────────┘  │
          └──────────────┬──────────────────┘
            反馈         ▼
                 ┌─────────────────┐
                 │  人工智能技术   │
                 │（如机器识别和   │
                 │   模式识别）    │
                 └────────┬────────┘
                          ▼
                 ┌─────────────────┐
                 │开放式学习者模型 │
                 │让学生和教师看到 │
                 │ 明确的学习内容  │
                 └─────────────────┘
```

图 9-3　智慧教学系统的结构

资料来源：文献（Luckin et al., 2016）。

机器人的助教——Jill Watson，为计算机科学课上的学习者提供 24 小时的适应性帮助。在 MOOC 等大型课堂上，教师很难即时回答每个学习者的问题，而聊天机器人可以有效解决这一问题。同时，针对中小学生开发的语音聊天机器人 Mia，在提高学习者阅读兴趣方面十分有效。Mia 可以根据学习者喜好推荐图书，与学习者分享对书的想法，为促进思考而向学习者提问，也可以为提升学习者阅读能力而提供适应性指导。在韩国，也有在科学课上使用聊天机器人帮助学习者学习岩石分类的案例。当学习者观察多种岩石时，可以向聊天机器人进行个别提问或索要资料（釜山教育厅，2019）。综上所述，聊天机器人不仅可以回答学习者的问题，还可以为促进学习者思考而提问，甚至可以在学习者回答错误时提供反馈和学习者需要的适应性资料。

聊天机器人还可以代替人与学习者进行反复对话，这一点可以有效运用于外语教育中。针对校园中缺乏外教的情况，聊天机器人可以增加用外语对话的机会，减少学生直接面对外国人的心理负担和紧张感（Yoon，Park，2020）。例如，运用人工智能聊天机器人，可以模拟交通、购物、电影院、餐厅等多种情境，利用外语进行反复对话。聊天机器人还可以有效评价学习者的文本或语音信息，提供适应性学习指导和反馈。聊天机器人可以储存学习者的语音内容，从语调、语速、准确度、流畅度等多个方面提供适应性反馈，并且引导学习者反复练习失误的部分。聊天机器人在外语教育中最大的优点是，学生在对话的过程中可以自然地学习到地道的外语表达和词汇。

（四）智慧学习环境

基于人工智能的智慧学习环境可以帮助学习者自主建构知识、探究原理、自主学习。智慧教学系统将重点放在向学习者有效传递知识上，而基于建构主义的智慧学习环境重点支持以学习者为中心的学习。在智慧学习环境中，人工智能可以帮助教师提供建模、指导、搭"脚手架"等支持学习的实质性任务。

贝蒂的大脑（Betty's Brain）是通过贝蒂这一虚拟智能体，支持在"教中学"（learning by teaching）的人工智能程序（Biswas, Segedy, Bunchongchit, 2016）。学习者通过阅读资料进行学习，将自己理解的内容构成因果关系图（causal map），贝蒂基于因果关系图回答学习者的问题（如破坏森林对地球温度有什么影响?），并解决系统提供的测验问题。如果贝蒂回答错误，学习者就需要修改因果关系图，从而帮助贝蒂正确推论。在这一过程中，贝蒂提供促进学习者动机的反馈，虚拟智能体大卫先生（Mr. Davis）则提供有关学习策略的指导和帮助。因此，学习者可以通过教人工智能体贝蒂，自主建构科学知识。

人工智能还可以帮助自主学习能力弱的学生持续检测学习过程，促进学习者主动参与学习。例如，运用线上模拟进行科学实验时，学习者经常注意力不集中，做一些与任务无关的事情，或为了轻松解决问题而不停使用提示。人工智能收集和分析学习者参与探究活动的数据，当发现学习者注意力不集中时，及时提供反馈和学习支援（Gobert，Baker，Wixon，2015）。

此外，智慧学习环境（Stanford Mobile Inquiry-based Learning Environment，SMILE）①支持学习者提问并与其他学习者问题共享。为了帮助只提问单纯事实或信息的低水平问题的学习者，SMILE 会在学习者提问时运用人工智能技术自动提供有关问题水平的反馈。这类反馈会帮助学习者提升创新性等高级思维能力。

（五）基于人工智能的创作活动

在软件教育和 STEAM 教育中，人工智能可以作为辅助创作的工具。在现实生活中，已经开发了基于人工智能的无人驾驶汽车、推荐系统、健康管理助手等。从这一点来看，运用人工智能的创作活动可以提供实际情境，诱发学习者的兴趣。

人工智能中的机器学习技术经常被学习者用于开发电脑程序。过去，人工智能是通过人类制定的规则进行推理和解决问题，而机器学习则是通过对大量数据的学习，自行制定规则并预测结果。机器学习根据数据导出模型，通过模型可以自动分类新的数据。因此，机器学习可以应用于多种领域。例如，教师对学习者的文章进行评价和打分时，可以根据评价结果训练机器学习，使程序对新的文章自动评分。因为机器学习可以根据教师提供的数据学习文本特征与分数之间的关系，自动生成模型。而且，深度学习（deep learning）就是一种基于人工神经网络（artificial neural network）生成模型的机器学习，2016 年与李世石进行围棋竞赛的 AlphaGo 正是使用深度学习开发的。

最近，出现了很多运用机器学习技术支持学习者开发软件的线上学习平台。例如，学习者可以使用 Teachable Machine 网站，用图片、语音、视频资料制作机器学习模型。在 Teachable Machine 上传多张猫和狗的照片，并根据照片进行分类，能够自动生成区分猫和狗的机器学习模型。此外，运用 Scratch、Entry、Python、App Inventor 等平台，也可以开发实用且有趣的机器学习软件。例如，开发可以阻止恶性评论的软件，或运

---

① https：//smile.stanford.edu.

用人工智能音箱开发根据用户语音开窗关窗的动画（Kim et al.，2020）。运用机器学习的创作活动可以有效培养学习者的创新性、设计思维、计算机思维和人工智能素养。

由于创作工具中已经内置了机器学习等人工智能技术，因此学习者在不具备计算机编程能力的情况下，也可以参与运用人工智能的创作活动。谷歌开发的 AutoDraw 可以基于学习者的简笔画，自动推荐多幅专家画作，供学习者选择喜欢的画。微软公司开发的 Sway 可以在制作幻灯片资料时，基于学习者的文章自动推荐图片和设计，因此学习者可以更集中于幻灯片的内容制作（Zimmerman，2018）。利用这类创作工具，可以完成一人很难完成的创作品，把更多的时间投入创意中去。

正如前文所述，教学中应用人工智能的目的是多样化的。但是，人工智能并不总是可以正确且公正地做出判断。数据的大小和质量会影响机器学习模型的准确度，当使用针对特定阶级或团体的数据时，机器学习可能出现带有偏见的决策。同时，当人工智能把学习者的创意误判为错误答案时，可能会诱导学习者回答普通的答案。为了预防这类危险，教师需要了解人工智能进行推荐和决策的原理，必要的话，开发可以改变推荐和决策算法的人工智能。为了提高人工智能软件的性能，在收集大量教育数据的过程中，需要保证教师或学习者的隐私（privacy）不受侵犯。教师还需要注意，教育科技企业不能在没有得到学习者同意的情况下，将收集的信息应用于教育以外的其他目的。

第二节　翻转式学习

一　翻转式学习的特征

翻转式学习（Flipped Learning）也叫反向学习、逆转学习、逆进行学习、反转学习。翻转式学习是指将直接教学（direct instruction）的集体学习空间（教室）转移为个人学习空间，使教学中的集体教学空间变为主动式的、可交互式的学习环境（Flipped Learning Network，2014）。在传统的教室学习中，学习者在听教师讲课和解答练习题上花费大部分时间。相反，在翻转式学习中，学习者通过教师提供的视频讲解和学习资料，按照自己的学习进度自行学习。在教室里，学习者主要参与探究学习、问题导向学习、项目导向学习等多种以学习者为中心的学习活动。翻转式学习是强调个性化学习的教学方法，因此不具备特定的学习顺序，课程可以根据教育情境以多种方式进行（Bergmann，Sams，2014）。

翻转式学习的主要特征有灵活的教学环境（flexible environment）、学习型的文化（learning culture）、精心策划的学习内容（intentional content）、专业的教育者（professional educator）（Flipped Learning Network，2014）。这些特点就是翻转式学习的四个中心（F-L-I-P）。第一，为了创造灵活的教学环境，需要为学习者提供可以反思学习的时间和空间，持续观察学习者以便提供适当的帮助，并且提供多种学习方法及评价方式。第二，关于学习型的文化方面，主要是指教师不再主导课堂教学，而是提供个性化的支持和反馈，帮助学习者参与有意义的活动。第三，关于精心策划的学习内容方面，是指教师需要提供适合所有学习者差异化学习的视频等学习材料，以便学习者可以进行自主学习，自行确定学习的优先顺序。第四，教师作为专业的教育者，需要为所有学习者提供适当的反馈。教师通过观察和收集数据，持续实施可以改善课堂的形成性评价，并带着对课堂的责任感与其他教师共同合作，不断反思。综上所述，翻转式学习强调促进主动参与的以学习者为中心的教育、教师与学习者之间的活跃交互、运用技术的灵活学习环境以及作为教师适应性引导者的角色，并且为所有学习者提供个性化学习、有意义学习的环境。

与翻转式学习类似的概念还有翻转课堂（Flipped Classroom）。翻转课堂也称为反转课堂，如表9-1所示，其特征为，学习者在家学习视频材料，在教室完成练习题等作业。翻转课堂是为了那些出于自身原因而不能跟上课堂进度，或即使听课了但是没有充分理解课堂内容的学习者而设计的。将基本学习内容以视频讲课的方式提前提供给学习者，在教室内实施促进高级思维的多样化活动。翻转课堂要求学习者具备自律性和责任感，教师担任支持个性化学习的引导者和促进者的角色。这样的翻转课堂，有助于学习者提高课堂参与度和学业成绩（Bergmann，Sams，2012）。

表9-1 传统教学方式和翻转课堂的特征比较

层面	传统教学方法	翻转课堂
学习顺序	课中（教室内）→ 课后（教室外）	课前（教室外）→ 课中（教室内）
授课方式	教室内教师授课 解决任务活动	在线视频授课 教室内多样的学习活动
教室内教师的角色	授课者	辅导者及促进者

翻转式学习和翻转课堂的共同特点是，教师都在线上的个人学习空间进行授课。这是两个用语的相似之处，而在使用时最好要区分这两个用语（Flipped Learning Network，2014）。如果仅仅调换学习顺序，在家里收看视频课程，在教室内完成作业是不能够称为翻转式学习的，翻转式学习还需要满足灵活的教学环境、学习型的文化、精心策划的学习内容、专业的教育者的特征。伯格曼（J. Bergmann）和萨姆斯（A. Sams）针对翻转课堂和翻转式学习的本质形式进行了对比（Bergmann，Sams，2014）。

翻转式学习注重技术，以数字化技术的发展为基础，这些技术能够轻松地将教室课堂的学习内容转化为数字化资源。根据前面提到的移动学习，学习者可以携带智能设备随时观看教师的教学视频，教师也可以比以前更轻松地开发数字授课资料，并在线上与学习者共享。随着超速互联网、线上学习平台、云计算等技术的发展，即使是大容量的教学视频，也可以实现轻松地储存、共享和管理。同时，线上社交平台上的免费教育资料在不断增加，因此教师不用亲自开发数字内容，可以直接使用其他教师制作的优质内容。这些变化促使以往因为技术很难实现的混合学习（Blended Learning），也出现了翻转式学习的形式。混合学习是将传统教学和线上学习的优点相结合的教育形式，在学习时间、场所、顺序、速度等方面，相对传统课堂教学更加自由（Horn，Staker，2014）。而翻转式学习将线上的个人学习和教室内面对面的交互教学相结合，为学习者提供有意义的学习经验。

翻转式学习对需要通过反复教学向学习者说明相同内容的教师是有帮助的。教师在教室里不用再进行反复的说明，而是进行以学习者为中心的教学活动，与学习者进行交互从而促进学习者学习。同时，除了自己的教学之外，当发现还有其他有用的材料时，也可以分享给学习者；教师可以设计在教室内进行的多样化教学活动，集中给予适应性学习帮助，从而提高学习者的学习效果和满意度。学习者可以根据自身水平，反复观看教师的网络教学资料，在完成基本学习内容后，在课堂上主要解决问题、参与合作活动并获得教师的反馈。

二　翻转式学习的教学方法

设计翻转式学习时，教师需要制订教学前、中、后的计划，准备各种活动中需要的学习资料（Lee et al.，2014）。教学前，学习者需要在家自行学习教师提供的教学视频和学习资料，在测验或解答练习题时，将不懂的地方标记下来或写下问题。回到教室课堂上，在导入阶段，学习者将自行学习时不懂的内容向教师提问，教师确认学习者对学习内容的理解程度，并介绍学习活动。导入阶段过后，学习者以小组为单位进行讨论、项目学习、解决问题等活动，将学习的知识应用于实际任务中。课堂上，教师检查学习者的学习进展情况，并为学习者或小组提供适应性帮助。课下，教师提供补充说明或反馈，而学习者则反思自己的学习活动，将课上学习的内容应用于培养高级思维的任务中。

表 9-2 是小学五年级社会课上，针对壬午兵变和甲申政变内容的教学活动对比情况，比较了传统教学和翻转式学习的区别。这个教学程序只是一种形式的案例，翻转式学习可以根据学科和学习者的特征，以其他的多种方式进行（Bergmann，Sams，2014）。

表 9-2　　　　传统式学习和翻转式学习的活动内容对比案例

阶段	以教师为中心的教学	翻转式学习
课前	·教师分配课前作业，让学生调查有关壬午兵变和甲申政变过程的资料 ·教师准备有关壬午兵变和甲申政变的讲授式教学内容	·教师将有关学习的视频、测验上传至网站，构建学习环境 ·学生在网站上观看授课视频，记录核心词汇和有疑问的地方，并完成测验

续表

阶段	以教师为中心的教学	翻转式学习
课程导入	·教师回顾与本课时内容相关的学习内容，或通过观看视频提问有关教学内容的问题，并告知学习目标 ·学生通过教师提供的视频内容确认学习内容	·学生通过提问解决教学视频中有疑问的地方，并接受有关学习活动的介绍 ·教师提供有关授课视频的适当反馈，并介绍接下来的学习活动
课中	·教师传递有关壬午兵变和甲申政变的起因和过程的信息，必要时使用黑板记录内容 ·学生根据教材和教师的讲课内容，学习壬午兵变和甲申政变的起因和过程，对教师强调的部分记笔记	·学生通过小组合作了解壬午兵变和甲申政变的起因和过程 ·教师针对学生的活动提供反馈，通过对个人或小组的小型授课帮助引导学习过程 ·学生比较并展示壬午兵变和甲申政变两个事件的共同点和不同点 ·教师确认学生是否掌握已经学习的知识，并帮助学习者正确运用
课后	·学生完成教师发布的有关学习内容的作业（调查学习，完成报告书） ·教师评价学生提交的作业	·学生制作并练习有关壬午兵变和甲申政变的起因和过程的剧本 ·教师对剧本提出针对性建议和提供额外的必要资源
其他工作时间	·学生再次确认学习内容 ·教师反复确认学习者是否掌握课堂上讲授的内容	·学生就学习活动需要的或想要了解的内容请教教师或小组成员 ·教师为学生深入学习活动提供持续的支持

资料来源：根据文献（Lee et al., 2014）修改。

首次实施翻转式学习的教师可能会遇到以下困难（Huh, Cho, 2020）。第一，在教室环境中，教师更容易吸引学习者的注意力，而视频教学要达到这种程度则很困难。第二，当学习者被动收看授课视频时，很难进行深入的学习。第三，当线上学习以传统获取知识为重心，而教室教学以学习者为中心进行小组活动时，线上和线下的活动之间可能会缺乏联系。第四，课前不认真学习授课视频的学生可能很难参与教室教学,因此会增加教师的负担。第五,在学习者的立场上,在家课前学习可能会被认为增加了学习任务。因此,在设计翻转式学习时,需要综合考虑以上这些限制。

设计翻转式学习时,最难的一点就是如何将线上和线下紧密相连。线上和线下的学习之间脱离或过度重复都有可能减弱翻转式学习的效果。因此,翻转式学习中需要使用线上和线下衔接的学习策略,如表9-3所示。

表9-3　　翻转式学习中线上和线下学习的衔接策略

要素	设计策略
面对面课程中需要反映线上的提问	·线下学习之前,要求学习者针对线上学习内容提出几个具有挑战性的问题 ·分析学习者存在的问题,了解学习者现状,并反映在线下的面对面学习中
运用软件实时应答	·运用教育软件针对线上学习内容实施测验
线上学习内容与线下活动的关联	·针对线下活动和线上学习内容的关联向学习者提问 ·针对线上学习的概念和线下活动有何种关联的问题,可以给予学习者思考和表达的机会
与下一课时的联系	·教学结束时,提前预告本课时内容和活动与下一课时线上学习内容的联系
反思	·通过反思支持线上和线下学习内容的联系

此外,设计翻转式学习时要考虑如何提升学习者参与的主动性和学习动机。为此,可以考虑将问题导向学习的学习原理运用于翻转式学习中(Huh,Cho,2020)。在问题导向学习中,为了解决实际问题,学习者会主动参与自主学习和合作学习,可以根据这些学习原理设计问题导向的翻转式学习。在线上的个人学习中,提供可以诱发学习者兴趣的实际问题,使学习者可以使用授课视频和网络资料产生各自的解决方案。在教室课堂上,将学习者课前制作的个人解决方案整合成合作的小组解决方案。这样设计的问题导向翻转式学习,可以使学习者主动参与到学习

当中去。将线上学习产生的个人解决方案积极运用于线下合作学习中，也可以增加线上线下的关联。

第三节 在线学习

一 在线学习的特征

（一）在线学习的类型

在线学习是远程教育的类型之一，也称为在线课程、在线讲座、在线教育等。远程教育中学习者相互分离，因此远程教育是基于交互电子信息传输系统，以联结学习、教师和学习资源的制度为基础的正式教育（Schlosser, Simonson, 2002）。远程教育可以运用广播、电视、电脑等多种技术，而在线学习具备以互联网为媒介进行学习的特征。从通过互联网进行学习这一点来看，在线学习和数字学习具备类似的特征。但从教师与学习者分别处于相互分离的空间进行学习这一点来看，在线学习和数字学习还是有区别的。数字学习并不特指教师与学习者分离的情况，而在教室内外都可以进行（Kim, 2020）。

在线学习可以分为实时学习和非实时学习。过去在大学教育或民办教育中，部分教学实施了在线学习。然而在新冠疫情之后，在中小学和高中全面实施了在线学习。韩国提出：（1）内容中心的教学；（2）任务中心的教学；（3）实时双向同步教学，三种在线学习（韩国教育部，2020）。其中内容中心的教学和任务中心的教学主要运用远程教育平台（Cyberlearning system）、教育电视在线课堂（EBS online class）以及谷歌教室（Google Classroom）等在线学习平台进行非实时教学。因此学习者可以在自己希望的时间和场所灵活地观看授课视频或完成任务。具备较高自律性的学习者适合进行非实时在线学习，而自主学习能力较差的学习者可能会因为缺乏与教师的交互而影响学习效果。

实时双向同步教学主要运用 Zoom、Webex、Microsoft Teams 等远程可视教学系统，与学习者双向可视交互。尽管实时进行教学会有时间上的限制，但是这种形式与教室课堂类似，可以提供同步的交互。为了促进教师与学习者之间的交互，远程可视教学系统也具备多样化的功能。例如，在 Zoom 上，教师和学习者都可以与其他人共享数字资料和电脑画面,并且可以一边进行说明,一边在数字资料上画线或记笔记。在教师讲课期间,学习者可以在对话栏提问,可以运用小会议室功能进行小组讨论或合作活动,同时,还可以通过视频进行非语言的交互。

实时和非实时在线学习各有优缺点,因此需要考虑学习者的需求和教育情境选择在线学习的类型。当学习者喜欢结构化的内容,需要在学习时间、顺序、速度等方面支持学习者自律时,选择非实时在线学习更有效。相反,学习者自主学习能力较差,需要教师与学习者之间的交互时,选择实时在线学习则更为有效。

(二) 在线交互

在线学习中教学者与学习者、学习者与学习者、学习者与学习内容间的交互十分重要。因为根据在线交互的数量和质量,学习成绩和满意度也会有所不同。为了设计有效的在线学习,需要清晰了解各类型交互的特征。

第一,教学者与学习者之间活跃地交互可以有效缩短在线学习中心理上的交互影响距离(transactional distance)(Moore, 1983; Saba, Shearer, 1994)。虽然在线学习中,教学者与学习者之间存在较远的物理距离,但是为了有效沟通,也需要缩短交互影响距离。以教学视频为中心的非实时在线学习,比学习者之间双向交互的实时在线学习的交互影响距离更远。因此,在非实时在线学习中,为了缩短交互影响距离,比起单向的知识传递,需要运用邮件、短消息系统(short message service)、在线公告栏等功能与学习者进行活跃地交互。

习惯了课堂教学的教师,在线学习环境中与学习者进行交互难免会遇到困难。因为在线教学环境与教室不同,在线学习环境中手势、表情、动作、声音、语调等非语言交互会受到限制。例如,实时在线学习时,学习者如果关闭了视频画面,教师就仅能通过声音来推测学习者的心理。同时,非实时在线学习中,教师可能在回答学习者问题时花费大量时间,很难实现同步交互。交互是一项花费时间较长的活动,如果不能准确理解对方的意图或在等待教师答复的过程中耗时较长,可能会导致学习者减少学习动机。因此教师需要了解在线交互的特征,制订可以实现与学习者规律性交互的计划。

第二，学习者和学习者之间的交互有助于提升亲切感和归属感，互助合作建构知识（Garrison，Arbaugh，2007）。在线学习环境中，学习者之间可以互相分享信息和知识，以特定主题进行讨论，互相提问和提供反馈，可以合作解决问题。例如，运用实时交互的在线白板可以协同制作思维导图。学习者与学习者之间交互的增加，可以促进学习者的主动参与，产生多样化的观点，一起解决自己无法解决的难题。这样的活动有助于拓宽思维的深度和广度，培养学习者沟通及合作的能力。

第三，学习者和学习内容之间的交互有助于促进高级思维的提升，帮助理解学习内容。在线学习环境中，学习者可以与教学视频、测验、学习资料等进行认知交互。例如，点击超链接即可访问学习者需要的学习内容，针对在线学习中不懂的内容可以进行网络搜索，回答教学视频中的测验就会得到自动反馈。同时，使用智能设备学习在线资料时，可以运用笔记、备忘录、书签等工具有效记忆、组织和细化学习内容。

二　在线学习的教学方法

（一）探究共同体模型

为了促进在线学习中的深度思考和活跃的交互，需要系统化的教学设计。根据探究共同体（community of inquiry）模型，设计在线学习时需要综合考虑认知存在感（cognitive presence）、社会存在感（social presence）、教学存在感（teaching presence）三要素（Garrison，Arbaugh，2007）。这三种存在感与前文叙述的三种交互类型密切关联。

认知存在感是指通过学习者的反思和对话理解学习内容。在在线学习中，学习者通过自主定义问题、探索知识和信息、整合想法、运用学习内容解决问题等提高认知存在感。认知存在感和相关的学习活动是影响学习成绩的主要因素。

社会存在感是学习者在在线学习中感受到的亲切感和归属感，这意味着在可以相信的环境中打开心扉与他人对话和形成关系。在线学习环境中，社会存在感可以让学习者自由分享想法，通过协作生成知识。虽然社会存在感不直接影响学习成绩，但社会存在感是认知存在感的基础。

教学存在感是支持认知存在感和社会存在感的重要因素（Garrison, Cleveland-Innes, Fung, 2010）。教学存在感是指为了追求有教育价值意义的学习成果，而设计、促进、引导认知存在感和社会存在感的活动。教师需要决定教学内容、学习活动、学习日程等，分析学习者需求来提供必要的学习资料，为保证学习过程中活跃的反思和交互提供支持。在线学习中，教师担任多种角色，不仅要设计教学、进行教学及提供技术支持，还需要激发学习者学习动机和促进自主学习，提高学习者之间的亲切感和归属感等。

（二）在线学习设计和运营

为促进有效的在线学习，需要增强探究共同体模型中提及的认知存在感、社会存在感、教学存在感。为此，教师需要考虑学习者和教育情境，在在线学习设计和运营上，可以使用以下六种策略。

第一，考虑在线学习环境的固有特点，需要系统化设计在线学习。根据教学系统设计模型，需要分析在线学习的需求、内容、学习者、技术环境等，树立学习目标（Jung, 1999）。同时，根据学习目标，需要为学习者设计最合适的学习活动，针对每个活动需要的信息、交互、学习动机等制订计划。接下来，需要选择或开发教学视频等多样化的学习资料。实施在线学习后，要对学习者的学习成绩和学习过程的效果进行评价。根据评价结果，修改和完善分析、设计、开发、运营阶段的内容。

虽然可以根据教学系统设计模型设计在线学习，但是不能直接照搬教室课堂教学。比起教室课堂，在线学习可以灵活调节学习时间和场所，使用多种内容和形式的学习资料。同时，在线学习活动可以记录成日志文件，并分析内容，因此教师可以提供符合学习者需求和兴趣的个性化学习。相反，在线学习中非语言沟通受到限制，因此很难实施以实习为主的教学课程，而且自主学习能力不足的学习者可能会出现学习不佳的情况。考虑到这些特征，有必要设计最适合在线学习环境的课程。

第二，需要选择促进学习者主动参与的学习任务。只为学习者提供教学视频，很难使学习者主动参与到学习中。因此，为了促进学习者的参与，需要教师提供实际问题和任务。实际问题不仅可以诱发学习者的兴趣，还可以帮助学习者在实际情境中实现有意义学习。例如，小学数学中学习图形的类型和特征时，教师可以让学习者利用智能手机，拍摄日常生活中可以观察到特定图形的物品。当多个学习者在网上分享自己的照片后，学习者通过在笔记上的说明，了解何时何地发现了什么样的图形，这样可以促进学习者主动学习数学概念在实际情境中的应用（Cho，Hong，2015）。

第三，为了促进学习者之间的交互，需要设计有效的在线合作学习。设计合作学习时，为了共同的目标学习者进行活跃地交互，在这一过程中应该注意不要发生"搭便车"的现象。为了有效实现在线合作学习，可以使用 Google Docs、Quip、Drop Box、Miro 等云计算（cloud computing）技术。运用云计算技术，可以使用电脑、智能手机、平板电脑等帮助多名学习者在线完成实时或非实时的合作任务（赵颖桓等，2017）。在进行在线合作学习时，需要提前介绍学习者在线交互需要遵守的规则，并说明合作学习何时有效或何时效果不佳。同时，有必要提供学习支援，可以让学习者共同制订计划，对合作过程进行反思。

第四，需要制定在线学习中促进自主学习的策略。自主学习是指学习者自行诊断自己的需求、设定学习目标、确定学习资源、评价学习结果的过程（Knowles，1975）。在线学习要求学习者高度自律，需要学习者自行计划、实施、评价学习。如果学习者年龄太小或自主学习能力较差，他们很难自主参与到学习中去，因此需要教师的积极支持。例如，帮助学习者自行设立学习目标和计划，提供问题以帮助学习者检查是否理解在线学习内容，提供反省的机会让学习者定期回顾学习过程（林哲一，2011）。同时，在学习管理系统中提供有关学习活动和成绩的信息，帮助学习者自主检查和调整学习过程。

第五，为了促进在线学习全过程中学习者的认知存在感和社会存在感，教师需要进行一些引导活动。在线学习初期，教师需要引导学习者适应在线学习环境，解释说明在线学习可以带来的成果和学习者需要遵守的规则。例如，为了促进实时在线学习中的非语言交互，需要引导学生打开摄像头，讨论时认真聆听其他学习者的意见，在公告栏提问时需要解释并说明理由，并且需要介绍在线学习时教师与学习者进行沟通的方法（林哲一，2011）。同时，需要相互交流，分享对在线学习的想法和建议。通过学习者的个人经验分享，可以提高学习者之间的亲切感和归属感。如果是实时在线学习，需要与学习者对视，叫学习者的名字，并营造可以自由发表意见的氛围。

正式进行在线学习时，需要提供问题和反馈来引导学习者主动参与多样化的学习活动。如表9-4所示，教师需要促进学习者的初期参与、适当介入讨论过程、在指定时间内回答学习者提问、为学习活动或作业提供反馈。同时，还需要持续观察学习者在线学习过程中是否存在技术性困难、是否在合作学习中被孤立、是否存在参与度很低的学习者，在学习者需要时提供适当的帮助。当很难确认学习者的状况时，可以在课外时间设立定期的工作时间（office hour），以便学习者可以自由申请面谈。

表9-4　　　　　　　　　　在线学习主要运营策略

运营策略	特征
促进初期参与	·积极促进学习者在线学习初期的参与 ——明确告知教学进行方式和对学习者的期望行为 ——要求学习者回答感兴趣的问题 ·通过完成反思日志和电子笔记促进学习者主动参与
引导学习者讨论	·促进、调节和整理学习者的讨论 ——提供学习者感兴趣的讨论主题 ——提供可以促进讨论的问题和多样化资料 ——需要即时交互时，运用社交工具 ——支持综合讨论内容
回答问题	·在指定时间内，回答学习者的问题 ·归类学习者的课前提问，并在实时在线学习中解答问题
提供反馈	·针对学习者的意见和作业提供反馈 ——提供有关优点和改进的信息 ——强调努力可以做得更好 ·为学习者提供有关学习参与和作业的范例 ——通过和范例的对比，自行找到可改进之处

第六，需要对在线学习的过程和结果进行公正且合理的评价。在学习者进行任务之前，需要详细说明评价标准，可以运用量规（rubric）来评价学习者的作业。量规列举了评价作业的基本标准，反映了各标准达到某一水平对应的分数。在线合作学习时，量规中不仅要包含针对成果的评价，还要包含对于合作过程的评价标准（如参与频率、成果贡献程度）。同时，利用量规评价学习者，不仅可以评价自己的成果，还可以与其他学习者相互交换反馈。自我评价和同伴评价可以提供让学习者深入理解学习内容的机会。此外，运用电子学习档案可以系统性地储存和管理长期项目成果，因此可以有效评价学习者的能力变化。例如，比较学期初和学期末写的论文来评价学习者写作能力是否有提升。

如果要通过考试评价在线学习成果，那么需要注意考试的公正性。因为在线考试可能发生，学习者之间通过聊天共享答案或在网络搜索相关资料等考试作弊行为。因此为了公平起见，需要运用学习管理系统进行考试，可以随机提供考试问题或每个问题设置答题时间。同时可以运用远程可视教学系统，通过摄像头实时观察学习者考试的样子。另外，还可以运用学习管理系统的剽窃检查工具，检查学习者提交的内容与其他作业内容的相似程度。像这样，利用尖端技术防止考试作弊十分重要，但更重要的是需要让学习者理解公正评价的重要性和考试作弊行为的道德伦理问题，并教育学习者遵守学校规则。

练习和探究问题

1. 为预防课堂中运用数字技术时可能发生的问题，请写出解决方案。
2. 请探讨在课堂中人工智能需要担任的角色。
3. 请说明教师应如何应对翻转课堂中在线学习不诚实的学习者。
4. 请找出反映在线学习环境固有特点的教学案例，并说明理由。

参考文献

교육과학기술부 (2011). 스마트교육 추진 전략 실행계획(안). Retrieved from https://www.goodlearn.kr/downloading.jsp?BNAME=3984

교육부 (2020). 체계적인 원격수업을 위한 운영 기준안 마련. 보도자료(2020. 3. 27).

김남익, 전보애, 최정임 (2014). 대학에서의 거꾸로 학습(Flipped learning) 사례 설계 및 효과성 연구: 학습동기와 자아효능감을 중심으로. 교육공학연구, 30(3), 467-492.

김상균 (2014). 교육, 게임처럼 즐겨라: 당신의 수업에는 게임이 있습니까?. 서울: 홍릉과학출판사.

김현진 (2020). 원격교육과 교육공학의 과제. 교육공학연구, 36(3), 619-643.

김현철, 장연주, 이승엽, 엔트리, 이영호, 정윤지, 송석리, 김종혜 (2020). 인공지능 교육 길라잡이. 교육부, 과학기술정보통신부, 한국과학창의재단.

부산광역시교육청 (2019). 인공지능 기반 교육 가이드북.

성지현, 조영환, 조규태, 허선영, 양선환 (2017). 학습자중심 교육에서 디지털교과서의 역할 탐색. 교육정보미디어연구, 23(4), 831-859.

윤여범, 박미애 (2020). 인공지능과 초등영어교육: 챗봇의 현황과 발전 방향을 중심으로. 한국초등교육, 31, 77-90.

이지연, 김영환, 김영배 (2014). 학습자중심 플립드러닝(Flipped Learning) 수업의 적용사례. 교육공학연구, 30(2), 163-191.

임철일 (2011). 원격교육과 사이버교육 활용의 이해. 파주: 교육과학사.

정인성 (1999). 원격교육의 이해. 서울: 교육과학사.

조영환, 설보연, 이현경, 강다현, 조애리 (2017). 클라우드 컴퓨팅기술을 활용한 협력적 문제해결에서 자기조절과 그룹조절 활동 탐색. 교육정보미디어연구, 23(3), 345-371.

한형종, 임철일, 한송이, 박진우 (2015). 대학 역전학습 온·오프라인 연계설계 전략에 관한 연구. 교육공학연구, 31(1), 1-38.

허선영, 조영환 (2020). 고등교육에서 문제중심 플립러닝에 대한 학습자의 인식. 학습자 중심교과교육연구, 20(4), 533-557.

Bai, S., Hew, K. F., & Huang, B. (2020). Does gamification improve student learning outcome? Evidence from a meta-analysis and synthesis of qualitative data in educational contexts. *Educational Research Review*, *30*, 100322.

Bergmann, J., & Sams, A. (2012). *Flip your classroom: Reach every *student in every class every day*. International Society for Technology in Education.

Bergmann, J., & Sams, A. (2014). *Flipped learning: Gateway to student engagement*. International Society for Technology in Education.

Biswas, G., Segedy, J. R., & Bunchongchit, K. (2016). From design to implementation to practice a learning by teaching system: Betty's Brain. *International Journal of Artificial Intelligence in Education*, 26 (1), 350 – 364.

Cho, Y. H., & Hong, S. Y. (2015). *Mathematical intuition and storytelling for meaningful learning. In K. Y. T. Lim* (Ed.), Disciplinary intuitions and the design of learning environments (pp. 155 – 168). Singapore: Springer.

Flipped Learning Network. (2014). *Definition of flipped learning*. Retrieved from https://flippedlearning.org/definition-of-flipped-learning.

Garrison, D. R., & Arbaugh, J. B. (2007). Researching the community of inquiry framework: Review, issues, and future directions. *Internet and Higher Education*, 10, 157 – 172.

Garrison, D. R., Cleveland-Innes, M., & Fung, T. S. (2010). Exploring causal relationships among teaching, cognitive and social presence: Student perceptions of the community of inquiry framework. *Internet and Higher Education*, 13, 31 – 36.

Gobert, J. D., Baker, R. S., & Wixon, M. B. (2015). Operationalizing and detecting disengagement within online science microworlds. *Educational Psychologist*, 50 (1), 43 – 57.

Horn, M. B., & Staker, H. (2014). *Blended: Using disruptive innovation to improve schools*. San Francisco, CA: John Wiley & Sons.

Huang, B., & Hew, K. F. (2018). Implementing a theory-driven gamification model in higher education flipped courses: Effects on out-of-class activity completion and quality of artifacts. *Computers & Education*, 125, 254 – 272.

Kapp, K. M. (2016). *The Gamification of Learning and Instruction: Game-based Methods and Strategies for Training and Edu* (Kwon Hyeseong Ed. & Trans.). Seoul: Acorn Publishing.

Knowles, M. S. (1975). *Self-directed learning: A guide for learners and teachers*. New York: Association Press.

Luckin, R., Holmes, W., Griffiths, M., & Forcier, L. B. (2016). *Intelligence unleashed: An argument for AI in education*. London: Pearson.

Moore, M. G. (1983). The individual adult learner. In M. Tight (Ed.), *Adult learning and education* (pp. 153 – 168). London: Croom Helm.

Saba, F. & Shearer, R. (1994). Verifying key theoretical concepts in a dynamic model of distance education. *American Journal of Distance Education*, *8*, 36 – 59.

Schlosser, L. A., & Simonson, M. (2002). *Distance education: Definition and glossary of terms*. Bloomington, IN: Association for Educational Communications and Technology.

Wang, F. H. (2017). An exploration of online behaviour engagement and achievement in flipped classroom supported by learning management system. *Computers & Education*, *114*, 79 – 91.

Zimmerman, M. R. (2018). *Teaching AI: Exploring new frontiers for learning*. International Society for Technology in Education.

附表 8　　　　　　　　第九章引用文献对照

	对应韩文
（韩国教育科学技术部，2011）	교육과학기술부 (2011)
（韩国教育部，2020）	교육부 (2020)
（Kim et al., 2014）	김남익, 전보애, 최정임 (2014)
（Kim, 2014）	김상균 (2014)
（Kim, 2020）	김현진 (2020)

续表

	对应韩文
(Kim et al., 2020)	김현철, 장연주, 이승엽, 엔트리, 이영호, 정윤지, 송석리, 김종혜 (2020)
(釜山教育厅, 2019)	부산광역시교육청 (2019)
(Sung et al., 2017)	성지현, 조영환, 조규태, 허선영, 양선환 (2017)
(Yoon et al., 2020)	윤여범, 박미애 (2020)
(Lee et al., 2014)	이지연, 김영환, 김영배 (2014)
(Jung, 1999)	정인성 (1999)
(林哲一, 2011)	임철일 (2011)
(趙穎桓等, 2017)	조영환, 설보연, 이현경, 강다현, 조애리 (2017)
(Han et al., 2015)	한형종, 임철일, 한송이, 박진우 (2015)

第 十 章

教案设计

　　职前教师金多恩正在进修教师教育类课程，她回忆起自己的初高中生活，那时她希望自己可以成为一名好老师，能吸引学生积极参与课堂教学。所以金多恩选修了很多有关教育技术学的课程，了解有效的教学方法、教学模型和运用技术进行教学的案例。在这个过程中，金多恩开始接触教学计划和教案。为了掌握有效的教学方法，金多恩看了很多教学案例的视频资料，但是当她进一步了解到实际进行教学时为什么那么做的时候，她才发现原来是根据已经制定好的教案进行的。看着教案的形式，金多恩产生了疑惑：教案要写得这么详细吗？对于每节课都花这么久的时间准备如此详细的教案是否现实？

　　于是，金多恩向学校的教师询问是否真的需要教案。教师回答，只有在学校定期举办的公开课时才制作详细教案，一般情况下不会编写那么详细的教案。有很多教师只是编写了简要教案就可以进行教学。但是，那位教师还强调，无论什么形式的教案都很重要。因为教案不是单纯地罗列教学内容，而且为了达成教学目标要包含影响整体教学的多种因素。这是初级教师很难获得的能力，因此这位教师再次强调需要查阅相关内容的教案案例，充分进行探讨。不仅需要学习设计包含所有有效因素的详细教案，同时也需要设计可以应用于现场的简要教案，这都不是简单的事。于是，金多恩很疑惑，不管是详细教案还是简要教案，教学中为什么需要设计教案或教学计划，而且怎样才能设计出教案呢？

从上述案例中我们可以发现，教案和教学计划在实施教学过程中十分重要，但在现实中出于种种原因难以完全按照计划实践。尽管如此，为了提供符合学习者要求和水平的最佳教育，设计教学计划是有效的方法。因此本章主要介绍设计教学计划的构成要素，提出哪些方面需要制订教学计划。同时，梳理以教师为中心的讲授式教学计划设计的特征和案例，以及以学习者为中心的参与式教学计划设计的特征和案例。

目 标

1. 说明设计教学计划的必要性和构成要素。
2. 设计以教师为中心的教学计划。
3. 设计以学习者为中心的教学计划。

第一节 教学计划设计的情境

一 教学计划的意义和构成要素

教学计划（instructional plan）泛指课程的步骤和计划。教学计划也被称为教学课程方案、教案、教学指导方案等，通常指包含课堂上教师和学习者进行活动的文本计划（朴成益等，2015）。通常教师运用教材等指定资料进行教学，都只是在脑海中计划课程。尽管如此，在教育方法或教学设计中，还是不断强调教学计划的重要性，因为教学计划设计中还包括教学内容之外的学生参与方式、评价等内容。

如表 10-1 中的案例所示，教学计划从相关单元和课时的基本信息开始，包含相应教学计划的目标和参考资料。[①] 教学计划的内容由教学阶段中教学者和学习者的学习活动及对应的时间、注意事项构成。该案例中包含一般的教学阶段，即导入、展开和结束环节。导入阶段由问候、激发学习动机、展示学习目标、回想先前的学习内容组成；展开阶段由课

---

① 本教案案例根据某中学现任教师的教学计划修改。

程主题和各类活动构成,并需要提出对教师和学习者的期待行为;结束环节由概括学习内容和预告下一课时内容构成。

表 10-1　　　　　　　教学计划经典案例:英语课

单元		5. Art is all around us		教材	天才(2)初三
主题		描述画作		课时	3
目标		学生运用所学的沟通技巧来描述画作			
阶段	步骤	教学活动		时间	备注
		教学	学习		
导入	问候	·问候 ·整理教室 ——合理分配小组	·问候 ·调整座位和组成小组	8分钟	·PPT ·黑板
	激发学习动机	·展示金弘道的《私塾》画作 ——引导学生仔细观察这幅画(整体地点、场景、出现的人物、情境、画作传递的情感等)	·观察画作,根据观察结果发言		
	展示学习目标	·展示学习目标 ——运用沟通技巧描述画作	·确定学习目标,掌握学习流程		
	回想先前的学习内容	·回想上一节课的内容 ——帮助学生回想上一节课学习的沟通技巧(I'm curious about, Can you tell me…? too…to… 否定词)	·回想上一节课的学习内容		

续表

单元		5. Art is all around us		教材	天才（2）初三
主题		描述画作		课时	3
目标		学生运用所学的沟通技巧来描述画作			
展开	活动1. 掌握描述表达方式	·提出描述画作的一般顺序和表达 1.（The picture）shows（place，person，thing） 2. In the picture, you can see（person，thing）（in the middle, on the left...） 3.（The artist）colored（person，thing）in red. ·指出不同部分表达，诱导学习者更换表达词汇	·在描述画作时，更换词汇进行表达，并练习/发言展示	10分钟	·PPT
	活动2. 描述其他画作	·给出新的画作 1. 仅展示画作 2. 观察学习者进度情况，针对学习困难的同学，给出可以填空的结构化例文，帮助学习者练习	·运用活动1的表达描述新画作 ·记录描述的内容	7分钟	·PPT
	活动3. 你描述我来猜	·两人一组，提供图片卡 ·介绍活动方法 ·指导 ·说明发言方式	·你描述我来猜活动 1. 伙伴遮挡图片不让组员看到，并用英语描述图片 2. 听着伙伴的描述画画 3. 确认描述的准确度 ·发言	15分钟	·图片卡

续表

单元	5. Art is all around us		教材	天才（2）初三
主题	描述画作		课时	3
目标	学生运用所学的沟通技巧来描述画作			
结束	·整理指导时发现的问题 ·整理学习内容并预告下一节课内容	·整理学习内容	5分钟	·PPT

为了达成该课堂的学习目标，其教学计划要包含教学者如何展开教学、教学者与学习者应该进行什么活动等系统化的内容。教学展开以及教学者和学习者的活动是运用前面章节中提到的教学系统设计、以教师为中心的教学设计和以学习者为中心的教学设计原理的过程。另外，包括运用技术进行教学的方法，即确定设计哪种教学并综合运用各种相关知识的过程。

教学计划首先是通过教学系统设计来实现的。针对相关教学的教学计划开发需要，可以选择 ADDIE 模型、迪克—凯里模型或者 RPISD 模型（林哲一等，2010），通过某一教学系统设计模型分析和设计活动。在这些活动中，需要使用特定的教学设计原理、模型或方法。以教师为中心的教学中，通常运用加涅的教学事件或凯勒的学习动机设计模型。如果设计以学习者为中心的教学，那么可以参考问题导向学习（PBL）、讨论·辩论学习、团队导向学习、协作学习、项目学习、设计思维等模型。教学计划还包含课堂中需要的资料和技术运用的方法。教学计划包含了所有教学设计活动过程及成果，因此涉及多种复杂因素。

教学计划设计要与教学过程紧密联系，这一点也十分重要，即需要运用所开发的教学计划进行教学。教学计划是引导教学进行的重要框架。如果没有教学计划，就会发生只进行相关内容传递的教学活动就结束课程的情况。如果使用教学计划，里面会包含提问等促进学习者积极参与的方法以及有效展开教学的要素，例如如何系统化运用 Socrative 等技术进行练习活动。此外，教学计划对于教学之后改善教学的反思也具有十分重要的作用。因此，为了确认整个课程中的哪些活动需要改进，必须要有教学计划。教学计划中的特定教学活动，例如引起注意阶段的视频资料是否可以成功激发学习者的先前知识，不能成功地发挥作用时，教学计划可以成为分析问题的依据。通过这一过程，重新设计最佳的教学计划。

二 教学计划的类型

针对不同的教育目标和方法，存在多种教学计划类型。首先，可以有以教师为中心的教学计划。在这一类型中教师主导教学，教学计划的主要内容是诱导学习者积极参与。正如前文的教学计划案例中，一般会按照导入、展开、结束以及预告下一课时等顺序进行教学活动，计划中可以使用加涅的教学事件和凯勒的学习动机的教学设计原理等。

在以教师为中心的教学设计中，虽然教师的讲解是重点内容，但是使用促进学习者有意义学习的方法和原理同样重要。例如，教学计划内容中应当包含如何适当地使用提问，帮助学习者集中注意力，帮助回忆先前知识等。此外，教学计划中除了基本内容和案例、练习题，还需要包含如何进行评价的内容，如此才可以确保教学的一致性。

以教师为中心的教学计划可以根据学科的种类、学习任务类型（林哲一，2012）增加其他细节内容。英语、数学、科学都具备特定的教学方法，可以将这些方法反映在教学计划的内容里。此外，也可以根据应用概念、应用原理、记忆事实等学习任务的类型制订教学计划（林哲一，2012）。以教师为中心的教学计划包含如何运用教学资料和技术的内容。例如，可以在教学计划中插入额外制作的幻灯片内容，或者在教学计划最后以附录的形式呈现。教学中需要运用的视频资料链接，也可以包含在内。

以学习者为中心的教学计划包含基于建构主义学习理论的问题导向学习、讨论·辩论学习、团队导向学习、协作学习、项目学习、设计思维等的展开过程。这一教学计划是根据构建主义学习的特定模型而制定的，即在制订教学计划时可以包含这些特定模型的设计原理和因素。

教学计划除了根据以教师为中心和以学习者为中心来制定，还可以根据教学计划描述的详细程度分为简要教案和详细教案。简要教案的前部分将案例和教学计划的基本内容罗列出来，根据教学阶段，简略地展示教案的核心内容，即教学者与学习者的活动，也就是展示学习内容、教学者和学习者活动大纲以及相关资料等内容。教育现场中，普遍应用这种形式的教学计划。

此外，还有类似第二节的案例，根据教学阶段运用对话内容详细记述教学者和学习者活动的详细教案。教学计划的内容中不仅叙述了各个阶段教师进行的说明内容、互动方式，还记述了学习者的预想答案。设计这类教学计划需要大量的时间和资源，因此在现实中并不多见。但是职前教师或初学者在设计课程过程中，需要尽可能详细地准备和设计脚本，因此也需要这样的详细教案。此外，当运用新的教学模型或者进行一些特殊课程（如公开课），又或者设计多数课程可以通用的标准教学设计（例如，放学后的托管课，设计运用设计思维解决问题的课程）等，也需要这样的详细教案。因此，不仅要了解简要教案的设计，还需要掌握详细教案的设计。

第二节　以教师为中心的教案设计

以教师为中心的教学计划存在多种形式。其中最典型的形式如附录 1 所示，运用了加涅的教学事件模型，包含导入、展开、结束三个阶段。本节将根据这一案例，介绍包含简单互动的以教师为中心的教学计划的特征和开发方式。

以教师为中心的教学计划主要介绍课程的展开过程，因此需要包含学习内容之外的有效教学方法。教学计划要包含基本的课程信息。例如，单元名、单元介绍、单元目标、教学注意事项、学习内容结构图等，这些都是教学计划中需要包含的基本信息。每个单元的教学计划需要记述特定课时的学习主题、教学方法、学习目标、准备物品等。大体上，教学计划由教学主要阶段及附属阶段（例如加涅提出的九大教学事件）、各阶段的教学活动（实施）、时间、指导时的注意事项等组成。

教学计划首先需要引起学习者的注意并激发学习兴趣，一般可以通过介绍或活动开始。为此，需要在教学系统设计模型的分析阶段，确认学习者的特征和先前的知识水平，同时分析并运用有关该课堂内容的作业完成情况。表 10-2 的教案案例中，为了引出要教授税务的种类，在导入阶段引入大家熟悉的电视节目，提问学生"节目中没有缴纳的税是什么？"等问题后开始课程，即选择了学生熟悉的事件作为导入的问题。

表 10-2　　　　　教学事件中引起注意阶段的教学计划案例

教学事件	教学内容	时间
引起注意	教师：大家最近看过《良心追踪之逃税的战争》这个节目吗？ 学生：看过，是抓捕逃税叔叔的节目吗？ 教师：没错，在节目里大家有印象深刻的场面吗？ 学生：有个律师叔叔赚了很多钱，但是从不缴纳税款，长期滞纳高额的税款，警察到家里找人，人总是不在，后来发现他躲在卫生间里。 教师：哈哈哈，很奇怪吧？收入那么多，却没有纳税……那他拖欠的税款是属于哪种税呢？ 教师：同学们，税有很多种类。我们熟知的税可以根据几个标准进行分类。	3 分钟

注：本章的教学计划是详细教案，以教师和学习者的对话形式组成。现实学校中，大部分教学计划都是前文案例中的简要教案。本书作为为预备教师准备的教学指南，为了详细介绍以教师为中心的教学模型而提出详细教案。

引起注意和激发动机的过程与自然地提出课堂的教学目标是相关联的。学习内容需要根据学生的学习水平，尽可能使用具体的动词来表示。例如，使用描述基本动作的"说明"，或是"可以区分""可以解决""可以应用"等词汇提出学习目标。必要时，可以回想上一节课的学习内容，并指出与本节课主题的联系（见表 10-3）。

表10-3　　教学事件中提出学习目标阶段的教学计划案例

教学事件	教学内容	时间
教学目标陈述	教师：好的，那么今天我们将学习税务的种类，以税务缴纳的单位、缴纳方式为分类标准，我们来学习各种税务。 教师：根据税务的缴纳单位是中央政府还是地方政府，税务可以分为国税和地方税；根据其缴纳方式，又分为直接税务和间接税务。因此，今天的课程目标如下所示（通过幻灯片展示学习目标）。 ➢能够区分国税和地方税。 ➢能够说明直接税务和间接税务的特点。 ➢了解韩国税收体系的特点。	2分钟

完成上述准备后，就将正式开始讲解相关的学习内容（见表10-4）。内容可以运用相关背景、图片、图表或视频资料进行说明。在这一过程中，可以使用丰富的案例进一步对内容进行介绍。说明案例的展示可以由教师完成，根据情况也可以通过提问让学习者回答的方式进行，或者运用探究方式由学习者自行确认。以上说明和案例展示的过程，根据需要可以重复进行。

表10-4　　教学事件中教学计划的说明阶段案例

教学事件	教学内容	时间
呈现刺激 Part 1	教师：这时，中央政府收缴的税称为国税，地方政府收缴的税称为地方税。现在我们一起来看一下老师发的税务计算手册（印刷书）（将财产税、所得税、法人税、注册税、机动车税等发票复印资料分发给学生）。 教师：大家看一下第一页的税务发票，上面写着什么税种呢？ 学生：财产税。 教师：下方税收单位写的是什么呢？ 学生：蔚山广域市北区区政府。 教师：没错，是蔚山地方政府收缴的税。现在看一下老师发的其他的发票，确认税务的名字和税收单位后，填写老师发的税务分类表。	5分钟

说明后的练习活动是教学计划的核心活动之一。通过练习和对练习的反馈活动，学习者将通过学习任务获得相应的应用能力。练习过程可以单独完成，也可以小组合作完成。根据不同的情况，可以使用多种工具，如可以单独使用的笔记本电脑或平板电脑。

表 10-5　　　　　教学事件中教学计划的练习题阶段案例

教学事件	教学内容	时间
展现学习行为	教师：现在大家对国家税收和地方税收以及直接税和间接税有了一定的了解，接下来，让我们根据下面的统计资料，讨论一下韩国的税收体系特点。 |	1999 年	2000 年	2001 年	2002 年	2003 年 | |---|---|---|---|---|---| | 国家税收 | 80.3% | 81.9% | 78.2% | 76.7% | 77.6% | | 地方税收 | 19.7% | 18.1% | 21.8% | 23.3% | 22.4% | | 直接税 | 40.5% | 43.9% | 40.7% | 40.0% | 43.7% | | 间接税 | 59.5% | 56.1% | 59.3% | 60.0% | 56.3% | 教师：这个表（PPT 幻灯片）是关于韩国税收结构的内容。各小组讨论一下，国家税收和地方税收是以怎样的比例组成的？又有着怎样的比例组成变化？同时直接税和间接税是以怎样的比例组成的？又有着何种比例组成变化？ 教师：（观察小组进行情况，运用 PPT 幻灯片提示） 韩国的税收体系特点是？ 国税比例比地方税比例更_____，地方财政的自由度更_____。 间接税比例比直接税比例更_____，收入再分配功能更_____。	5 分钟

练习和反馈过程之后，需要介绍以何种方式进行评价。因为课堂上一般不会进行评价，所以需要介绍今后评价的方式和内容。最后，需要概括总结本课时学习的内容，并介绍与下一课时主题的联系。根据以上教学计划开发框架来开发最优化的教学计划，并在应用时观察学习者的反映，根据需要进行修改和补充。

第三节　以学习者为中心的教案设计

一　问题导向学习的教案设计

问题导向学习是以学习者为中心进行教学的代表性模型（参考本书第六章内容）。在学校里可以用多种方式应用问题导向学习，本节将介绍社会课上问题导向学习教学计划的案例①（Chang et al.，2019）。

与其他学习计划一样，韩国中小学课程修订方案里明确标注了哪些内容需要用问题导向学习法。表 10 - 6 展示了"模拟法庭"问题导向学习的评价标准，出自 2009 年及 2015 年韩国课程修订方案的一部分。案例中包含了主题、评价标准、学习要素、课时组成和相关学科能力等教学计划的基本组成要素。

表 10 - 6　　基于问题导向学习的模拟法庭教学计划案例纲要

区分		模拟法庭
评价标准	2009 年教育课程修订方案	事 92083. 理解审判的定义和种类（如民事审判、刑事审判等），说明有关审级制度的定义和法律意义
		事 92084. 从法律的角度分析日常生活中的纠纷案例（如歧视、暴力、侵害著作权等），提出解决纠纷的理想方案
	2015 年教育课程修订方案	[9 事（事件）05 - 03] 理解审判的意义和种类（民事审判、刑事审判），分析制度以做到公平审判
学习要素		审判的定义和种类、刑事审判的流程、公平审判的制度
课时		4 课时
学科能力		·创新思维能力　·批判性思维能力　·问题解决能力和决策能力 ·沟通和协作能力　·运用信息的能力

进行问题导向学习的"模拟法庭"教学计划由四课时组成。表 10 - 7 展示了教学计划中包含的全部教学流程，从提出问题阶段开始到最后评价及反思阶段的主要活动和方法。这里学习者需要解决的问题是，"为亲

---

① 本教学计划由 Lee Mi-Yeon 等开发（Chang et al.，2019）。

日派模拟审判制作公诉或意见书"。

表10-7 基于问题导向学习的模拟法庭教学计划案例的教学流程

阶段	主要活动	方法	课时
提出问题	·观看电影《暗杀》预告片 ·介绍问题导向学习（PBL）主题及流程	视频 问题脚本	1课时
制作任务执行计划书	·制作执行任务的计划书，为亲日派模拟法庭的公诉或意见书做准备 ·角色分配	小组活动 （讨论）	
搜索辩论及资料	·对有关清算亲日派的话题进行辩论 ·整理及讨论分配角色的资料以及调查结果	全体活动（辩论）及个人活动（网络搜索）	2课时
制作公诉状或意见书	·根据所收集的资料制作公诉或意见书 ·为模拟法庭进行角色分配	小组活动 （讨论）	3课时
模拟法庭	·模拟司法人员（法官、检察官、律师等）进行亲日派模拟法庭	全体活动 （模拟法庭）	4课时
评价及反思	·对有关活动进行自我评价、同伴评价以及小组评价 ·分享感想	个人活动 （完成评价表）	

根据以上流程制作完整的教学计划书，如表10-8所示。案例表中包含了单元、教学时间、主题、学习目标、教学资料、4课时的教学流程以及教学中的注意事项，最后还有评价计划和有关评价学科能力的记录等。第1课时主要介绍PBL活动，提出PBL的问题，学习者需要整理思路或解决方法（idea）、已知事实（facts）以及新学习的内容（learning issues）等，并制作任务执行计划书（action plan）。第2课时根据计划书制订的计划，针对问题进行正反辩论，正式为解决问题进行资料调查。第3课时再次确认问题，根据得出的解决方案完成模拟法庭的公诉和意见书，并为模拟法庭活动进行角色分配。第4课时实际进行模拟法庭活动，最终完成反思日志。

表 10 – 8　　　　　　　模拟法庭问题导向学习教学计划案例

单元	日常生活与法律	教学时间	共 4 课时，180 分钟
主题	模拟法庭		
学习目标	1. 理解审判的定义和种类，可以说明审查制度具备的法律意义 2. 运用法律分析日常生活中的纠纷案例，提出理想的纠纷解决方案		
教学资料	教材、电脑（PPT、视频）、学习活动手册、智能手机、法槌		
教学流程	1 课时	·介绍 PBL 活动 ·提出 PBL 问题并完成任务执行计划书 ·为解决任务组织小组讨论	
	2 课时	·正反辩论有关清算亲日派的话题 ·为解决问题进行资料调查	
教学流程	3 课时	·制作模拟法庭的公诉状或意见书 ·为进行模拟法庭分配角色	
	4 课时	·模拟审判（模拟法庭） ·完成反思日志	
教学注意事项	·活动座位安排：在制作公诉或辩护人意见书时，需要根据四人一组排列书桌；模拟审判时，需要根据模拟法庭安排座位 ·运用智能手机进行资料或信息调查，引用相关法律制作检察官公诉或辩护人意见书 ·为了模拟法庭的顺利开展，帮助学生认识制作检察官公诉或辩护人意见书的重要性，按照指定格式制作材料 ·亲日派问题与历史学科相关联，必要时与历史教师合作教学		
评价计划	评价方法	观察法、任务执行计划书、成果（公诉、辩护人意见书）、评价表及反思日志	
	评价内容	·任务执行计划书、资料调查内容 ·参与度、协作能力、创意性（观察法、成果） ·评价表及反思日志	
有关学科具体能力特殊事项的记录示例	·以检察官的立场根据相关法律规定提起公诉，并通过参与亲日派模拟法庭了解刑事审判的流程 ·以辩护人的立场制作意见书，通过为被告人辩护认识法律纠纷中辩护人的重要性 ·通过体验模拟法庭，了解刑事审判流程、审查制度以及为了维持公正制定的审判制度 ·在模拟法庭活动中体验法官的角色，努力做出公正审判，保证模拟法庭顺利进行		

上述教学计划中值得关注的是，评价方式采用了过程式评价，包括观察学习者的活动的评价和对成果的评价。既有评价方法和评价内容，也有通过对学习者的观察从而对有关学科学习能力的评价。

二　设计思维的教案设计

设计思维是设计师们为了设计创意性产品而使用的一套工作流程式的思维方法，美国设计公司 IDEO 就是使用这种方法来进行商务战略的制定以及商品和服务产品的设计的（参考本书第六章的说明）。设计思维作为一种思维方式，主要使用在商业领域，斯坦福大学在"d. school"中使用设计思维后，设计思维开始作为一种教育方法在教育领域中应用（Zong, 2015）。斯坦福大学提出的设计思维主要有"认同"（empathize）、"定义问题"（define）、"构想"（ideate）、"制作原型"（prototype）、"测试"（test）五个阶段。随着设计思维在教育中的应用范围不断扩大，有关设计思维各个阶段中包含学生们可以进行的学习活动和支持学习活动所需工具的教学案例也层出不穷。

本部分展示了"运用设计思维理解人工智能"的教学计划案例（Song, 2020）。课程的主要内容是理解第四次产业革命中核心技术之一的人工智能的基本概念，并运用设计思维步骤设计网页或应用软件（application）。该课程由讲解概念的在线课程和实践设计思维过程的线下课程组成。在课程中，学习者将自行定义问题、通过观察将问题具体化、思考问题的解决方案、制作原型并测试。经历这一系列的流程后，学生们能够了解解决问题的各个阶段。

本课程的教学对象是高中一、二年级的学生。学习目标如下：第一，可以说明人工智能的基本概念；第二，理解人工智能的功能，并可以通过网页和应用软件进行设计；第三，运用设计思维方法可以推理、定义和具体化问题情景；第四，针对特定问题提出解决方案，制作出原型，并判断是否能够解决问题。

学习者通过在线学习，了解人工智能、设计思维的概念以后，开始参与线下的课程。本课程每课时两个小时，共 5 个课时，累积教学时间共 10 个小时。第一课时，向学生介绍什么是设计思维，并讲解人工智能的原理和案例。同时，为了进行问题导向学习，需要以小组为单位选定主题，并进行小组活动（见表 10 - 9）。

表 10 - 9　　设计思维的教学计划中介绍阶段的案例

学习主题		形式	线下参与
——理解运用设计思维的人工智能概念 ——团队建设及项目开始		对象	高中生约 20 人
		时间	120 分钟
		教室安排	小组（5 组）
	内容		资料
导入 （10 分钟）	·破冰活动、介绍课程、介绍学习目标等		教学 PPT
展开 1 （20 分钟）	·介绍人工智能 ——介绍运用人工智能解决问题的应用软件案例 ·介绍设计思维的 5 个阶段 ——介绍设计思维案例		教学 PPT
展开 2 （15 分钟）	·介绍可持续发展的 17 个目标（UN） (https：//www.youtube.com/watch？v = Sjqlg2CoVuA) ·针对各个目标进行资料收集		教学 PPT，学生个人的智能手机
展开 3 （10 分钟）	·对共同主题感兴趣的学生组成小组		
展开 4 （10 分钟）	·破冰游戏 ——运用学习类型分类应用软件、脑筋急转弯、disk 性格测试等		手册
展开 5 （20 分钟）	·针对小组的主题展开资料调查		智能手机
展开 6 （20 分钟）	·针对小组主题相关内容，寻找生活周边"希望解决的问题"		便利贴，贴纸，A4 纸
整理及结束 （10 分钟）	·完成活动手册 ·介绍下一课时内容		
准备物品	手册、智能手机、A4 纸、便利贴、贴纸		

第二课时，设计思维的"认同"和"定义问题"阶段。认同阶段进行制作用户画像、制作问题情景剧本等活动，定义问题时可以进行逻辑树、

5whys 等活动。① 第三课时，运用头脑风暴、思维导图等进行"构想"解读（以下阶段参考附录中的教学计划案例）。第四课时，运用支持交互的原型设计工具（Marvel、POP、Kakao Oven 等）制作原型。同时针对制作的原型，让其他同伴进行测试，并根据建议修改原型。第五课时，以小组为单位展示成果，并在进行为优秀小组颁奖等活动后结束课程。

表 10-10　设计思维的教学计划中认同和定义问题阶段的案例

学习主题		形式	线下参与
——运用设计思维了解人工智能 ——认同并定义问题		对象	高中生约 20 人
		时间	120 分钟
		教室安排	小组（5 组）
	内容		资料
导入 （10 分钟）	·复习上节课的内容		教学 PPT
展开 1 （10 分钟）	·介绍用户画像简历制作原因和制作方法 ——明确找到用户经历的不便之处 ——包括基本简历、问题情景剧本、一天观察日志、问题定义		教学 PPT
展开 2 （50 分钟）	·认同 ——制作用户画像简历（基本简历、问题情景剧本、一天的观察日志、问题定义）		笔记本、A4 纸、签字笔、彩纸等
展开 3 （30 分钟）	·定义问题 ——运用逻辑树、5whys 等查找问题原因 （一层一层循序渐进，寻找到问题的根本原因）		A4 纸、签字笔、彩纸等
展开 4 （10 分钟）	·准备中期展示		
整理及结束 （10 分钟）	·完成活动手册 ·介绍下一课时内容		
准备物品	手册、便利贴、彩纸、签字笔等		

---

① 关于设计思维中使用的多种工具和技巧，可以参考本书第六章及相关图书（Kim 等译，*Design Thinking Guidebook*，Paju：Lifeand Power Press，2017）。

练习和探究问题

1. 从问题导向学习模型的角度出发,分析本书中介绍的问题导向学习的教学计划的优点,以及从学习者立场上可能会提出的问题和改善问题的方法。

2. 分析本书中介绍的设计思维的教学计划案例,说出案例中哪些方面恰当地反映了设计思维。

3. 以教师为中心的教学计划分为详细教案(详案)和简式教案(简案)。分析各个教案的优点和局限性,提出最优解决方案。

参考文献

박성익, 임철일, 이재경, 최정임 (2015). 교육방법의 교육공학적 이해(5판). 파주: 교육과학사.

송유경 (2020). 디자인 씽킹을 활용한 인공지능의 이해 교수학습과정안. 서울대학교 평생교육원 찾아가는 대학.

임철일 (2012). 교수설계 이론과 모형(2판). 파주: 교육과학사.

임철일, 최소영, 홍미영 (2010). 초등학교 초임 교사를 위한 교수 체제 설계 모형의 개발 연구. 교육공학연구, 26(4), 121-147.

장경원, 이미영, 김정민, 박문희, 전미정, 이수정 (2019). 알고보면 만만한 PBL 수업. 서울: 학지사.

정은경 (2015). 디자인 씽킹 프로세스를 활용한 프로젝트 기획. 정보디자인학연구, 25, 247-256.

Ling, D. (2017). 디자인씽킹 가이드북(김정동, 김용우, 김흥수, 황석형 역). 파주: 생능출판사. (2015).

Stanford d. school [Website]. (접속일: 2020년 11월 11일). https://dschool.stanford.edu/

附表 9　　　　　　　　　　第十章引用文献对照

	对应韩文
（朴成益等, 2015）	박성익, 임철일, 이재경, 최정임 (2015)
（Song, 2020）	송유경 (2020)
（林哲一, 2012）	임철일 (2012)
（林哲一等, 2010）	임철일, 최소영, 홍미영 (2010)
（Chang et al., 2019）	장경원, 이미영, 김정민, 박문희, 전미정, 이수정 (2019)
（Zong, 2015）	정은경 (2015)

附 录

附 录 1

*以教师为中心的课程方案设计案例(朴成益等,2015)

学习主题:我们生活中的纳税

学习对象/学科:高中二年级经济

学习目标

- 能够区分国税和地方税。
- 能够说明直接税和间接税的特点。
- 了解韩国征税体系的特点。

附表 10 – 1　　　　　　　运用加涅的教学事件

教学事件	教学内容	时间
引起注意	教师:大家最近看过《良心追踪之逃税的战争》这个节目吗? 学生:看过,是抓捕逃税叔叔的节目吗? 教师:没错,在节目里大家有印象深刻的场面吗? 学生:有个律师叔叔赚了很多钱,但是从不缴纳税款,长期滞纳高额的税款,警察到家里找人,人总是不在,后来发现他躲在卫生间里。 教师:哈哈哈,很奇怪吧? 收入那么多,却没有纳税……那他拖欠的税款是属于哪种税呢? 教师:同学们,税有很多种类。我们熟知的税可以根据几个标准进行分类。	3分钟

续表

教学事件	教学内容	时间
教学目标陈述	教师：好的，那么今天我们将学习税务的种类，以税务缴纳的单位、缴纳方式为分类标准，我们来学习各种税务。 教师：根据税务的缴纳单位是中央政府还是地方政府，税务可以分为国税和地方税；根据其缴纳方式，又分为直接税务和间接税务。因此，今天的课程目标如下所示（通过幻灯片展示学习目标）。 ➢能够区分国税和地方税。 ➢能够说明直接税务和间接税务的特点。 ➢了解韩国税收体系的特点。	2分钟
唤起先前经验	教师：上一节课我们学习了韩国的税收功能，有哪位同学还记得，为大家讲一下。 学生：政府通过税收筹集经济活动所需的资金，并实现收入再分配。 教师：记得非常准确。是的，我们纳税后，政府使用税收来维持国家运转。这时政府分为中央政府和地方政府，而各自分别征收不同的税。从税收的功能可以看出，中央政府征税是用于中央政府的经济活动，地方政府征税是作为地方政府经济活动的经费来源。	3分钟
呈现刺激 Part 1	教师：这时，中央政府收缴的税称为国税，地方政府收缴的税称为地方税。现在我们一起来看一下老师发的税务计算手册（印刷书）（将财产税、所得税、法人税、注册税、机动车税等发票复印资料分发给学生）。 教师：大家看一下第一页的税务发票，上面写着什么税种呢？ 学生：财产税。 教师：下方税收单位写的是什么呢？ 学生：蔚山广域市北区区政府。 教师：没错，是蔚山地方政府收缴的税。现在看一下老师发的其他的发票，确认税务的名字和税收单位后，填写老师发的税务分类表。	5分钟

续表

教学事件	教学内容	时间
提供学习指导 Part 1	教师：大家可以比较一下完成的表格和老师展示的表格（PPT 幻灯片）。 | 国税 | 地方税 | |---|---| | 中央政府征收的税 | 地方政府征收的税 | | 所得税、法人税、继承税、增值税、酒税、特别消费税 | 购置税、注册税、居民税、财产税、汽车税、执照税 | 教师：国税和地方税是根据征收单位分类的，但大致来说，国税主要指针对收入的征税或流通税，而地方税主要由购置和持有税构成。那么，个人收入需要缴纳的所得税是哪种税呢？ 学生：国税。那么电视里那位律师叔叔没有缴纳的税收属于国税，对吗？ 教师：没错。那么法人税属于什么税呢？ 学生：当然也是国税了。那么继承所得也算是一种收入，所以继承税是国税，对吗？ 教师：非常对。除此之外，国税还包含消费商品流通过程中征收的增值税、酒税、特别消费税。 教师：相反，地方税主要由房地产或汽车等所得税和持有时需要缴纳的税金组成。大家知道买房子的时候，最先需要缴纳的税款是什么吗？ 学生：所得税。 教师：没错。购买房产后，需要缴纳针对收入的所得税。还有一个需要缴纳的税是注册税，是为了登记这个房产"是我的"而交的税。缴纳所得税、注册税后，还需要缴纳持有这一房产的居民税和财产税。购买和持有汽车时，需要缴纳汽车税和执照税。所有这些税都是地方政府征收的地方税，用于地方财政。	

续表

教学事件	教学内容	时间
呈现刺激 Part 2	教师：但是，大家有在缴税吗？ 学生：我们还没有收入，应该不用缴税吧，而我们的父母在缴税。 教师：不是的，大家也有缴税，只不过大家不知道而已。 学生：嗯？背着我们收税吗？ 教师：哈哈哈，也可以这么说。大家现在有人拿着收据吗？从文具店或超市拿到的收据都可以。 学生：这里有一个，是我昨天在超市收到的收据。 教师：好的，大家可以看一下收据的下方有没有大家知道的有关税务的用语。 学生：有免税物品价格、征税物品价格、增值税等。 教师：没错，英姬昨天买了7000元韩币的物品，里面包含636元韩币的增值税。	5分钟
提供学习 指导 Part 2	教师：像这类，我们在购物时，已经包含在商品价格中的税叫作间接税。这类税无论我们有没有收入，收入多还是少，都需要固定缴纳。收入高的经理也一样，在购买7000元韩币的东西，就需要缴纳636元韩币的增值税。相反，直接税由收入更多的经理缴纳，没有收入的我们是不需要缴税的。那么，接下来我们看一下收入再分配的效果。下面的两个图，哪一个表示直接税，哪一个表示间接税呢？ 图A：税率（恒定）— 征收标准（所得） 图B：税率（递增）— 征收标准（所得） 学生：图A中无论收入是0还是更多，都保持一定的税率，所以是间接税。收入越多，缴纳税金越多的图B是直接税。 教师：说得好。直接税和间接税在谁缴税这一点上也有差异。直接税中向税务局或地方自治团体缴纳税款的人（即纳税人）和实际承担税款的人（换句话说，负税人）是相同的，而间接税中的纳税人和负税人则不同。也就是大家不会因为买一个冰激凌，而需要去国税厅或地方政府缴税。如果大家理解了到目前为止的内容，那么也就可以理解下表的内容。	10分钟

教学事件	教学内容		时间
提供学习 指导 Part 2	直接税	间接税	
	纳税人＝负税人 从源头上征税 所得再分配效果大 征收过程复杂	从消费支出中征税 所得再分配效果小 征收过程简单	
	所得税、法人税、继承税、赠与税等	增值税、特别消费税、酒税等	
展现学习 行为	教师：现在大家对国家税收和地方税收以及直接税和间接税有了一定的了解，接下来，让我们根据下面的统计资料，讨论一下韩国的税收体系特点。 ｜ ｜1999 年｜2000 年｜2001 年｜2002 年｜2003 年｜ ｜国家税收｜80.3%｜81.9%｜78.2%｜76.7%｜77.6%｜ ｜地方税收｜19.7%｜18.1%｜21.8%｜23.3%｜22.4%｜ ｜直接税｜40.5%｜43.9%｜40.7%｜40.0%｜43.7%｜ ｜间接税｜59.5%｜56.1%｜59.3%｜60.0%｜56.3%｜ 教师：这个表（PPT 幻灯片）是关于韩国税收结构的内容。各小组讨论一下，国家税收和地方税收是以怎样的比例组成的？又有着怎样的比例组成变化？同时直接税和间接税是以怎样的比例组成的？又有着何种比例组成变化？ 教师：（观察小组进行情况，运用 PPT 幻灯片提示） 韩国的税收体系特点是？ 国税比例比地方税比例更_____，地方财政的自由度更_____。 间接税比例比直接税比例更_____，收入再分配功能更_____。		5 分钟
提供反馈	教师：大家都很好地理解了今天学习的内容。已经是税务方面的专家了，正如大家所指处的那样： 韩国的税收体系特点是？ 国税比例比地方税比例更高，地方财政的自由度更弱。 间接税比例比直接税比例更高，收入再分配功能更弱。 而且，越来越想通过增加地方税的比重来提高地方财政自立度，也越来越想通过提高间接税的比例来增加税收的收入再分配功能。		2 分钟

续表

教学事件	教学内容	时间
评价学习成果	※测试例题 1. 下面所示税务的共同点是什么? 所得税、法人税、增值税、特别消费税 ①直接税　　②间接税 ③累计税　　④地方税收 ⑤国家税收 2. 请选择适用如图A所示税率的税。 税率 ⓐ所得税 ⓑ法人税 ⓒ特别消费税 ⓓ增值税 图A　　征收标准（所得） ①a, b　　②a, c ③a, d　　④b, c ⑤c, d 3. 以下有关纳税描述正确的是? ①征收税款很简单 ②具备所得再分配的效果 ③纳税人和负税人不同 ④适用于增值税、物品税等 ⑤根据消费标准征收税款 4. 错误描述韩国税收体系特征的是? ①国税的比例少于地方税 ②间接税比例大于直接税，因此所得再分配效果弱 ③地方政府的财政自由度低 ④直接税的比例大于间接税，有助于消除贫富差距 ⑤地方税的种类多于国税的种类	

续表

教学事件	教学内容	时间
促进学习迁移	教师：最后，我们来整理一下今天所学的内容。税务根据征税机关是中央政府还是地方政府（等待学生回答）：<u>分为国家税收和地方税收</u>；根据征税方式（等待学生回答）：<u>分为直接税和间接税</u>。中央政府征收的税称为（等待学生回答）<u>国家税收</u>，地方政府征收的税称为（等待学生回答）<u>地方税收</u>。消费时，包含在商品中的税称为（等待学生回答）<u>间接税</u>，根据收入比例直接征收的税称为（等待学生回答）<u>直接税</u>。韩国地方税收比例比国家税收（等待学生回答）<u>低</u>，间接税比直接税比例（等待学生回答）<u>高</u>。好，大家都理解得很正确。 教师：还有，论坛上有一个作业。大家现在已经是税务专家了，我为大家准备了一个回家可以向父母炫耀的作业。2006年年初，政府曾出现过"减税争论"。请大家在网上搜索相关新闻报道，将大家对于这一争论的想法整理成一段文字并上传至论坛。大家可以交换意见，互相讨论。老师也会参与到讨论当中。有人还有问题吗？课后如果有疑问，大家可以在论坛上提问。（结束问候）	3 分钟

附 录 2

基于设计思维（Design thinking）的教学计划设计案例（Song，2020）
（1）课程概要：主题与主要活动

附表 10-2　　　　　　　　　　课程概要

课时	教学主题	教学内容	教学活动
预习	人工智能是什么？	·第四次产业革命和人工智能 ·如何运用人工智能？ ·介绍 IBM Watson	在线教学

续表

课时	教学主题	教学内容	教学活动
预习	设计思维	·设计思维是什么？ ·设计思维的五个阶段 ·设计思维的案例	在线教学
1	开始项目	·介绍人工智能和设计思维的概念和案例（授课） ·选择主题 ·组队及简单的游戏 ·探究争议并调查资料，小组内分享想法 ·查找对象/问题情况	说明 小组讨论 资料调查
2	认同 & 定义问题	·介绍用户画像、定义问题的方法（授课） <认同> ·运用用户画像观察现象 ·体验 <定义问题> ·运用5whys或逻辑树寻找问题原因	说明 小组讨论 体验活动
3	构想	·中期展示和相互反馈 ·介绍软件中人工智能的功能和数据（授课） ·找出解决问题的方法 ·运用头脑风暴和思维导图 ·促进反馈和想法	小组展示 反馈 说明 小组讨论 体验活动
4	制作原型 & 测试	·介绍原型制作方法、POP软件使用、软件流程（授课） ·制作原型 ·运用软件/网站制作模型（界面结构） ·测试运用POP软件制作的软件模型（运用智能手机）	说明 制作原型 测试 体验活动 小组讨论 反馈
5	展示成果	·从定义问题到原型成果的过程展示 ·相互评价及反馈 ·整体总结及项目评价	小组展示 反馈 总结评价

（2）按照课时的教学计划

附表 10 – 3　　　　课时 1：说明会及开始项目

学习主题		形式	线下参与
——理解运用设计思维的人工智能概念 ——团队建设及项目开始		对象	高中生约 20 人
		时间	120 分钟
		教室安排	小组（5 组）
	内容		资料
导入 （10 分钟）	·破冰活动、介绍课程、介绍学习目标等		教学 PPT
展开 1 （20 分钟）	·介绍人工智能 ——介绍运用人工智能解决问题的应用软件案例 ·介绍设计思维的 5 个阶段 ——介绍设计思维案例		教学 PPT
展开 2 （15 分钟）	·介绍可持续发展的 17 个目标（UN） (https：//www.youtube.com/watch？v＝Sjqlg2CoVuA) ·针对各个目标进行资料收集		教学 PPT，学生个人的智能手机
展开 3 （10 分钟）	·对共同主题感兴趣的学生组成小组		
展开 4 （10 分钟）	·破冰游戏 ——运用学习类型分类应用软件、脑筋急转弯、disk 性格测试等		手册
展开 5 （20 分钟）	·针对小组的主题展开资料调查		智能手机
展开 6 （20 分钟）	·针对小组主题相关内容，寻找生活周边"希望解决的问题"		便利贴，贴纸，A4 纸
整理及结束 （10 分钟）	·完成活动手册 ·介绍下一课时内容		
准备物品	手册、智能手机、A4 纸、便利贴、贴纸		

附表 10-4　　课时 2：引起共鸣及定义问题

学习主题		形式	线下参与
——运用设计思维了解人工智能 ——认同并定义问题		对象	高中生约 20 人
		时间	120 分钟
		教室安排	小组（5 组）

	内容	资料
导入 （10 分钟）	·复习上节课的内容	教学 PPT
展开 1 （10 分钟）	·介绍用户画像简历制作原因和制作方法 ——明确找到用户经历的不便之处 ——包括基本简历、问题情景剧本、一天观察日志、问题定义	教学 PPT
展开 2 （50 分钟）	·认同 ——制作用户画像简历（基本简历、问题情景剧本、一天的观察日志、问题定义）	笔记本、A4 纸、签字笔、彩纸等
展开 3 （30 分钟）	·定义问题 ——运用逻辑树、5whys 等查找问题原因 （一层一层循序渐进，寻找到问题的根本原因）	A4 纸、签字笔、彩纸等
展开 4 （10 分钟）	·准备中期展示	
整理及结束 （10 分钟）	·完成活动手册 ·介绍下一课时内容	
准备物品	手册、便利贴、彩纸、签字笔等	

附表 10-5　　课时 3：构想

学习主题		形式	线下参与
——理解运用设计思维的人工智能 ——中期展示 ——构想		对象	高中生约 20 人
		时间	120 分钟
		教室安排	小组（5 组）

	内容	资料
导入 （5 分钟）	·回想上一节课的内容	教学 PPT
展开 1 （40 分钟）	·展示小组定义的问题 ——介绍小组定义的问题 ——教师反馈，同伴反馈	小组展示资料

续表

	内容	资料
展开 2 (20 分钟)	·说明人工智能软件构成的方法 ——举例说明（YouTube、Uber 等） ——说明人工智能适用的功能（推荐、分类、翻译等）（分类功能体验：https://teachablemachine.withgoogle.com/train/image） ——说明必要数据（如 Uber "醉酒乘客分类功能"，必要数据：用户的步行速度、按智能手机特定按钮的速度、打字错误等）	教学 PPT
展开 3 (40 分钟)	·通过头脑风暴构想 & 设计软件	A4 纸、便利贴、签字笔等
整理及结束 (10 分钟)	·完成活动手册 ·预告下一节课的内容	
准备物品	笔记本电脑（体验人工智能分类功能，每组一个）、A4 纸、贴纸、签字笔	

附表 10-6　　　　课时 4：制作原型和测试

学习主题		形式	线下参与
——理解运用设计思维的人工智能 ——制作原型		对象	高中生约 20 人
		时间	120 分钟
		教室安排	小组（5 组）

	内容	资料
导入 (5 分钟)	·回想上一节课的内容	教学 PPT
展开 1 (15 分钟)	·说明原型的概念和制作方法 ——原型案例 ·说明 POP 软件使用方法 ·说明软件使用步骤 ——画面/弹窗，点击时链接的页面等	教学 PPT 智能手机
展开 2 (50 分钟)	·运用软件/网站制作模型 ——制作软件/网页虚拟页面	纸、彩纸、剪刀、胶水、签字笔等

续表

	内容	资料
展开 3 （10 分钟）	·运用 POP 软件将原型具体化 （软件运用案例参考：https：//marvelapp.com/） ——iPhone 使用 POP App，安卓手机使用 Marvel App	智能手机 （下载 POP 软件）
展开 4 （30 分钟）	·测试 & 修改原型 ——iPhone 使用 POP App，安卓手机使用 Marvel App	智能手机 （下载 POP 软件）
整理及结束 （10 分钟）	·完成活动手册 ·预告下一节课的内容	
准备物品	智能手机（每组一个）、智能手机投屏数据线、彩纸、签字笔、胶水、剪刀等	

附表 10-7　课时 5：展示成果

学习主题		形式	线下参与
——小组项目成果展示 ——反馈		对象	高中生约 20 人
		时间	120 分钟
		教室安排	小组（5 组）
	内容		资料
导入 （5 分钟）	·回想上一节课的内容，介绍本节课的内容		教学 PPT
展开 1 （20 分钟）	·额外提供制作原型时间 ·准备最终展示		彩纸、智能手机等
展开 2 （75 分钟）	·最终展示（每组 10 分钟左右） ·同伴反馈及教师反馈（5 分钟左右）		练习册 PPT
展开 3 （10 分钟）	·评价及评选优胜队		纸、笔、贴纸等
整理及结束 （10 分钟）	·完成活动手册 ·结束课程		
准备物品	笔记本电脑（每组一个）、纸、笔、贴纸等		

第十一章

教学实施与沟通

下面是一位大学生的经验之谈。

"这是我高二时候的一位20多岁物理老师的故事。在这位老师的课堂上,除了几名同学之外,大部分同学都没办法理解学习内容。我认为虽然物理老师的教学能力不够好,但起码声音、音量、语气、板书等要清楚,而老师似乎在喃喃自语,讲课的声音很小,教室后排的同学根本听不清老师说什么。"

虽然上述这个案例有些极端,但是可以看出教师的语言表达能力对学生的学习过程和课堂学习态度的影响。教室内教学的成败,很大程度上取决于教师是否具备有效沟通的能力。教师使用哪种方式与学生沟通,对是否能够达成有效教学有很大的影响。因此,教师应该在实施教学的过程中与学生进行有效的沟通。

本章将以设计好的课程计划为基础,讨论教学过程中教师需要掌握的沟通原理。

目　标

1. 说明教学实施中教学沟通的过程。
2. 运用以教师为中心的教学原则。
3. 运用以学习者为中心的教学原则。
4. 使用微格教学改善教学情况。
5. 从教学咨询的角度讨论和反思如何改善教师的教学。

第一节　教学与沟通

一　实施教学与沟通能力

本章将讲解如何运用第十章中已经制定好的教学资料进行教学的实施（implementation），重点关注教师在教学过程中的教育信息传播情况，提出教学中有效的传达方法。教师传达学习主题的过程主要依靠的就是沟通能力（communication skills）。在学校中，我们可以轻松地分辨出哪些教师能够有效地进行沟通，而哪些教师并不善于沟通。

所谓"好"教师，其中一个特点就是可以把学习内容讲解得很有趣。学生喜欢那些能够引起他们注意和激发兴趣的教师。举一个简单的例子，有些教师在课堂上与学生几乎没有视线交流（eye contact），或是仅限于站在特定的位置（如讲桌的右侧），又或者只与特定学生（所谓的"成绩好的学生"）进行对视。教师这些不经意的行为，会让很多学生认为"这位老师在无视我们"，或是"这位老师的课堂没有意思"。这也会导致教师与学生之间的整体沟通水平降低。换句话说，教师无意识的一举一动都会强化或减弱学生的学习注意力。

为了在教室内进行有效的沟通，除了需要设计有效的课程计划，还需要了解信息传播的基本过程。尽管有效的沟通十分重要，但是预备教师和一线教师们都很难有机会可以系统地理解和练习沟通。他们在初中、高中上学时期看到过自己的老师教学的样子，在入职后也观察过前辈教师在教学中的沟通方法（这些沟通方法中有的是有效的沟通，但是无效的沟通更多）。最终，会导致他们自己也延续使用这些无效的沟通方法。例如，有些教师书写的板书不够系统，导致学生在记笔记时出现混乱；有些教师会提出过于简单的问题，或者提出难以回答的问题后，又不给学生思考的时间，要求学生立即作答等情况。

本节将探讨教师在教学过程中的有效沟通方法。通过本节内容的学习，大家可以系统地理解教师在教学中的沟通能力和技巧。

二 教学的沟通模型

为了理解教师教学过程中的沟通过程，首先有必要了解信息传播理论的观点。有关信息传播理论的观点并不是在教育学领域开发的，最早的信息传播理论是在新闻广播学和心理学领域提出的。这些领域有关信息传播的研究结论被用于教育学，更具体的来说是用于教育技术学等学科。

教育技术学中经常使用香农—施拉姆的信息传播模型（Shannon，Schram，1964）（见第七章的图7-1）。该模型中包含的一个重要的因素是信源和信宿的经验范围。这一信息传播模型摆脱了信息单纯传播的观点，考虑了信源和信宿相异的经验范围。这样的观点也为后来开发多种沟通技巧带来了启示。也就是说，只有在理解对方的经验范围或者生活方式、文化、价值观的基础上，才能实现有效的信息传递。

在课程导入过程中，确认并考虑对方的经验后再进行沟通是教育中的原则之一。当教师想要传递的信息或主题与学生的先前经验高度关联时，课程的导入初期阶段就已经成功了。例如，在中学教授"渗透压原理"的导入阶段，可以提及学生们平时容易观察到的秋季腌制韩国辛奇的例子。通过为什么用盐腌制以及有关其腌制过程的提问和说明，可以自然地过渡到所涉及的渗透压原理。像这样，要考虑到学生的实际经验范围进行的信息传达才有效果。

此外，香浓—施拉姆模型除了经验范围之外，该信息传递过程还包含反馈、噪声等重要因素。信宿如何译码信息将以反馈的形式呈现，而信源则根据反馈再次传递信息。该模型表明，在信息传递的过程中，由于噪声的存在，可能会发生信息无法正确传递的情况。总之，从信息传递这一宏观视角看待媒体的开发与运用，拓宽了对教学媒体的理解范围。

从教育技术学对信息传播理论的应用中可以看出，信息传播主要是探究信息的传递过程。信息传播过程是信源到信宿传递信息的过程，这一过程整合了噪声、反馈、经验范围等多种概念因素。此外，为了进行有效的信息传播，需要基于多种理论背景（心理学、社会学、教育学或教育技术学等）来改进沟通的方法（Kwon，2000）。

本节重点关注教学中的信息传播模型和技巧。为了实施有效的教学，本节将一系列教学活动的展开过程看作信息传播的过程。迄今为止，在大部分教学设计活动中，实施过程被视为形成评价的资料获取阶段（Dick, Carey, Carey, 2009）。即直接在课堂上实施教学设计，收集学习者的反馈，并根据反馈改善课程计划。然而对于实际上如何开展教学，却没有提供具体的方法。因此，本章将教学设计的实施过程看作实现信息传播的过程，从而发现教学实施的相关具体方法。

教学信息传播模型可以应用于多种类型的教育活动中，本节将讲述教学情境中典型教学活动的教学信息传播原则。当将教学过程看作信息传播的过程时，信源和信宿的角色分别由教师和学生担任（见图11-1）。传递的信息主要是教育目标领域的内容。作为信源的教师，其信息传播活动主要由"提问""说明""聆听"构成。首先，众所周知，提问在教育的信息传播过程中十分重要。例如，在苏格拉底的产婆术教育方法中，提问担任了重要的角色。在加涅的教学事件中（Gagné, 1979），"针对相关教学内容进行提问"是在教学初期引起注意阶段最有效的方法之一。其次，"说明"是传递想法的重要活动。将长句分割成短句进行说明是非常有效的方法，也可以使用媒体、声音、动作等多种方法。最后，"关注"作为信宿的学生"聆听"之后的反应。"聆听"这一活动本身就是有效的教育活动，并且也为教师之后进行的提问、说明阶段收集相关信息。

作为信宿的学生一边听教师的提问和说明，一边回答问题，必要时也可以进行提问。虽然也有学生进行说明的情况，但从是否引导学生参与的角度来看，这并不能看作主要的行为。教师可以诱导和参考学生的说明行为，进而促进有效的沟通。接下来将根据以教师为中心的教学和以学习者为中心的教学，分别展示教师有效沟通的实施原则。

第二节　以教师为中心的教学实施

在以教师为中心的教学中，教师通过实施有效的提问、聆听和说明达成教育目的。

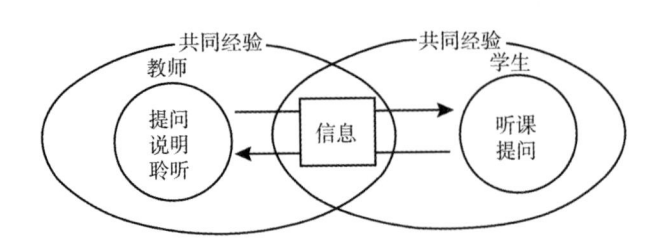

图 11-1 基于信息传播过程的教学模型

一 提问和聆听

在教育情境中，关于教师提问的效果研究得出了一致的结论：适当的提问有助于提高学生的参与水平和动机水平，并可以有效引导学生进行之后的学习过程（Kwon，2000）。

在教育情境中，"提问"的根本目的是促进学习者思考。学习者通过回答教师的提问展示自己的思考结果，并接受评价。另外，提问还可以促进学习者集中注意力。适当的提问比其他集中注意力的方法能更有效地促进学习者参与，并使其沉浸到学习活动中。例如，在中学函数单元初期导入阶段，说明"函数的概念（对应性）"时，教师展示相应的幻灯片资料（如黄色和红色的长方形），并且展示蓝色的长方形，然后教师可以提问，当蓝色混入不同颜色的长方形内，长方形将会呈现什么颜色（此时答案为绿色和紫色）。这时，学生会想为什么要在数学课上讨论美术的内容，从而集中学生的注意力。当得到学生的答案后，教师可以在对应性的观点上解释这一活动的意义，随后说明函数的特点。

（一）问题的类型

教师们使用的问题可以按照多种方式分类（Lee，1986；Frey，Fisher，2010）。其中应用最为广泛的是，综合卡纳（R. L. Carner）的按照思维方式的问题分类（Carner，1967）、阿密顿（E. Amidon）和亨特（E. Hunter）的分类（Amidon，Hunter，1967）以及加拉格（J. J. Gallagher）的分类（Gallagher，1965）的分类方法（Lee，1986）。

根据卡纳的理论，人类的思维分为具体思维、抽象思维和创意性思维（Carner，1967）。因此，问题可以根据诱发各类思维功能进行分类。引起具体思维的问题大致是针对可以观察到的物品或现象进行提问，例如询问简单的想法、概念或原理等，经常使用"哪里""什么""谁""什么时候"等疑问词。例如，在英语课堂上讨论现在分词，展示有关俗语"滚石不生苔"的图片和英语表达"A rolling stone gathers no moss"，然后对此向学生提问的情况，可以看作诱发具体思维的提问。

诱发抽象思维的提问主要是为了探究特定问题的方法和原因。其中，包括推论某一事件的发生原因、为了得出结论的提问、为了说明合理性的提问等。例如，在社会课上，教师展示近期归农人口增加的统计数据，并让学生回答为什么会发生这一现象。引发创意性思维的提问一般是为了重组新的概念，该类问题并没有正确答案。因此，提问要帮助学习者探究所有可能成为解决方法的答案。

阿密顿和亨特（Amidon，Hunter，1967）以及加拉格（Gallagher，1965）的分类系统，将问题分为限制型问题和扩展型问题。限制型问题也称为封闭式问题，是针对简单事实的提问。这里主要指涉及认知与记忆水平的问题和总结性问题，认知与记忆水平的问题要求重述事实、概念或者信息。例如，"产业革命是什么时候发生的？""蔬菜和水果的区别是什么？""海豚属于鱼类吗？"等问题都属于这一类别。总结性问题是指需要叙述某种关系或要求说明的问题，这一类问题有答案或最佳的答案。例如，"为什么这一关系不是函数关系？""动物出现趋光性现象的原因是什么？""根据供求法则，说明政府干预秋粮收购的现象"等问题都属于这一类型。

扩展型问题也称为开放式问题，这一类问题期待学生多样化的答案，同样也没办法设定正确答案。这类问题是促进学习者思考的提问，主要用于表达学习者的思维、意见和判断。这一问题类型又分为促进发散性思维的问题和促进批判性思维的问题。涉及发散性思维的问题是为了理解某一情况而进行推论的过程。例如，"为了减少洛东江流域的环境污染，政府和地方组织需要做哪些努力？"等问题属于发散性思维问题，可以针对问题的原因提出各种假设并探究解决方法。促进批判性思维的问题可以展现学习者的最高级思维。即批判性思维的问题不仅包含前面提到的认知与记忆思维、总结性思维、发散性思维过程，还要求对自己的判断、价值选择具备明确的立场。例如，"随着信息化社会的到来，应如何重构学校的教育目标？"等问题属于这一类型。此外，弗雷

(N. Frey)和费希尔(D. Fisher)提出了另一种问题分类方式(Frey, Fisher, 2010)。根据他们的理论,问题按照提问的目的分为诱导型、精准型、明确型、扩展型、发现型、提案型问题。将以上的问题类型进行整理后,如表11-1所示。

表11-1 问题的类型

	问题类型	定义	例子
卡纳根据思维水平的问题分类(Carner, 1967)	具体思维	询问简单的想法、概念或原理等,经常使用"哪里""什么""谁""什么时候"等疑问词	以动物为例(如蜘蛛),可以询问:"蜘蛛是否属于昆虫?"
	抽象思维	为了推论某一事件发生的原委或原因而进行的提问、为了得出结论的提问、为了证实解释合理性的提问等	社会课上展示近期归农人口增加的统计数据,并让学生回答为什么会发生这一现象
	创意性思维	通过提问帮助学习者探究所有可能解决问题的方案	
综合阿密顿和亨特的问题分类(Amidon, Hunter, 1967)与加拉格的问题分类(Gallagher, 1965)	限制型问题(封闭式问题)	·有关认知·记忆水平的问题 ·总结性问题	"产业革命是什么时候发生的?""说明蔬菜和水果的区别。""海豚是否属于鱼类?""为什么这一关系不是函数关系?""出现趋光性现象的原因是什么?""根据供求法则,说明政府干预秋粮收购的现象。"

续表

问题类型		定义	例子
	发散性思维	为了理解某一情况而进行的推论过程	"为了减少洛东江流域的环境污染，政府和地方组织需要做哪些努力？"
扩展型问题（开放式问题）	批判性思维	不仅包含认知·记忆思维、总结性思维、发散性思维过程，还要求对自己的判断、价值选择具备明确的立场	"随着信息化社会的到来，应如何重构学校的教育目标？"
弗雷和费希尔的分类（Frey, Fisher, 2010）	诱导型	为了确认基于事实的知识而进行的提问	"谁？""什么？""何时？""哪里？""为什么？""怎样？"
	精准型	为了扩展答案的提问	"你可以再详细解释一下吗？""还有其他我需要了解的信息吗？"
	明确型	通过获得具体回答而明确知识的提问	"为什么选择了那个答案？""那个信息的出处是哪里？"
	扩展型	运用先前知识形成新的理解方式的提问	"为什么湖水是蓝色而玻璃是透明的？""蝴蝶和飞蛾的共同点是什么？"
	发现型	为了了解学生解决问题的能力而进行的提问	"为了了解这个词汇的意义，可以采用哪种方法？""在这本书中，我们可以在哪里找到关于春天的信息？"
	提案型	为了刺激想象力的提问	"你想为谁推荐这本书？""如果可以穿越到过去，你想对历史人物说什么？"

(二) 提问的原理

在教学中，为了提出有效的、合适的问题，可以参考以下三个原理。

第一，为促进思维的发展，要使用扩展型或开放式问题进行提问。将提问用作对学生的控制、评价或检查是典型的错误使用提问的情况。回顾我们的教育环境，不可否认，提问一直是教师控制学生的有效方法。例如，在复习时，针对上一节课学习的特定内容进行提问，如果回答错误会受到惩罚，这些都属于错误使用的情况。使用这一类提问会刺激学生，使学生讨厌问题，或者让学生因为教师的提问表现出不安的态度。

有效的提问，应该是促进学生思维发展的过程，或者将学习内容与学习者先前知识或经验联系起来。因此，原则上需要提出学习者能够回答的问题，或是可以展现学习者思维过程的问题，也就是扩展型或开放式问题。尤其是教学初期导入阶段，适当的扩展型问题不仅可以激活学生的思维，还可以帮助学生集中注意力，是引导学生参与学习过程的重要环节。例如，运用图 11 - 2 询问学生蒸汽机车如何利用蒸汽获得动力。

图 11 - 2　扩展型问题中运用的图片案例

注：通过蒸汽机车中的蒸汽产生的过程，说明理想气体（ideal gas）的温度、压强、体积之间的变化关系。

另一个开放式问题的例子：中学科学课上教师为了解释"力学能量"的概念，通过 PPT 或视频资料为学生展示滑雪者滑雪的场景（见图 11-3）。之后询问学生，刚开始在山顶速度为 0，之后下滑时速度是否会加快。整理学生们的各种回答，解释运动能量和位置能量的概念。

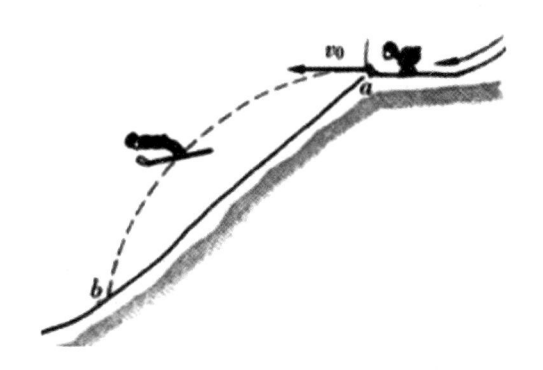

图 11-3　运用 PPT 资料解释力学能量概念

注：为了向学生解释运动能量和位置能量的概念，使用滑雪图片资料。

第二，不要提出让学习者抵触的问题。有关提问方式的各种研究中，很有趣的一个研究结论是尽可能不要向学生提出有关"为什么"的问题。根据谢德（M. R. Shedd）等的研究（Lee，1986；Shedd et al.，1971），学生对"为什么"的问题感到紧张和有压力，从而容易形成抵触心理，因此提问时尽量不要使用"为什么"。原则上，有关"为什么"的提问有助于培养学生的高级思维，但是当学生频繁发生无法回答这类问题的情况时，很可能会导致学习者对这类问题持消极的态度。

然而这并不是说，一定不能提出有关"为什么"的问题，这相当于否认"为什么"或与其类似的问题所具备的教育意义。当需要揭示学习者的思考过程时，可以提出有关"为什么"的问题。但是需要注意照顾学习者的情绪，不要让学习者对提问反感。例如，提问前，告知学习者自己会对其答案予以尊重，并表明回答不计入评价。此外，还可以给予学习者充分的回答时间，或以提供引导学习者回答的线索等方法来促进学习者回答问题。总之，当学习者心理充满自信时，"为什么"或与其类似的提问在教学中是有效的。这不仅可以揭示学习者的思考过程，还是一种体现尊重学习者的教育活动。

第三，尊重学习者对提问的反应。在教育过程中，提问与其说是评价过程，更应该是促进学习者学习的过程。学习者需要以舒适的心态表达自己的知识、想法和意见，而这些都应受到教师或其他学习者的尊重。尊重学习者的反应有两种方法。一是提问后不要期待学习者立即作出反应。根据研究结果，通常当教师提问后，学生如果没能在 1 秒之内作答，教师会重复该问题或请其他学生作答（Lake，1973；Lee，1986；Rowe，1973）。然而这样的处理方式并没有给予学习者充分的思考时间，有时会造成学习者产生与提问"为什么"时同样的心理负担。在教学中，提问的目的是促进和揭示学习者思考的过程。因此为了促进学习者的真实思考过程，提问后需要等待一定的时间。

最后，当学习者回答问题时，教师不能仅仅表现出被动的听，而要表现出积极倾听的态度。例如，将学生的答案简单概括写在黑板上等。如果教师只听学生回答，那么在学生作答后，学习者的答案会消失在空中，因此学习者得到认可的机会将会受到限制。如果将学习者的回答记录在黑板上，教师重复学习者观点时，学习者将会得到心理上的满足。另外，这不仅可以帮助其他学生明确地理解作答学生的想法，日后还可以用作学习内容展开过程中有效的比较资料。同时，对于肯定的回答，夸奖并点头等行为也很有效。而在学习者回答不恰当时，可以简单询问这样作答的原因，并尊重学习者的想法。

综上，关于有效提问的原则可以总结如下。
（1）尽可能使用扩展型或开放式问题促进学习者思维。
（2）不提让学习者产生抵触心理的问题。
（3）可以运用以下四种方法，尊重学习者的回答。
——针对正确的答案夸奖并点头表示赞同。
——当学习者回答不恰当时，明确学习者回答的依据。
——简单概括重复学习者的回答。
——在黑板上简单记下学习者的答案。

> **引导学生回答问题的方法**
>
> 下面介绍一种引导学生回答问题的方法。课程前期为了引起学生的兴趣和关注,可以根据学习主题提供相关问题。这时,理想的情况是学生可以提出各种意见,但是有时学生们也会对回答问题犹豫不决。为了防止这一情况,可以提前向学生提供问题,然后让他们两人或三人组成一组,在小组内互相交换意见。这时,学生通常会积极地向其他学习者表达自己的想法。也就是说,学生介意自己一个人向老师回答问题时,组成小组后就会立即参与作答,这便是团队动力(group dynamics)。在小组交换意见后,面对教师的提问,学习者就能轻松表答在小组内整理出的想法,并且会积极阐明自己的见解。另外,要求回答问题时举手、明确指出回答问题的同学或要求作答的同学事先准备答案等,都是促进回答问题的简单且有效的方法。

(三)聆听

除了教师的讲解之外,学生是否积极参与也影响着教学能否顺利进行。学生越是积极参与,越能带来教学的成功以及有意义的学习结果。此时,教师需要做到有效应对的行为就是聆听。聆听是尊重学生的回答和意见的表现,同时还可能包含对教师后续活动的澄清过程。教师或其他学生重新陈述回答问题的学生的想法或将其记录在黑板上,可以为后续的学习过程提供线索。

为了积极聆听学生的意见,教师需要做到以下几点具体行为,即积极聆听的四项原则。

1. 保持视线对视

在提问后,聆听学生作答时,教师不要有其他的动作。不要看资料或注视其他方向,而是要保持视线对视,强烈传达"我尊重你"的信息。否则,将会被学生误认为"我没有认真聆听你的意见"。

2. 保持上身微微前倾

在聆听回答时,教师身体后倾的姿势会被学生认为"老师现在不想听我说话"。因此，需要保持上身微微前倾，表达积极聆听的态度。如果可以的话，可以将身体向作答学生的方向移动。

3. 对学生的回答表示肯定

在学生作答后，教师需要点头或复述，或是将学生的回答整理在黑板上，与其他学生一起分享。

4. 通过追加提问明确学生的回答

在聆听学生回答时，或学生作答后，教师可以提出简单的问题明确学生的想法。这一过程也会被视为尊重学生回答的举动。

二　说明

传统教学开展是从教师导入问题开始的，聆听学生回答，然后再进行说明，一般是按照这样的顺序进行的。说明是在教学完成阶段进行的，并且是体现教师准备能力的活动。为了进行有效的说明，仅仅分析教材内容和设计课程计划是远远不够的。教师需要遵守相应的教学原则，并在课前进行一定的练习。在这里我们将讨论有关有效说明的详细原则。

说明是教学中的核心活动，因为教师通过说明来传达重要的教学信息。下面是为了进行有效的说明，需要遵守的一系列原则。

（一）控制紧张

在学生面前进行教学始终是一个紧张的情况，尤其是对于没有教学经验的老师，或者讲解新的内容、使用新的教学方法都会增加老师的紧张感，控制紧张有两种方法（林哲一、崔廷任，1999）。

第一种是呼吸法。没有比深呼吸缓解紧张更好的方法了，慢慢吸气，慢慢吐气。这种方法可以在教学开始前使用，也可以在教学中短暂使用，而这时学生们也可以稍作放松。

第二种方法是利用"承认矛盾"（paradoxical admission）的心理机制，即坦率地向学生们表达"这是我第一次上课，我担心会搞砸，希望大家可以帮助我"等信息。像这样坦白自己的情况时，反而会在教学上获得自信。

(二) 进行说明

1. 姿势

(1) 正面看向学生,需要让学生们看到教师的表情(见图11-4)。面部表情要明朗,说明的效果很大程度取决于教师与学生的眼神交流。一边与学生进行眼神交流,一边说明学习内容,可以确认学生是否理解了说明的内容。教师可以根据学生的状态,调整说明时的语速和重点。

图11-4 表情明朗,与学生正面对视

(2) 尽可能避免采用一只手插到口袋里或者双手背在身后的姿势。

(3) 尽可能地不要一边看着黑板,一边进行说明。最好是先在黑板上写下板书,然后看着学生进行说明(见图11-5)。现在,课堂上教师经常使用大型屏幕或电视进行说明。这时也要避免一直看着屏幕内容进行说明,而是要看着学生进行说明。因为在不看着学生的情况下,很难与学生进行眼神交流。

(4) 使用讲桌时,不要总是站在讲桌后面,可以站在讲桌的一侧。这样可以更自信、更亲切地接近学生。有时,教师还可以离开讲桌,走到讲桌前面(见图11-6)。

(5) 进行说明时适当地移动。如果一动不动地进行说明,可能会感到紧张。适当地边移动边进行说明,说明就会变得更有力,而且能帮助学生提高注意力。

图 11-5 看着学生进行说明

图 11-6 站在讲桌的一侧或之前

> **板书的方法**
>
> 黑板板书是辅助说明的最基本的方法。为了有效地书写板书,需要考虑以下几点原则。
>
> ● 系统化板书
>
> 首先根据视线集中程度考虑板书的空间分配十分重要。大部分学生的视线集中由左侧开始到右侧（Kwon，2000），根据这一原理写下课程主题和题目比较有效。
>
> | | |
> | --- | --- |
> | 41% | 20% |
> | 25% | 14% |
>
> ● 提示核心信息
>
> 使用黑板时仅展示核心信息。如果学习内容过多或过于复杂,建议使用印刷材料、PPT或投影仪。
>
> ● 运用变化
>
> 写板书时,要适当运用颜色的变化。使用下画线、画圈等方法强调重点内容。但是需要注意不要过度多样化,因为过度的多样化反而不利于集中注意力（Lee，2005）。

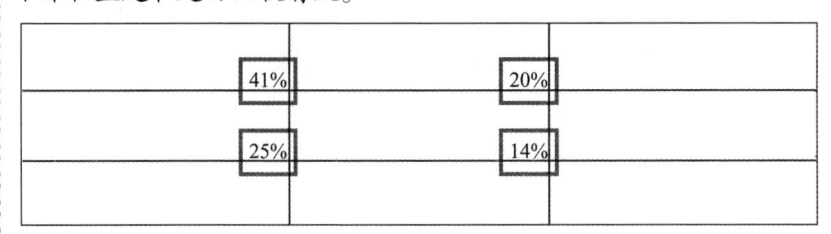

2. 声音

（1）不要直接照读教材、幻灯片或资料上的内容,要附加说明讲解内容。

（2）发声时运用多种音色或语调,一直保持一样的音色会让学生们感到无聊。

（3）适当使用高音和低音,特别是强调内容时,建议使用高音色。

（4）语速要慢。大部分情况下,说明会让语速变快,因此要有意识地放慢语速。

（5）当要强调重要的内容时,在说明学习内容后稍作停顿。

3. 对视

(1) 与学生对视后，再进行说明（见图 11-7）。通过对视可以营造一对一授课的氛围。

图 11-7　与学生对视

(2) 对每个人大约停留三秒是对视的有效方法之一。在教学中，扫一眼学生或看着教室后面的墙面的对视方法是无效的。

(3) 多数人倾向于注视坐在右前方的学生。因此，教师需要有意识地练习均匀地注视坐在中间和左侧以及后面的学生。

4. 动作（手势）

(1) 要像聊天一样，练习出自然的身体动作。

(2) 适当运用手势。各类姿势中手势是十分重要的，需要强调说明的内容时，可以适当运用手势进行教学。

(3) 尽量不要把手插在口袋里或将手背在身后。

(4) 不要不停地晃动手和胳膊。

(5) 说明时不要一直摸笔或其他物品。

到目前为止，本节提出了有关提问、聆听、说明的教学原则，为了自然且有效地实施这些原则，教师有必要进行系统化的练习，即教师要脱离了解层面，进行实际的练习和不断的修改。现在，教师可以轻松地使用学院或学校里的录像设备（如摄像机等），对自身的教学进行录制并进行反思（林哲一，2006）。

> **教学的重要原则**
>
> ● 以教师和黑板为中心，必要时运用 PPT
>
> 当技术有助于教学时，才能体现运用技术的真正意义。如果希望运用 PPT 等技术帮助学生集中注意力，只有在特定情况下使用（导入等）才会有效。剩下的部分需要教师运用准备好的资料和黑板进行交互教学。
>
> PPT 之所以有效，在于它可以轻松地展示图片、视频、动画等内容。这一点在科学课上的作用尤为明显。在展示练习题的时候，也可以有效运用 PPT，而回答问题时可以让学生们把答案写下来，或是通过汇报来展示答案。
>
> ● 准备并运用活动手册等印刷材料
>
> 活动手册在促进学习者参与方面十分有效，尤其是小组共同制作的手册，相互交换建议等都是有效使用活动手册的方法。但是，这时必须事前告知学生如何使用资料，并且在事后进行整理。
>
> ● 向学生提问后，整理学生的回答
>
> 大部分教师善于向学生提问，但是不会处理学生的回答。因此需要积极运用倾听方法，做出肯定的手势并简单地概括学生的答案。必要的话，尽可能将学生的回答记录在黑板上。

第三节　以学习者为中心的教学

在以学习者为中心的教学活动中，例如问题导向学习或设计思维的课程，要求教师需要具备的能力与以教师为中心的教学能力不同。一般来说，作为促进教学的角色进行教学，教师应帮助学习者进行自我主导的活动，即在以学习者为中心的教学中，教师应该有效担任学习促进者（facilitator）的角色。

为有效实施以学习者为中心的教学，巴罗斯（H. S. Barrows）（Barrows，1988）提出了问题导向学习活动中导师（tutor）角色这一概念（崔廷任等，2015）。巴罗斯提出了导师这一概念来代替教师，同时强调了有效进行以问题为导向的学习中导师角色的重要性。根据他的理论,导师不能将信息直接提供给学习者,而是要引导学习者学习,为其创造以学习者为中心的学习环境。为了做好促进学习者学习的导师角色,教师应该在整个问题导向学习活动中进行细致且必要的干预(见表11-2)。以学习者为中心的教学比以教师为中心的教学要求更高的教学能力。

表11-2　　问题导向学习(PBL)过程中导师的角色

阶段	PBL活动	导师的角色
导入阶段	初期活动	·介绍教育方法 ·营造宽容的氛围 ·介绍学习者和导师的角色
解决问题阶段	提出问题	·为促进学习者的学习而提出问题
	确认问题并凝练学习任务	
	为了解决问题而收集相关资料	·诊断和干预学习者的教育难点 ·引导学习者持续参与 ·调节学习者的学习速度和水平 ·引导和调整小组内的人际关系
	再次确认问题并制定解决问题的方案	
学习整理阶段	汇报解决问题的方案	·介绍评价活动 ·整理学习内容
	整理学习结果并进行评价	

一　导入阶段导师的角色

在导入阶段,作为导师的教师需要介绍新的教育方法,并介绍教师和学习者的角色,这一过程需要在宽松的氛围中进行。教师需要介绍以学习者为中心的问题导向学习是什么,并简要介绍每个阶段的内容,介绍问题导向学习的背景以及有关的实际案例、之前的学习者的评价和想法等。尤其是介绍问题导向学习过程的成功与失败案例,并说明怎样做会成为有效的学习。

介绍过程可以通过简单的体验活动进行。最好是让学习者体验由学习者主导且可以自由提出意见的宽松氛围。在教师说明后,学习者进行与自己学习经验相关的自我介绍活动。自我介绍活动之后,为了形成团队精神,需要进行简单的破冰(ice breaking)活动,帮助实现学习者之间的理解和分享。

二 解决问题阶段导师的角色

（一）为促进学习者学习的提问

正式进入解决问题阶段后，学习者通过对问题的"思考""事实""学习任务""实践计划"等阶段确认问题，并得出学习任务，随后进行资料收集活动。在这一过程中，教师需要担任非常重要的导师角色，需要为促进学习者学习而进行提问。

这里的提问与前面介绍的以教师为中心的教学中的提问相同，是活跃学习者认知过程中非常重要的教学方法之一。问题导向学习的解决问题阶段，学习者需要得出自己独特的成果，并对此进行检验，在组内或全体学生面前分享成果。这时作为导师的教师需要针对学习者的学习过程和成果提出各种问题，这类问题大体分为知识水平的问题和超认知水平的问题（Torp，Sage，2002）。

知识水平的问题是有关客观事实的问题，因此需要切实地询问学习者在解决问题阶段是否了解这一知识。例如，通过"你是怎么知道的？""还需要知道些什么？"等问题确认学习者已经明确掌握了相关知识。

超认知水平的问题是针对学习者了解过程进行的提问，是为了帮助学习者进行更深入的思考。例如，当学习者提出特定想法或学习任务时，教师可以询问"怎样做才能进一步学习呢？""为什么它很重要？""是否达成了目标？"等问题，以检查学习者的思考过程和逻辑是否正确。

这种提问可以在学习者中期汇报和汇报成果时以口头形式进行，也可以在学习者的书面成果资料或线上提交的资料中以反馈的形式提供。尤其是最近，在线环境中的学习者学习活动［例如，使用学习管理系统（learning management system）中的论坛进行活动］十分活跃。根据学习者的成果，可以更方便地在线进行提问、反馈或给予答复。该过程可以面向全体学习者，也可以根据情况以个别小组或个人为单位进行。这些问题促使学习者针对学习过程和成果进行再思考。

（二）诊断和干预学习者的教育难点

在问题导向学习中，教师应关注学习者在学习过程中遇到的困难。在学习者主导的问题解决过程中，学习者将面临许多困难。如果过于关注事实性知识，那么有可能无法进行合理的推理活动，或者无法正确理解知识和信息，又或者无法找到有助于解决问题的资料。如果放任这一现象，可能会引起学习者进行不当的推理活动或对问题解决过程带有负面情绪等副作用，因此教师需要以多种方式观察学习者的困难并进行适当干预。

当 PBL 由多个学习小组组成时，教师很难一一参与每个小组的问题解决过程，因此教师需要以其他方法确认学习者的学习困难。例如，通过查看学习者完成的"学习任务计划书"，确认学习者对知识是否有误解，是否在收集资料的过程中遇到困难，等等；通过个人反思日志了解学习者对知识的误解和需要的帮助。为了让反思日志成为确认学习者难点的依据，可以偶尔让学习者在反思日志中记录学习过程中遇到的困难。

（三）促进全体学习者参与

为了有效实施问题导向学习的教学，教师应该对特定几个学习者主导、个别学习者消极参与、"搭便车"（free ride）等问题进行适当干预。为了促进所有学习者积极参与活动，教师有必要采取优化小组角色等方案。

最重要的是，教师需要确认引导小组解决问题活动的整体规则（又称"ground rule"）是否要求相互合作，而学习者又是否严格遵守了规则。组内活动规则应包含"分工执行任务""完成相应任务，如未完成任务时需征求其他组员的谅解""对于对方的意见，先要采取接纳的态度"等内容。针对组内成员是否认真遵守规则这一问题，教师可以每隔一段时间要求组内成员互相进行匿名评价。小组间评价结果传达给教师后，教师可以根据结果适当进行干预。

（四）调节学习者的学习速度和水平

前文提到，问题导向学习中确认学习者的困难并适当干预十分重要，同时调节学习者的学习速度和水平也非常重要。为了让问题导向学习处于适当紧张的状态，教师需要仔细观察学习者的学习过程是否过于简单或过慢，是否太难或太快。

如果学习者的学习过程过慢或太容易，教师可以提出超认知问题，帮助学习者深入思考。例如，"你为什么这么想？""你这么说的依据是什么？""综合来看，是否有遗漏的地方？"等问题。当学习者学习内容过难时，为了调整学习重点和速度，教师可以提出以下问题，"先调查到这里，再检查一遍基本资料，或与专家分享一下想法怎么样？""我们把精力集中于整体局面（big picture），你觉得怎么样？"。通过这样的干预，引导学习者们在适合自己的水平上进行问题解决活动。

（五）引导和调整小组内的人际关系

以小组为单位的问题导向学习过程中，小组内可能会发生成员不和的现象。在 PBL 的初期介绍阶段，组内问题可能不明显；在之后进行3—4周的问题解决活动中，小组内可能因为个人差异（行为、习惯、价值观、见解、需求等）出现阻碍小组活动进展的情况。因此教师需要对此做好应对准备，帮助解决问题或将问题最小化。

防患于未然，教师需要提前告知可能会发生的类似问题，强调尽量在小组内解决。学习者在学习空间内经历的这类事情，在实际社会的各个领域也有可能会发生。因此学习者在安全的学习空间内认识到这一问题，并找到解决方案十分重要。

提前告知后，组内再发生问题时，比起教师直接干预，最好能够通过以下超认知问题，帮助学习者自己解决问题。例如，"你认为团队活动中发生了什么事情呢？""为了解决这一问题，我们需要做哪些努力？"等问题。通过这一过程，学习者们可以调整小组的人际关系。如果问题已经严重到无法解决的程度，那么最好可以暂停问题解决活动，寻求专家的帮助。

三 学习整理阶段导师的角色

（一）介绍评价环节

在问题导向学习的学习整理阶段，需要学习者对学习过程和成果进行评价。教师评价的过程中，学习者之间的相互评价也起到了重要的作用。在此过程中，教师要向学习者提供评价模型。因为学习者还不熟悉专业的评价环节，因此对于其他学习者的学习过程和成果可能会使用"很好""不错"等普通评价用语。对此教师需要提前准备案例，告知学习者应该怎样进行评价，并且在实际评价过程中教师可以先进行评价示范。例如，"考虑到××，××十分有创意""××的想法对于问题解决很有帮助""请对某个事件进行补充说明"等，引导学习者在评价环节提出具体的评价和建议。

（二）整理学习内容

问题导向学习的最后一个阶段是整理学习内容，教师需要回顾整个学习过程，进行评价并提出教师的个人建议。尤其是通过整理问题导向学习中已经确认的核心概念、原理、步骤等，帮助学习者整理学习者主导的学习过程，即教师有必要向学习者展示每个个别活动之间是如何联系的。

以上展示了以学习者为中心的整个教学过程，表 11 - 3 整理了这一过程中教师提问的代表性问题。

表 11 - 3　　问题导向学习教学过程中教师的角色：代表性问题

阶段	代表性问题
组队后，团建环节	·要想让团队团结一致，我们应该怎么做？ ·我们小组的优势是什么？
促进对问题的理解时	·在这个问题中，目前情况具备的独特特征是什么？ ·在这个问题上，我们还需要考虑哪些方面？
确认问题及得出学习任务时	·在这些想法中，大家已知的内容有哪些？ ·为了解决问题需要收集哪些资料？ ·我们还需要学习哪些内容？ ·为了收集资料，我们还需要做什么？
促进探索或分析时	·导致这一现象的原因是什么？ ·这样一来，最终结果会是什么？ ·这一解决方案的优点和缺点各有哪些？
引导学习时	·我们需要知道的是什么？ ·为了确认新的内容，我们还需要学习什么？
引导新视角时	·你为什么这么想？ ·可以从其他角度来看待这一问题吗？
结束任务后，反思时	·通过学习任务，我们学习到了什么？ ·通过学习任务学习到的内容可以应用在哪些方面？

资料来源：根据文献（崔廷任等，2015）的内容修改。

第四节　微格教学与反思

为了有效实施前文提出的教学原则，教师需要进行教学演示（demonstration），更重要的是要对自己的教学活动及过程进行评价和反馈。在传统的教学中，教学评价与反馈主要是通过领导的视察或者教师进修进行的（Byun, Kim, 2005），这是在职教师研修活动中必备的环节，现在已经可以根据微格教学（micro-teaching）的方法论实施教学评价与反馈了（Yu，1997）。本节将综合介绍前面教学原则的演示过程，并疏理微格教学方法论，讨论微格教学的类型和实施方法，以及与课堂咨询方面相关的反思过程。

一　微格教学的特点

微格教学自20世纪60年代初期首次在美国斯坦福大学提出以来，一直沿用至今，作为教师研修方法，用来提高教师的教学能力。在微格教学中，"微格"（micro）强调比一般教学更小的教学目标，使用更短的教学时间，实施压缩的教学事件（Yu，1997）。因此，教育学院或师范学院在对实习教师教育、现任教师的研修课程以及近年来的大学教学中应用这一方法（Cho et al.，2009）。

微格教学中的学习者可以是实际的学生，也可以是教师同事。如果以实际学生为对象进行微格教学，那么教师可以通过与学生生动地交互，确认哪些教学方法或教学策略对学生有效。如果是面向现任教师进行微格教学，那么可以按照正常的学习时间和规定的教育内容进行教学。

但是，以学生为对象进行的微格教学是有缺点的。第一，因为是在实际教学现场进行微格教学，所以很难控制或调整教学进度。第二，学生可能比起教学，对录像机、录音机等设备更感兴趣。第三，学校方面可能会担心影响教学进度，因此忌讳实习教师为学生进行微格教学。

考虑到这些问题，大多数情况的微格教学都是以教师同事为对象进行的。师范学院学生在进行教育实习之前，在教室里模拟中学教室的情境，由教育实习生担任教师，剩下的实习生担任学生。这种方法无须任何学校的协助就可以进行简单的微格教学，教育实习生们轮流担任学生和教师的角色，可以更好地体验和理解教学。此外，教育实习生们不仅可以通过微格教学观察到同伴教学的场景，还更容易控制和调节教学期间的各种变量。

微格教学的主要反馈形式是使用录像进行的反馈，即拍摄教学过程后，从多个方面分析教学行为。这时不仅可以分析教学中的语言表达，还可以分析各种非语言行为。例如，可以针对主要使用哪种表达方式、视线主要看向哪里、如何移动等，以及包括语调和语速等进行客观评价。近期微格教学再次受到关注的原因之一是，录像拍摄和反馈比以往更容易。即由于技术的发展，教师能够接触到各种数字形式的资料，可以轻松地进行拍摄、编辑和检查。

除了视频反馈，还可以通过邀请外部专家使用检查表进行反馈，或者从同伴学习者和教师的角度得到反馈。

二 微格教学的实施及评价标准

为了有效实施微格教学，比起一般教室，更好的方式是使用教学行动分析室。最近，韩国一般学校和学院基本都配备了教学行动观察分析室。图11-8展示了最新教学行动分析室的一种布局。

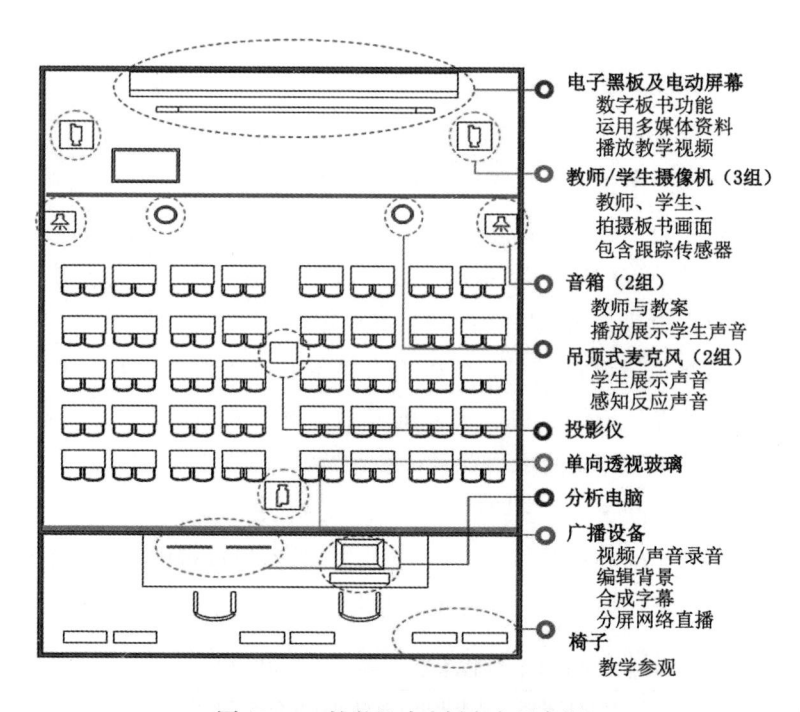

图11-8 教学行动分析室布局案例

标注说明：
- 电子黑板及电动屏幕：数字板书功能、运用多媒体资料、播放教学视频
- 教师/学生摄像机（3组）：教师、学生、拍摄板书画面、包含跟踪传感器
- 音箱（2组）：教师与教案、播放展示学生声音
- 吊顶式麦克风（2组）：学生展示声音、感知反应声音
- 投影仪
- 单向透视玻璃
- 分析电脑
- 广播设备：视频/声音录音、编辑背景、合成字幕、分屏网络直播
- 椅子：教学参观

该教学行动分析室需要3台摄像机同时运转拍摄教师和学生。既要拍摄教师和学生，还需要拍摄板书的画面，并同时使用跟踪传感器自动聚焦人的动作。另外，吊顶式麦克风会感知并录音学生的声音。这样教师就不需要额外的摄影师，自己就可以轻松自然地进行教学。

教室后面安置录制教学场景的设备，必要时可以进行视频编辑。这里使用单向透视玻璃，教师进行教学和学习活动时，无须在意外部教师和学生；观察者在观察时，也可以在不影响教师和学生的前提下，记录课堂的情况。

在准备课程的过程中，观察和分析其他教师或学生的教学情况，有助于帮助教师获得间接教学经验。通过基于网页的支持系统，可以有效地帮助教师分析教学及反思过程，通过分析自己的教学活动，提升自身教学技巧。

实施微格教学时，评价者需要根据教师是否遵守前面讲述的教学方法和教学原则来进行评价，并将评价结果提供给教学实施者。表 11-4 展示了评价过程中使用的评价表示例。评价表大体由一般教学结构、教学氛围、媒体的运用、声音、肢体语言等内容组成，可以根据相关领域的具体项目进行评价。最后，在质性方面进行评价，并记录综合意见。

教学结构的评价可以根据教学导入、展开和结束阶段是否有效应用了教学方法进行，这一部分的具体内容可以参考本书的第四章中加涅的九大教学事件。教学初期可以从确认学生是否集中注意力和教师是否提出了明确的教学目标等开始，到内容结构里是否包含了必要的教学内容、学习者参与程度、教师提供的反馈、教学整理等环节进行评价。评价时，在表格的具体位置填入详细评价内容，并在相关内容的下端添加质性评价内容。

表 11-4　　　　　微格教学的教学技能考核评价表示例 1

时间	20　年　月　日　星期		评价者（单位）	
教师	姓名		单位（专业）	
主题				
主要评价内容（同意：○，一般：△，不同意：×）				
教学结构	导入	教学开始时，是否提出了教学目标并介绍了教学？		
		是否激发了学习动机？		
	展开	教学内容是否符合教学目标并进行了系统化设计？		
		是否包含重要的内容？		
		是否给予了学生参与的机会？		
		是否给予了学生适当的反馈？		
		是否运用了多种教育方法？		
	结束	教学结束时，是否概括和整理了主要教学内容？		

续表

教学氛围	是否感受到了教师对教学的热情？		声音	声音大小是否合适？	
	是否关注了所有学生？			语速是否合适？	
	是否帮助学生集中注意力？			发音是否清晰？	
	是否营造宽容的教学氛围，促进学生积极参与？			是否有声音的变化？	
媒体的运用	制作的多媒体资料是否有效？		肢体语言	肢体语言是否自然且有效？	
	是否合理使用多媒体资料及教学工具？			教学时动作是否自然？	
	是否合理运用了黑板？			是否与学生进行视线交流？	
特点					
优点					
改善之处					
综合建议					

评价标准除了要对教学结构进行评价，还要评价"教学氛围"。需要对教学中教师与学生的互动进行评价，主要通过教师对教学的热情、是否对学生足够关注、是否引起了学生注意力等方面进行评价。另外，在微格教学中，为了提供具体的教学反馈，还需要评价教师的声音、肢体语言和媒体的运用等。声音是教师教学传达行为的核心，因此对声音的大小、语速、清晰度、变化等都需要进行评价。肢体语言也是吸引学习者注意力和课堂互动的重要评价标准，最后还需要针对是否合理开发和是否合理应用教学媒体进行评价。

表11-5展示了有关教师行为的核心评价标准。从语言表达到与学习者的关系等多个方面制定了评价指标，包括提出了需要改善的部分。

表 11–5　　微格教学的教学技能考核评价表示例 2

内容		优秀	一般	需要改善
语言表达	发音是否准确？			
	语速是否合适？			
	声音大小是否合适？			
	根据教学内容声音变化是否恰当？			
面部表情	面部表情是否和蔼？			
	是否微笑？			
	是否关注了所有学生？			
	是否与学生进行了视线交流？			
肢体语言	姿势是否端正？			
	肢体语言是否自然且恰当？			
	是否放松且行动合理？			
	是否具备积极的态度？			
运用视听资料	资料视觉效果是否美观？			
	资料难易程度是否合理？			
	内容是否合理且无须补充或深入？			
教学	对教学是否具备热情？			
	教学速度和流程是否恰当？			
	是否合理安排教学时间？			
课程结构	课程中是否有导入过程？			
	课程中是否有结束部分？			
	课程中是否有空余时间？			
	课程是否激起了学生的好奇心？			
	是否强调了重点内容？			
与学习者的关系	是否有问答环节？			
	是否尊重学习者的建议？			
	是否给予了学习者参与的机会？			
	当学习者表现良好时，是否给予了表扬？			
	当学习者受到挫折时，是否给予了鼓励？			

三 反思和课堂咨询

评价者通过微格教学向教学实施者（即教师）提供详细的评价内容和综合性的评价结果。教师以评价资料为参考，反思自己的教学过程。

反思过程是教师成长为专家过程中非常重要的活动。教师通过反思可以提升自身的专业性，因为在这个过程中，获得了解决问题的经验，并提供反思"自己可以做什么，应该做什么"的机会。教师将在多元的教育环境中进行教学，在此过程中，教师需要从反思的角度出发，不断询问自己的教育方法是否合适、是否需要运用新的教育方法。

一般反思是从个人角度出发的，但是最近在课堂咨询的领域也出现了类似反思过程。课堂咨询是指在教学方面，教师可以通过咨询委托的校内外专家团队以帮助解决教学中的问题（Lee et al.，2012）。课堂咨询与进修不同，课堂咨询的目的在于改善学习者的学习，咨询顾问需要以系统的角度看待教学，解决教学问题，这也是教学专家和教师合作解决教育问题的过程（Lee，2010）。

前面提到的微格教学在整体教学改善中主要关注教学现场的情境，需要多元化评价教师教学设计能力以及教学能力，教师根据评价结果反思并改善教学；而课堂咨询是通过更全面、更系统的角度分析教育和教学实践，从而寻找解决方法的过程。在这一过程中，教师向教学专家提供自己的见解、状况、资料等，共同合作寻找解决方案。最终得出教师在教学中需要采取哪些行动，需要如何进行教学设计，以及学习者需要发生何种变化，例如得出关于如何提升自我管理技能的干预方案等。通过这一过程，教师可以综合了解有关教学设计的影响因素，找到最佳解决方案，从而成长为教学专家。

反思和课堂咨询也可以纳入以学习者为中心的问题导向学习。在问题导向学习中，反思和课堂咨询可以作为针对教学进行的自我评价活动（崔廷任等，2015）。正如前文中提到的，诊断教师是否在问题导向学习中发挥了导师的角色作用（Leung, Lue, Lee, 2003）。例如，教师对自己是否积极倾听了学习者的经验等问题进行自问自答。

在问题导向学习中，当结束包含自我诊断的教师反思活动后，还需要制作 PBL 教学档案。PBL 课堂上的教学档案是整理教师教学经验和促进反思的文本资料,需要根据教师为什么以 PBL 进行教学为核心进行开发。PBL 教学档案中包含对学科的介绍,教师教学设计的理论依据,教师对学科教学的反思、对实施课程的反思,PBL 的情境、内容,学习者活动以及整体教学活动,等等。即 PBL 教学档案是综合整理教师反思教学过程和结果的文档。通过对 PBL 教学档案的开发和分享,可以实现更专业的教学实践。

参考文献

권성호 (2000). 하드웨어는 부드럽게, 소프트웨어는 단단하게. 서울: 양서원.

변영계, 김경현 (2005). 수업장학과 수업분석. 서울: 학지사.

유혜령 (역)(1997). 마이크로티칭. 서울: 문음사.

이상수 (2010). 수행공학을 적용한 수업컨설팅 모형. 교육공학연구, 26(4), 87-120.

이상수, 강정찬, 이유나, 오영범 (2012). 체계적 수업분석을 통한 수업컨설팅. 서울: 학지사.

이성호 (1986). 교수방법의 탐구. 서울: 양서원.

이지연 (2005). 명강의를 위한 효과적인 수업기술. 서울: 서현사.

임철일 (2006). 정보통신기술의 교육적 활용을 위한 예비 교사 준비교육프로그램 모형에 관한 연구. 교육공학연구, 22(4), 137-169.

임철일, 최정임 (역)(1999). 효과적인 의사소통을 위한 기술. 서울: 커뮤니케이션북스.

조용개, 심미자, 이은화, 이재경, 손연아, 박선희 (2009). 성공적인 수업을 위한 교수전략. 서울: 학지사.

최정임, 장경원 (2015). PBL로 수업하기(2판). 서울: 학지사.

Amidon, E., & Hunter, E. (1967). *Improving teaching: The analysis of classroom verbal interaction.* New York: Holt, Rinehart & Winston, Inc.

Barrows, H. S. (1988). *The tutorial process (3rd ed.).* 서정돈, 안병현, 손희정 (역) (2005). 하워드 배로우스 박사의 튜터식 교수법. 서울: 성균관대학교 출판부.

Carner, R. L. (1967). *Levels of questioning. In Raths, J. et. al. (Eds.). Studying teaching.* Englewood Cliffs, NJ: Prentice Hall, Inc.

Dick, W. & Carey, L., & Carey, J. O. (2009). *The systematic design of instruction (7th ed.).* 최수영, 백영균, 설양환(역)(2003). 체제적 교수설계. 서울: 아카데미프레스.

Frey, N. & Fisher, D. (2010). Identifying instructional moves during guided learning. ? *The Reading Teacher*, *64* (2), 84 – 95.

Gagné, R. N. & Briggs, L. (1979). *Principles of instructional design* (2nd ed.). New York: Holt, Rinehart & Winston.

Gallagher, J. J. (1965). *Productive thinking in gifted children.* Urbaon, IL: Institute for research on exceptional children.

Lake, J. H. (1973). *The influence of Wait-Time on the Verbal Dimension of Student Inquiry Behavior.* Unpublished Doctoral Dissertation, Rutgers University.

Leung, K. K., Lue, B., H., & Lee, M. B. (2003). Development of a teaching style inventory for tutor evaluation for problem-based learning. *Medical Education*, *37*, 410 – 416.

Rowe, M. B. (1973). *Teaching science as continuous inquiry.* New York: McGraw-Hill Book. Co.

Schannon, C. E. & Schramm, W. (1964). *The mathematical theory of communication.* Urbana, IL: The University of Illinois Press.

Shedd, M. R., et al. (1971). Yesterday's curriculum-today's world: Time to reinvent the wheel. In McClure, R. M. (Ed.). *The curriculum retrospect and prospect*, *70th yearbook*, *Part I.* Chicago: The National Society for the Study of Education.

Torp, L. & Sage, S. M. (2002). *Problems as possibilities: Problem-based learning for K-12 education.* Alexandria, VA. ASCD.

附表 10 第十一章引用文献对照

	对应韩文
(Kwon, 2000)	권성호 (2000)
(Byun, Kim, 2005)	변영계, 김경현 (2005)
(Yu, 1997)	유혜령 (역) (1997)
(Lee, 2010)	이상수 (2010)
(Lee et al., 2012)	이상수, 강정찬, 이유나, 오영범 (2012)
(Lee, 1986)	이성호 (1986)

续表

	对应韩文
（Lee，2005）	이지연 (2005)
（林哲一，2006）	임철일 (2006)
（林哲一、崔廷任，1999）	임철일, 최정임 (역) (1999)
（Cho et al.，2009）	조용개, 심미자, 이은화, 이재경, 손연아, 박선희 (2009)
（崔廷任等，2015）	최정임, 장경원 (2015)

第十二章

第四次工业革命、智能信息社会以及教育技术课程的新篇章

互联网和信息网络在一般家庭里的普及才不过30年，距离2007年美国苹果公司推出的第一部智能手机"苹果2G"问世也才不过十余年，但是现在人们生活的各个领域中，已经普及了人工智能、物联网、大数据、移动互联网、云计算、机器人等多种技术的应用，这标志着人类已经进入了智能信息社会。在2016年第46届世界经济论坛（达沃斯论坛）上，首次出现了第四次工业革命这个词。第三次工业革命是以计算机和信息通信技术的发展为中心，建立了信息化、自动化系统的"数字革命"；而第四次工业革命则是人工智能、大数据以及尖端技术的深度融合，这种"破坏性革命"将社会环境急剧地发展变化为"智能信息社会"。可以说第四次工业革命的发展带来了智能信息社会，人类的生活随之迎来了智能工厂、智能商务、智能工作、智能教育等，人类要想在未来社会中生存，就必须培养能够适应智能信息社会所必需的多种素养和能力。

随着尖端通信技术和数字技术的发展，第四次工业革命的智能信息社会是一种"超链接、超智能、超融合"的社会，现在的小学、初中和高中的学生将来不可避免地生活在这种社会中。在未来社会中，人类的生活方式也将更加信息化，在面对面的生活形式中，将会急剧地增加大量非面对面的生活方式。不仅如此，学生们为了适应第四次工业革命和智能信息社会，必须培养好解决问题能力、融合创新思维能力、沟通能力、协作能力和数字技术应用能力等。因此，现在的中小学亟须面对的

课题就是如何培养学习者具备未来社会中所需要的能力。

如今的学生在可以自由使用网络、人工智能以及其他高科技的数字学习环境中学习，几乎可以不受地点和时间的限制，自由地获得必要的知识和信息，也不再受到教室这一物理空间的制约，随处都可以进行学习活动，学习空间正在无限扩大。不仅如此，随着在线课程的普及，教师要掌握为学生制作定制化学习、以学习者为中心的教学和自主学习、学习资源指南、在线与离线学习链接的设计与操作等相关的智能信息技术，并能运用信息技术进行课程改革创新，具备课程咨询的能力。

> **目 标**
> 1. 说明第四次工业革命与智能信息社会的社会环境和教育环境的特征。
> 2. 列举出第四次工业革命与智能信息社会中人才应该具备的核心素养和能力。
> 3. 描述在线学习、数字学习和传统学校学习的区别。
> 4. 为教育创新或者教学创新提出应用智能信息技术及数字技术的方案。

第一节 第四次工业革命的到来与社会环境、教育环境的变化

随着引领第四次工业革命的尖端互联网信息通信技术和第四次工业革命的核心技术——人工智能、物联网、云计算、大数据、移动计算等智能信息技术应用的迅猛发展，社会环境和教育环境也发生了巨大的变化。

一 第四次工业革命的到来和社会环境的变化

1990 年，计算机和信息通信技术的创新促进了知识信息社会的发展。

进入 2000 年以后，与人工智能结合的智能信息技术在人类生活中得到广泛应用，这也随之带来了智能信息社会（Intelligent Information Society）的发展。韩国科学信息通信技术和未来规划部 2017 年的报告中，将智能信息社会定义为推动第四次工业革命的智能信息社会，是蓝海高端信息通信技术（如物联网、云计算大数据分析、移动技术）和人工智能深度结合的智能信息技术，应用于劳动、经济、生活方式等整体领域中，随着经济的发展，实现人人安康幸福的社会。

现在我们的生活中广泛应用基于人工智能技术的机器人、无人机等，其中更有高度发达的高新技术融合，使社会环境发生了急剧变化，这是第三次产业革命无法与之相提并论的。世界经济论坛创始人施瓦布（K. Schwab）称第四次工业革命是第三次工业革命（又称数字革命）的延伸，但是并非线性的，第四次工业革命是破坏性的。这也是第一次正式提出第四次工业革命这一用语（Schwab, 2016）。随后在 2018 年，施瓦布将智能信息技术与工业社会的创新发展定义为第四次工业革命。

简单来说，推动第四次工业革命的智能信息技术是人工智能和信息通信技术基础设施的结合。基础设施是指使用物联网（Internet of Things, IoT）感应器收集的数据存储于云端（cloud），并分析积累的大数据（big data），通过移动终端（mobile）提供服务。智能信息技术的核心特征是实时收集和分析海量数据，基于这些数据，通过计算机的深度学习和机器学习过程模仿人脑的智力活动（理解信息、意义构建、推理、解决问题等）。

随着第四次工业革命的发展以及其他多种技术的发展，所有东西都变得智能化，并且可以相互联系。目前，人工智能、物联网、大数据、云计算、移动技术等智能信息技术已经融入制造业和服务业，更延伸至生物工程、材料工程、纳米技术、机器人技术、3D 打印等多个领域，并且已经逐步迈向科学技术融合的"超融合（hyper-convergence）社会"。而且随着互联网和信息技术的发展，人类、物体、空间等都可以通过互联网相互连接（networking）。这些所有事物的信息生成、收集、共享和使用，使人类与人类之间、人类与物体之间、物体与物体之间形成了有机的连接，正在逐步形成"超大规模的互联（hyper-connectivity）社会"。在无缝隙的、随时可以连接的超大规模的互联社会中，各种产业、经济、社会、文化等领域的生活方式将朝着数字化、智能化的方向发展。无论是现实的日常生活还是在虚拟世界中，人类的联系变得更紧密，生活范围变得更加广阔。基于互联网和移动平台的超连接性，虚拟物理系统（cyber physical system）以人工智能为基础的社会系统之间的相互作用逐渐活跃，会构建成"超智能（hyper-intelligence）社会"。

随着第四次工业革命的发展以及社会环境向超智能、超连接型社会的转变，所有知识信息都将转变为开放的知识信息。不仅如此，新知识信息暴增，人工智能、机器人等智能信息技术也促进了社会整体职业领域的自动化。随着人工智能机器人使用的普及，现有的一部分职业和专业也将随之消失，而同时也会迅速涌现出应用人工智能和机器人的新兴职业和新兴专业。在这期间，很多人类从事的工作都被人工智能和机器代替，而且替代的不仅是单纯重复的业务，一些智力劳动、精密的体力劳动等也将会逐渐被机械代替。因此，在未来的智能信息社会中，办公、行政、制造、生产领域的工作将会急剧减少，而使用机器无法完成的、应用新知识的工业领域的工作将会增加。尤其在商务、金融、经营、计算机和数学等领域会增加相关的工作，同样在教育领域也会相应地增加一些相关工作（World Economic Forum, 2016）。第四次工业革命时代，在工业、农业、水产、公共事业、教育等人类生活的一切领域，无所不在（ubiquitous）的移动网络、人工智能、机器人技术等应用的利用率将大幅提高。尤其机器学习会在医疗、金融、汽车等领域，实现人类不擅长的一些职业，甚至可能会通过五感、活体信号等来判断人类的情感，实现人类与机器之间的语言和非语言交流。利用智能信息技术提高疾病诊断和治疗的准确度，降低医疗费用，提高医疗质量。另外，电子产品能够识别人的声音和动作，从而使电子产品能够自动工作。

第四次工业革命引起的新型社会和经济环境的变化，将会给人的能力带来很大的变化。在未来社会中，科学技术和信息通信技术飞速发展，使社会现象和生活状况逐渐朝着超人工智能化、特性化、个性化、社交网络（SNS）化、自动化、智能信息化、无接触（on-tact, untact）化方向发展。伴随这种变化，组织社会会逐渐弱化，而网络社会将会得到加强。在网络社会中，人们必须具备人与人之间的协作能力和信息共享能力。不仅如此，社会中会更加重视新型智能信息技术快速发展的应用能力，强调在变化的环境中人与人之间、人与机器之间的沟通和共情能力。那么，教育领域也不得不随之发生改变。

所以，对于那些将要生活在快速发展的第四次工业革命的智能信息社会中的学生们，"应该培养他们什么样的能力，怎样进行学习？教师应该具备什么样的能力，扮演什么样的角色？"等一系列问题是亟须研究的课题（Lim et al., 2017）。为了适应超融合、超智能、超连接的社会环境的变化趋势，学校教育的目标应该是培养学生们在第四次工业革命和智能信息社会中所需要的能力。这需要创新教育的内容、方法等，同时教师和学生的专业性和角色也要随之改变。

二 第四次工业革命的到来和教育环境的变化

随着第四次工业革命和智能信息社会的兴起，在人类生活的方方面面中应用智能信息技术和数字技术已经变得习以为常，非面对面的生活也不再稀奇。在学校教育或学生的学习活动中，利用智能信息技术的在线课程或以学习者为中心的教学会不断增加。特别是在教育领域，人工智能、大数据、信息通信技术、云计算、人工智能导师、教育机器人等教育科技（EduTech）的应用会迅速扩大，教学环境也会发生巨大的变化。在未来的学校教育中，在线学习的比重将会增大。

最近，学生们已经脱离了封闭的教室学习环境，他们在开放的数字学习空间里自由查找学习知识、信息以及教学内容。我们经常看到，学生们利用电脑或平板在教室外的任何地方进行学习活动的情况。特别是利用智能信息技术在线讨论和使用 Zoom 等视频会议的课程，不受时间和地点的限制，自由选择与学习内容相关的社会现象或自然现象进行探究，采用小团体协作学习方式，开展以问题为导向的学习或以项目为导向的学习，或者讨论·辩论学习等以学习者为中心的教学。

随着远程教育的普及，利用云技术的教育科技服务备受关注。例如，使用基于 SaaS（Software as a Service）的云端服务，用户可以通过互联网连接到基于云端的应用来获取服务。SaaS 指的是向云端服务提供者购买软件解决方案，服务提供者管理硬件和软件，通过服务协议确保应用和数据的可用性和安全性。数据存储在云端，有了它，用户的电脑或者移动设备连接了网络，就可以接收数据，并且将应用中的数据自动储存于云端。这种服务的优点是不需要用户手动储存信息，在电脑或者移动设备出现故障的情况下，数据也不会丢失。

在教育领域，使用人工智能和大数据可以实现教育行政业务自动化，快速准确地处理教育行政事务。特别是对于教师的教学，能够有效地处理教育课程设计、教学计划、教学资料准备、教学实行、成绩评价等各种任务。在线学习中，对学生的学习活动进行大数据分析，就会实时得到学习者学习执行特征或倾向的分析结果。基于分析结果，可以为学生提供个人定制学习（personalized adaptive learning），人工智能导师（AI Tutor）就是为每个人提供个人个性化的学习平台。在美国，从20多年前开始，高中生和大学生就开始使用数学和科学的AI导师，如数学和科学AI导师ALEKS、数学AI导师Knewton以及8年级的数学和科学AI导师Dreambox等，他们都正在向教师和学生提供教育服务。

随着第四次工业革命和智能信息社会的发展，在教育领域出现了以智能手机、平板电脑、电子阅读器等智能设备与在线学习相结合的"智慧学习"（smart learning），并采用了以学习者为中心的个人定制型学习方法。智慧学习是学习者可以根据自己的学习需求，自行选择学习内容和服务。作为一种适合个别学习者，具有可选择、有针对性的教育服务，期望学习者获得最优化的学习效率和学习效果。

另外，根据未来学家巴克明斯特·富勒（Richard Buckminster Fuller）提出的"知识倍增曲线"（Knowledge Doubling Curve）（Buckminster Fuller，1981），在第二次世界大战后，人类花了25年才把积累的知识翻了一番。而有关专家表示，现在知识倍增的周期仅为12—18个月，且这一周期越来越短，这表示知识信息正在暴增。在第四次工业革命时代的知识信息社会，没有必要记住大量的知识信息。只要在门户网站上输入搜索词，就可以轻松找到想要的知识信息并加以利用。随着第四次工业革命智能信息社会的发展，学生们在任何时间都可以获得相应的知识信息。在任何地方都可以学习和使用的开放学习空间里，学习者可以轻松地搜索必要的知识信息，进行学习和解决问题（Choi，2017）。在未来的社会里，我们不需要记住大量知识信息的能力，反而创造性思维能力才是更加重要的和必要的。换句话说，我们要培养的能力是，在门户网站上找到解决当前课题或设计新产品所需的知识信息之后，能够进行创造新的高附加值产品、创新想法、独创性地解决课题以及融合创意思维的能力。

过去,学校教育中以教师和教科书为中心的课程主要侧重于知识信息的记忆,即有效地向学生传递知识,使学生能够长时间记住知识。在计算机、人工智能、智能信息技术高速发展的第四次工业革命时代,比起让学生记住很多信息,培养使用网络解决当前问题或课题,能够创造出高附加值信息的能力更重要。换句话说,与其让学生记忆知识信息,更重要的是培养解决当前面临问题或课题所需的融合创意性思维、协作和领导能力、讨论和辩论能力、人际沟通能力等。培养这些能力,仅以教师为中心的课程显然是不够的。为了更有效地培养这些能力,可以通过以学习者为中心的教学或以学习者为主导的课程来进行。

现在小学、初中和高中的在校生是数字化一代,他们从小就熟悉电脑、互联网和尖端信息通信设备,所以大部分学生都通过互联网和智能信息技术,自主选择与自身学习需求相适应的学习内容和学习方法,进行学习活动,也逐渐开始在已开发的自适应学习平台上进行学习。换句话说,在第四次工业革命的智能信息社会中,在生活环境和教育环境中,计算机和智能信息技术的应用都已经非常普遍,因此教学和学习方法也将发生变化。在现有的教学工作中,以教室为中心的、以教师为主导的课程将逐渐减少。相对而言,学习者利用数字机器的自主学习或以学习者为中心的教学将会更加活跃并不断增多。特别是随着学生们越来越熟悉数字设备的使用方法,也开始在在线学习、视频聊天等利用数字设备的新功能的新型课程中,使用以学习者为中心的教学方法,并呈逐渐扩大和普及的趋势。而且,大部分中学生已经习惯了使用智能手机等信息通信设备和运用智能信息技术,相比被动地接受知识、传递信息的传统的授课方式,他们更喜欢通过视频或局域网可以直接参与的在线学习,即可以直接参与且具备开放性的以学习者为中心的教学(Knowledge Works Foundation, the Institute for the Future, 2010)。以学习者为中心的教学是学习者自主组织学习内容、自主实施的学习活动,因此教师更应该致力于让学习者了解学习的方向性和学习的情境。进一步说,教师应为学习者提供开展学习活动所需要的学习资源信息(learning resources information),指导学生学习解决问题的信息探索方法和策略等。在使用智能信息技术的学习环境中,教师的重要任务是履行以学习者为中心教学的设计者、向导、辅助者的职责。

三 第四次工业革命社会与未来人才的核心素养

未来引导第四次工业革命的主力军是当前幼儿园、小学、初中、高中的学生，因此教师需要知晓要培养他们哪些核心素养，这也是设定未来教育方向的一件非常重要的事情。在第四次工业革命时代，培养引领信息社会的人才，最重要的是培养未来人才所需的核心素养。

世界经济论坛提出，未来社会人才的核心素养包括"基本问题解决能力、素养、品格"三个范畴和16项能力（World Economic Forum，2016）。首先，基本问题解决能力是学生为了适应日常生活最基本的能力，由问题解决能力、数学能力、科学化问题解决能力、ICT问题解决能力、经济问题解决能力、人文社会问题解决能力组成。其次，素养是学生们解决复杂、困难的课题时所需要的能力，由批判性问题解决能力、创新能力、沟通能力和合作能力四部分组成。最后，品格是指为了让学生们更好地适应变化的环境所需要的能力，由好奇心、进取心、毅力、适应力、领导能力、社会文化认识六个方面组成。

经济合作与发展组织（OECD）的"教育2030：未来的教育与技能"项目中启动了"面向2030的学习指南"讨论（OECD，2018），以将在2030年前后进入社会的2018级中学生为对象，研究他们未来应该具备什么样的核心素养，并且研究如何有效地培养未来核心素养。研究结果提出了"基本素养"和"变革素养"（transformative competencies），基本素养是指学生们为了追求个人和社会的稳定和幸福所需要的素养，而变革素养是指引领社会变革的素养。该项目将在2030年前后进入社会的当今学生需要拓展的未来基本核心素养划分为"知识、技能、态度和价值观"三个领域。知识领域由各专业知识、跨学科知识、认识论知识、程序型知识等组成；技能领域是由认知技能、元认知技能、社会技能、情感技能、身体技能、实用性技能等组成；态度和价值观领域由个人的态度和价值观、区域性态度和价值观、社会性态度和价值观、国际性态度和价值观等组成。而成为未来社会主角的人才需要具备的"变革素养"是指，创造新价值、应对紧张和困境、具备责任感等。特别是在20世纪30年代的未来社会，我们强调创新的创造性思维、对新型生活方式的责任意识、积极应对的学习者行为主体性（Lee et al.，2018；OECD，2018）。

美国的"21世纪技能"联盟对未来人才的核心素养，从"学习和创新""信息通信技术""适应生活"三个方面提出了12种素养（Partnership for 21st Century Skills，2009）。第一，在学习和创新方面，提出了4C能力，即批判性思维（Critical thinking）和解决问题能力、创新能力（Creativity）、协作能力（Collaboration）、沟通能力（Communication）。最近，有些学者将计算思维能力（Computational thinking）与4C能力结合，提出了5C能力（林哲一，2019）。J. M. Wing认为，"计算思维能力是计算机用一种能够有效执行的方法来定义问题，并提出解决方案的一系列思考过程"（Wing，2018）。第二，信息通信技术层面，寻找真正信息的信息素养（Information Literacy）、妥善利用媒体特点的媒体素养（Media Literacy），以及利用电脑、移动设备的技术素养（Technology Literacy）等。第三，在适应生活方面，包括灵活性（flexibility）、领导能力（leadership）、主动性（initiative）、生产力（productivity）、社交能力（social skills）等。

另外，韩国2015年修订的教育课程（韩国教育部，2016）中将面向未来社会的教育方向定位为"创意融合型人才培养"，将创意融合型人才的核心能力设定为6种。第一种是自我主导生活的自我管理能力；第二种是以合理解决问题为目的的知识信息处理能力；第三种是融合运用各种经验，从而可以创造新东西的创造性思维能力；第四种是以认同和感受为基础，发现人生的意义和价值，具有审美的感性能力；第五种是表现自己的想法，倾听他人的意见、尊重他人的沟通能力；第六种是积极参与地区、国家、世界等共同体发展的共同体认识能力。

在未来社会中，人类并不是被动地接受信息，而是作为信息生产的主体进行活动。人类利用人工智能、大数据、物联网可以构建超出人类记忆能力和心理能力的高级知识体系或分析知识体系的构造图，从而创造出人类能力达不到的、全新的、有价值的知识和信息。在解决人类生活中面临的各种问题和课题的过程中，将人类的创新性认知思维能力与计算机的人工智能以及大数据的分析能力等相结合，显示出协同效应的时候，就有可能获得超越人类想象力的独特问题解决方案或创意产品。因此，未来社会的人才必须具备数字设备使用能力，才能独创性地利用人工智能和智能信息技术。

正如前文所提到的一样，未来将在第四次工业革命智能信息社会中生活的人,也就是现在的幼儿园、小学、初中、高中的学生。对于他们所需要的核心素养,学者之间存在分歧,目前很难整合,但是总的来说,即运用网络找出相关信息来解决当前的问题和课题,并且能够创造出高附加价值的新信息的能力。这需要融合创意思维能力、问题解决能力、积极解决问题的挑战精神和执着力、为解决课题的协作能力和领导能力、讨论和辩论的能力、人际沟通能力、计算思维、使用智能信息技术和数码产品的能力等,这些都是需要培养的必备能力和素养。这些素养可以通过以智能信息技术为基础,以学习者为中心的教学或以学习者为主导的课程进行培养,这比以教师为中心的课程更能取得有效的结果。在数字学习环境中,想要成功地进行线下课堂学习和校外的在线学习,学生需要具备自主学习能力、在线沟通和讨论能力、辩论学习能力以及使用AI导师(tutor)等素养。

第二节 应用智能信息技术和数字技术与教学方法的革新

一 定制化教学平台的特点和案例

(一)定制化教学平台和智能教学诊断方法

每个人都有两种学习倾向,即主动学习和被动学习。从教育心理学的角度看,主动学习比被动学习更有效。虽然根据学习环境和学习情况的不同,学生们会主动地、自发地学习,但如果失去学习兴趣,主动学习的行为就会被弱化。因此,利用人工智能或智能信息技术,给学生提供一个可以激发学习兴趣的定制型学习平台,可以增强被削弱的主动学习能力。

人工智能是第四次工业革命时代的核心技术,它是指使用计算机程序模拟和感知人类的记忆、思考、推论、知觉、自然语言等,使电脑或机器具备人类的认识、判断、推理、解决问题等智能化行动的技术。近年来,人工智能技术在教育中的应用迅速增加,教育科技也随之发展起来,舍弃一般的教学方法,引入了利用人工智能技术的创新教学和学习方法。这种学习方法具有使教师和学生之间、学生和学生之间、学生和专家之间不受时间和空间限制开展学习活动的优点,因此在学校教育和学生的学习活动中被广泛应用，并有不断发展的趋势。

利用人工智能技术最具代表性的创新型教学方法就是"个人定制学习"（personalized adaptive learning），也就是说开发基于人工智能技术和大数据分析技术的自适应学习技术（adaptive learning technology）与在线学习技术（on-line learning technology）成为可能。利用人工智能技术的"个人定制学习"是在在线学习过程中，同时收集和分析学习者各方面的行动数据，在分析结果的基础上，为学习者提供适合其学习能力水平的学习资料和学习策略信息等，这是通过提供最佳的学习途径和教育内容来最大限度地提高学习效果的教学策略。个人定制学习平台的 AI 导师对学生自己选定的学习方向和学习目标进行评价。在给予学习任务前，对学习者的学习要求、学业能力水平以及先前知识等因素进行诊断，根据诊断评价结果，给学习者提供最佳的学习任务。因此，在第四次工业革命时代，学校教育也将利用人工智能、大数据分析、智能信息技术等，进行以学习者为中心的教学或使用自主学习的个人定制教学和学习平台。

（二）"个人定制学习平台"AI 导师的案例

利用人工智能技术的个人定制学习平台，根据学习过程中产生的庞大数据的分析结果，为教师和学习者提供最佳的教学和学习诊断，最大限度地提高教学和学习的效果与效率。比如，诊断学生们在学习中遇到困难的原因，是因为先前学习知识不足还是学习课题的难易度不合适，又或者是缺乏学习兴趣，等等。对这些原因进行分析，研判是否需要对在线学习的学生提供及时的、必需的教学帮助。接下来，介绍一些个人定制学习平台的案例。

1. AI 导师"ALEKS"

美国 McGraw-Hill 出版社在 21 世纪初期就开发了名为"ALEKS"的人工智能导师，为在线自主学习的小学、初中、高中学生提供服务（ALEKS，2020）。ALEKS 的名字是以"A"ssessment 和"LE"arning in "K"nowledge "S"paces 的首字母命名的，是知识空间中评价与学习的简称。ALEKS 通过使用人工智能技术分析学习者的学习情况，持续把握学习者的学习方向，提供最适合的课题指南，从而达到增进学业成就的目标。基于人工智能和大数据平台设计的 AI 导师 ALEKS，对个别学习者的学习要求进行大数据实时分析,诊断学习水平,并提供符合学习要求的诊断方案,为个别学习者定制更精致的学习平台(软件应用程序)。

2. AI 导师"Knewton"

这款 AI 导师是以美国的学生为对象开发的数学和科学学科的定制化学习平台,AI 导师 Knewton 同样也是应用于在线自助学习,为学习者提供学习服务。AI 导师 Knewton 不断地收集和积累学生学习活动相关的各种各样的数据,对数据进行分析以后,为学生提供最佳的学习信息,尤其对学生们"已经知道的是什么"和"应该怎样学习才有效"进行分析,为学生提供个人定制学习内容资源。Knewton 还对学生学习的教育内容、学习方法、学习进度等进行检测,根据学生对学习内容的敏感度和熟练度等提供个性化学习项目,并提供符合学习者学习水平的多样化内容的指导(Hong et al.,2016)。Knewton 公司于 2008 年在美国纽约设立,平台主要以高等学校的数学、科学、工程、技术领域的教育课程内容为中心,提供个人定制学习服务。

3. AI 导师"Dreambox Learning"

Dreambox Learning 为一款以小学生和初中生为对象的定制化学习平台,该平台提供的在线教育服务是以数学学科内容开发的游戏。该平台对学生在学习活动中产生的各种数据进行收集和分析,将分析结果反馈给教师和学生,提供在线学习管理来促进学习者持续学习并达到期待的学习成绩。这个平台的在线学习能够让学习者沉浸在其中,并且能够持续投入学习活动中,将学习活动中形成的评价以仪表盘的形式告知学生。该平台强调,即使每周只学习 60 分钟,学习者的学习成绩也能提高 60% 左右。美国硅谷约有 200 万学生将该平台的资料作为数学课程的补充教材(Kim et al.,2017)。

目前,已有 ALEKS、Knewton、Dreambox Learning 等 AI 导师软件应用于学习者的学习过程中,但还是很难对学习者学习行为的多种影响因素进行及时分析,并反馈给学习者使其成功掌握学习(mastery learning),也不能给出学习者学习诊断的有效"处方"。只有通过对学习行为中影响交互的多种因素进行人工智能和大数据分析后,给出处方性的算法(Algorithm),才能够实现运用 AI 导师的学习或在线自适应学习(on-line adaptive learning),最终成功地达成学业成就并掌握学习。

20 世纪 80 年代早期的研究表明，基于计算机课程（computer-based-instruction）的智能教学方法的变量为：对学习序列（learning sequence）的优化、学习的量化（amount of learning）、学习过程反馈（feedback）的多样化、学习时间（learning time）的效率化、提供促进学习成果动机化的信息（advisement information）等（朴成益，1997；Tennyson et al.，1984）。运用人工智能和大数据分析计算出上述变量的算法并提供解决方案算法，即可开发出更有效果和效率地完成学习目标的智能辅导系统（Intelligent Tutoring System，ITS），这才是真正的 AI 导师。

科学家兼未来学研究家库兹威尔（Ray Kurzweil）预言，在 2040 年前后"奇点"（singularity）会到来，那时技术（technology）会领先于人类，并预言基因工程（Genetics）、纳米技术（Nanotechnology）、机器人技术（Robotics）等技术将持续向前发展，我们将迎来"奇点"时代（Kurzweil，2006）。他预测，如果未来人工智能飞速发展，超越人类智慧的"奇点"时代到来，AI 导师教授学生的时代就不远了。

（三）应用 AI 导师平台的课程与教师的角色

利用人工智能技术将学生学习的执行情况和学习成果的多种分析结果反馈给教师，教师就可以根据多种分析结果引导学生今后学习什么，以及如何学习，这时教师必须要做好学生学习的管理者。因此，教师要充分具备人工智能技术的运用能力和素养，同时还要具备将在线教学和线下学习系统地联系起来的教学设计能力。进一步说，智能信息技术和混合学习运用越普遍，教师就越应该扮演专业的混合学习设计师的角色。

如果 AI 导师可以为学生提供个人定制化的学习，并有效支持学习者学习，那么教师就可以在一定程度上减轻授课中传递知识的负担，但与此同时，教师在为学生提供学习咨询、学习辅导、学习指导、学习设计等工作上相应地就要投入更多的时间。另外，如果人工智能导师能够成功地帮助学生完成基础学习，那么教师就可以在学生的创造性和品德教育上投入更多的时间。教师在教学设计或授课的过程中，使用多样化的在线授课资料或使用 ALEKS 等 AI 导师进行授课的时候，教师需要将线下课程（教室课程）和利用 AI 导师的在线课程的学习内容有效衔接，并制定教学设计和课程诊断方案。同时根据学生的先前知识能力水平，最大限度地缩小学生之间的差距，开发出基于 AI 的混合学习系统，以达成期望的学习成就。

二 创新教学方法：LMS、AR/VR、翻转课堂

（一）基于云端的学习管理系统（LMS）

最近在韩国的小学、初中、高中学校，越来越关注基于云端的软件服务（Software as a Service，SaaS）的学习管理系统（Learning Management System，LMS）。LMS 是针对教育课程和学习开发、管理、记录、跟踪，并能够制作综合报告的软件应用程序。换句话说，LMS 是在"教学者"和"学习者"的立场上，通过软件应用实现教育效果最大化的工具（artifacts）和系统（程序）。LMS 起源于"电子学习"系统，目的是利用计算机和互联网，尽量缩小教学者提供的内容与学习者接受内容之间的距离。

第一代 LMS 的特征是，在教师和学习过程中对学生和教师、课程、成绩等一系列教育活动的一般管理，其主要功能是管理和生成教育必要的内容以及实现沟通。而现在，我们可以利用 LMS 将内部和外部收集到的教育成果信息从多个角度进行分析。更重要的是，在机器学习的基础上，尝试为个人提供最优化的教育过程和教学内容。下面列出了 LMS 可以提供的一些功能。（1）社交化和游戏化（Social and Gamification）：可以基于社交网络，通过竞争激发学习动机。（2）用户管理：区分和管理教师、学生、家长、管理者以及其他符合各自角色的用户。（3）虚拟教室：在网上开设虚拟网络课程，并对学生进行管理。（4）问卷及反馈管理：收集教育者及被教育者对课程的反应并进行处理。（5）沟通及协作：提供小组活动的工具，促进教育者和被教育者之间的协作等（Yoon，2019）。今后会将 LMS、资讯、学习工具连接为一体，为所有学校提供实用性平台（Byun，2020）。

（二）利用虚拟现实（VR）和增强现实（AR）技术的"空间现实转换"学习体验

最近由于数码技术和信息通信技术的飞速发展，将语音、视频、数据多媒体信息和网络、通信和网络进行融合的虚拟现实（Virtual Reality，VR）和增强现实（Augmented Reality，AR）技术能够提供生动的视频信息，同时提供广范围的、高维度知识信息的新型学习环境。不仅如此，

通过可操作的数码学习体验,还能够生动地体验到在现实世界中不能体验的、生疏的、多样的学习经验。虚拟现实将与现实相同的三维形态生动地展现在观众面前。在现实中,由于空间上和物理上的限制,VR 和 AR 可以将难以影像化或难以操作的内容通过模拟可视化,赋予故事情节,使其情境化,具有很大的教育应用价值。

1. 虚拟现实的特点和教育应用

虚拟现实提供了将物理世界隔离的"沉浸体验"(immersion experience),让佩戴 VR 护镜的用户能够进入广阔的现实世界或想象的环境,如国际空间站、手术室(Holmes et al., 2019)。虚拟现实既不是现实环境也不是实际情况,而是利用计算机来创造一个与现实环境或与实际情况非常相似的环境,为学习者提供与实际情况相似的体验机会。特别是,在虚拟世界中可以体验到与现实世界相通的增强现实经历。例如,可以通过体验与乘飞机实际飞行相似的空间性的和时间性的操作,使学习者更加熟悉飞行技术,这是一个理想的飞行训练教育项目。

2. 增强现实的特点和教育应用

增强现实技术可以让学生在教室内就能实现不用去校外也能进行直接体验的学习,是一种可以提高学生学习效果的学习方法。增强现实是指将现实世界的图像人工合成计算机的图形,使人们能体验现实世界变化的技术。也就是说,增强现实是一种使实体与数字影像的虚拟物体相结合的技术。例如,在空置的公寓里,可以通过多种方式配置虚拟家具,从而根据家具配置方式可以提前观看房间的结构变化。在增强现实中,对于特定的情况或对象,通过媒体增加视觉资料或附加信息资料。增强现实可以根据情况或地点的不同,提供与实物相关的多种形式的资料,看到对实物进行添加、删除、变形后的效果。利用增强现实的设备主要有谷歌眼镜(Google Glass)和微软公司的全息眼镜(Hololens)等。

增强现实具有独特的特点。第一,通过视觉、听觉、触觉等多种感觉,提供三维立体的学习信息。第二,在实际环境中提供无接口跨越现实和虚拟世界的自然界面,并同时保留现实世界的情境。第三,提供了一种可操作的实体用户界面(Tangible User Interface,TUI),以操作现实世界物体的虚拟客体。这与现有的台式电脑不一样,台式电脑使用的鼠标是以图标为主的图形界面(Graphic User Interface,GUI)。这种实体用户界面提供了更自然的转换方式,通过这种技术手段可以体验所有物体构成的虚拟现实或者其他形式的数字体验(Jang,2008)。增强现实在保持真实世界的情境性的同时,附加了增强信息的展示,这具有很高的教育价值,但在学校实际中利用增强现实的案例还是微乎其微。

(三)"翻转教室"(Flipped Classroom)、"翻转学习"(Flipped Learning)与教师的角色

学校在最近的教育中,正在积极尝试采用混合学习(Blended Learning)。2000年以来,在美国部分学校授课中开始使用的"混合学习"是将线上学习和线下学习联系起来的学习方式,这种学习方式规避了线上学习和线下学习的缺点,是二者优势互补的学习方式。

于2010年前后开始推出的翻转教室是混合学习的一种形式。翻转教室最初在2007年由伯格曼(J. Bergmann)和萨姆斯(A. Sams)两位高中科学教师在美国科罗拉多州实施。虽然在伯格曼和萨姆斯的早期著作中,很难找到翻转课堂这个词,但他们在后期著作中经常使用这个词,也对翻转课堂的实践方案和具体方法进行了说明(Bergmann, Sams, 2012)。翻转课堂是应用个性化翻转掌握学习模型(personalized flipped mastery model),将"居家上课"和"课堂上课"有效地连接起来的混合学习方式(Bergmann, Sams, 2012)。个性化翻转掌握模型(personalized flipped mastery model)是依据布鲁姆(B. S. Bloom)的掌握学习理论(mastery learning)而开发的(Bloom, 1971; Bergmann, Sams, 2012)。该模型的居家上课(school work at home)是通过利用教师事先准备好的视频和在线电子教科书,学习者各自预习在线学习资料、阅读电子教科书、参与在线讨论、进行探究学习等;在课堂作业(home work at school)中掌握学习技能(可能有需要教师指导的情况,也可能有不需要教师指导的情况),学习者在教室中和同伴一起讨论、辩论,进行汇报,在实验室里做实验,进行同伴评价以及再研讨等多样的学习活动,以解决学习者独自在家解决不了的问题、满足学习的好奇心以及完善缺失的学习。①

---

① https://www.teachthought.com/learning/the-definition-of-the-flipped-classroom/.

萨姆斯、伯格曼和他的同事们强调，应该明确区分使用翻转课堂和翻转学习这两个术语，而不是相互兼容或混合使用。① 他们认为翻转课堂可以实现翻转学习，反过来则不一定。萨姆斯、伯格曼和他的同事为了成功实现翻转课堂的宗旨，引入了"翻转学习"（Flipped Learning）一词，并给出了以下定义：翻转学习是指将知识性的、讲授式的集体学习转化为个性化学习，使用教育学方法将集体学习环境转变为动态的、交互的、主动的学习环境，使学生能够进行沉浸式学习的一种教师指导学生的创新型授课（Flipped Learning Network，2014）。根据该定义，得出成功实现翻转学习的四个核心要素（four pillars），即"F-L-I-P^{TM}"。其意义为：（1）可以灵活使用多种学习方式的学习环境（Flexible Environment）；（2）强化以学习者为中心的授课学习文化（Learning Culture）；（3）教师为了使用翻转学习模式，需要让学生理解翻转学习概念和程序的灵活性（Intentional Content）；（4）翻转学习实施过程中，教师所需的专业性和角色等（Professional Educator）。

翻转课堂将居家上课和课堂上课有效地连接起来，规避各自的缺点，进行优势互补，从而最大限度地提高学习的效果和效率，同时包含在线学习或智能教育的系统性要素，其目的是实现以学习者为中心的教学。在翻转课堂的居家上课中，学生要学习的内容是教师准备的知识信息或相关的视频学习资料，以在线学习的形式让学生提前进行学习，同时教师给出学生们可以自主参与的课题或有争议的论点；学生们在教室学习中解决个人课题或者通过进行协同学习或小组讨论、辩论等深化学习的活动。相比直接传授学习内容，教师通过观察学生的学习活动，更关注学习者的深化学习。为培养学习者的思考能力、创造能力、协作能力等，教师要发挥学习指导（coaching）或学习顾问（consultant）的作用（Bergmann，Sams，2012）。

---

① Flipped Learning Network (FLN). (2014) What is flipped learning?: The Four Pillars of F-L-I-P?: the FLN's board members: Aaron Sams, Jon Bergmann, Kristin Daniels, Brian Bennett, Helaine W. Marshall, Ph., www.flippedlearning.org/definition.

第三节　未来教育的展望和教育技术性教学方法的课题

一　智能信息社会与教育技术性教学方法创新

（一）未来教育的展望

对未来教育的展望会因为人们的观点发生变化。从前文的论述可以看出，随着第四次工业革命和智能信息社会的到来，考虑社会环境和教育环境的变化趋势以及未来社会需要的人才的核心素养，未来的教育目标是持续接受新的智能信息，培养利用核心技术——人工智能、大数据等的能力，逻辑、数学思维能力和推理能力，解决问题能力，沟通能力，能够与他人合作的能力，自我主导的学习能力和终身学习意识，等等。教育课程应该能够及时反映社会变化和需求，具备开放性、灵活性和多样性，以日常生活中面临的课题为中心，进行学科间的整合和融合。另外，未来教育应该加强以学习者为中心的教学、应用数字技术的课程、应用人工智能和机器人的课程等，教育评价的重点应该放在对融合创意性产品的产出和执行力的评价上。

未来学习资源（learning resources）的概念会逐渐扩大，各类机构可以灵活应用各种学习资料、学习场所、尖端技术和设备提供教育内容，灵活的场所和时间、地区探访、电视媒体、虚拟现实、新环境中的经验等因素将作为教育基础设施应用。因此，未来为了让学习者能够很好地适应以智能信息技术为中心的教学环境，学校教育的作用也要相应地改变，基本的知识信息学习交给教育门户网站。未来的学校教育要能够为学生提供共同体生活体验、帮助形成人与社区之间的网络并进行情感交互，培养并提升领导力、合作学习等能力（Park，2010）。

随着第四次工业革命和智能信息社会的发展，在学校教育和学生学习中会广泛使用人工智能、大数据、物联网、3D打印、机器人、Zoom实时视频教学和实时视频讨论学习等。在智能信息社会中，传统的教学体系难以维持，学习环境和教学方法也将发生划时代的变化。不仅如此，以教室为中心的授课，也会逐渐变为线下授课和在线授课混合的混合学习，还会增加翻转学习、人工智能辅导、机器人、虚拟现实、增强现实等应用教育科技的学习。

随着智能信息技术的迅猛发展,日常生活将变得人工智能化、社交网络化、自动化、智能信息化、非接触。组织社会将逐渐弱化,网络社会将加强。为了未来社会的发展,人与人之间需要合作并发挥信息共享共同体的作用。

在智能信息社会中,随着智能信息产业和产业结构的智能化、自动化飞速发展,社会上所需要的核心能力比起获得大量的知识和信息,更重要的是获得知识和信息机制(schema)的能力、创造性问题解决能力、融合创意思考能力、人际沟通能力、合作精神和领导力。在智能信息社会中,比起记忆大量知识信息的能力,更需要的是能产生创新性想法的能力,而且在需要解决当前课题或创造新成果时,能够在门户网站上找到必要的知识和信息并创造出新的价值,而这需要能够解决复合型问题的能力、设计思维能力、独创性构思能力等。

(二)智能信息社会中教育技术性教学方法的创新与教师的新角色

在第四次工业革命智能信息社会,学习生态系统将发生巨大改变。学生在学校中的学习不再只是依靠教师教授知识、技能等,而更需要基于开放的互联网在线学习,掌握为适应未来社会的最新知识、技能等。因此,教师们应该具备将以学校的教育为中心的课程和运用网络智能信息的课程相结合的能力,具备可以增强学生的智性思考能力和创新思考能力的教学能力。也就是说,教师应该具备能够协调实施线下课堂教学和在线教学的教育过程重组能力、教学系统设计能力、人工智能和数字教育科技应用能力、在线沟通能力、教学领导力等。

在智能信息社会中,教师们需要有一种态度和努力引进并接受前所未有的新型教学方法。教师在传统的教室以教师为中心的讲授式教学中,运用指示性的授课方式将教学内容传达给学生,充分发挥了知识传播者的作用。

但是,随着智能信息社会的发展,力求个性化、定制化的学习也将普遍存在,所以在教学课程中教师单纯地传授知识的角色将不再重要。教师不再是知识的专家,更重要的作用是让学生们领悟到为什么需要学习,并指导学习者主动学习。因此,教师需要努力完成由讲授知识到指导、建议及顾问的角色转变,努力帮助学习者贯彻执行自我主导学习。

即在能够普及智能信息技术和教育科技的智能信息社会中，教师的角色不再只是知识的传播者，而是需要具备灵活应对学生个人需求和水平的能力，为促进学生自我产出，成为学习者中心课程的课程设计者和课程运营者；在进行以学习者为中心的课程和自我主导学习的课程中，起到学习向导和学习顾问的作用。

教师在使用智能信息技术、个人定制化学习、学习管理系统、AI导师和教育机器人等让学生学习知识和信息时，要比教师单向地教授让学生学习得更快、更精细，学业水平也会显著提高。因此，在第四次工业革命和智能信息社会中，尤其是以应用教学和科学技术为中心的教育环境中，由于教师要利用人工智能、大数据、机器人等进行教室教学设计和实际授课，因此教师需要具备高水平的智能信息技术应用能力。

随着智能信息社会的进展，与为学生提供单纯的命题性知识教育相比，教会学生融合爆发式增长的信息，培养出具备能够创造新颖、有意义信息的融合创意性思维的复合型人才更重要。教师需要具备以现有学科为中心教育课程进行融合和重组的能力，能够将学科内或学科间的教学内容进行整合，并教授这类课程的能力。教师和学生之间不应该建立垂直的、上下级的等级关系，而应该建立共同体的、水平的关系，以增进创新性思维能力的培养。

未来是尖端信息技术的社会，人们的职业生活、社会生活和日常生活都会发生翻天覆地的变化。在这种激进的变化中，可以应对挑战的精神比任何时候都重要。特别是为了培养第四次工业革命和智能信息社会所需要的人才，迫切需要转变教师的角色。教师们应该自行变化和革新，跟上教育环境变化的潮流。

而且，教师需要在学校这种制度化的空间中，具备发展的眼光和智慧，培养学生具备未来社会所要求的素养和能力。教师们除了将重点放在"授之以渔"，还要着重教会学生们探索一定的智慧方法，将抓到的"鱼"变为高价值、有益的成果。教师应该尽全力培养学生们不断创新和挑战的精神，以及创造共同生活的社会所必需的共同体意识和协作精神。

二 智能信息技术的教育应用和教育技术性课程的课题

教师与学生面对面的互动学习，不仅可以使学生获得有意义的、实际的认知知识和信息，还可以培养人性、感性和人际关系等素养。而在应用智能信息技术的学习活动中，不能忽视以下教育弱点。学生通过网络进行在线学习、通过智能信息技术获取知识和信息，与通过直接体验获得有意义的知识和信息不同，这些是非主动的知识和信息，也难以看作包含情感的知识和信息，当然也不能看作真实的（authentic）知识和信息。因此，为了解决这类问题，需要开发混合学习的课程体系，这是当前面临的重要课题。

运用教育电视广播的 e 学习、云教室等的教学中，学习者之间很难进行合作学习或协作学习。而在面对面的课堂教学中，学习者之间不仅可以通过语言进行沟通，还可以通过面部表情和肢体动作进行综合性的沟通。在非面对面的网络平台上，学习者之间不仅很难通过语言实现有效沟通，而且想要通过面部表情和肢体动作进行综合性的沟通更加困难。就算是利用视频学习或视频会议平台，学习者也需要点击每个同伴的画面才能看到对方的面部表情，这样就很难一边看着对方脸上的表情，一边自然地表达自己的想法，也就是很难实现"自然沟通"。因此，今后需要重点研究的课题是开发能够克服智能信息技术产业弱点的教育技术学的教学系统或教学方法。

无论人工智能导师和教育科技如何发展，都不能取代教师的作用。因为，随着教学技术的应用越来越活跃，教师和学生之间或者学习者之间形成的感性交互或人际关系（网络）不断减弱，这就可能对形成良好人品产生负面影响。但是，在应用在线课程、Zoom 视频授课、视频聊天、AI 导师、虚拟现实（VR）、增强现实（AR）、人工智能、机器人、智慧学习等教学过程中，培养感性、人性、人际关系等素养并不那么容易。因此，就算在教育现场应用智能信息技术，教师仍然是非常必要的因素。特别是在数字教育环境中，教师的角色是学习的推动者、学习顾问、学习导师等，这些专业性的作用都是学习的必要因素。在学生利用数字媒体或教育科技进行学习活动的同时，提供与学业成就相关的信息，实现教师和学生之间良好的信息共享，开发这类数字教育系统或智能教育系统是今后需要研究的重要课题。

在智能信息技术扩散的情况下，教师作为榜样（role model）的作用依然重要，这也是教育现场的必备因素。特别是为了理想的品德教育，要考虑适当平衡教师和学生之间、学生和学生之间进行集体探索的协作学习课程、合作学习课程，与应用智能信息技术和教育科技课程之间的比重。为了未来社会的发展，确实需要个人之间的合作与发挥信息共享共同体的作用。

智能信息技术和教育科技的应用将对未来教育产生革命性的影响。特别是智能信息技术和教育科技的应用，是一种面向未来的教育革新战略，可以解决以教学为中心的课程中所面临的问题，改善薄弱环节。因此，当前的课题是通过第四次工业革命的推动，尽快开发出教育技术性的教学系统，利用信息技术和尖端数字机器革新教学和学习方法，为第四次工业革命和智能信息社会培养面向未来的具备核心素养的人才。

练习和探究问题

1. 说明第四次工业革命的核心技术——人工智能、大数据、物联网、智能信息技术、信息通信技术等的教育应用价值，并具体制定教育应用方案。

2. 说明使用 AI 导师或定制化学习平台制定教学方案时需要考虑的因素。

3. 从未来教育的方向出发，讨论教育技术学教学方法的发展课题。

参考文献

교육부 (2016). 2015 개정 교육과정. 교육부.

김성열, 한유경, 정제영 (2017). 지능정보기술 맞춤형 교육서비스 지원방안 연구. 교육부정책 연구, 교육부 위탁 2017-27.p.32.

박성익 (1997). 교수·학습방법의 이론과 실제(II). 서울: 교육과학사.

박영숙 (2010). 미래리포트 2020-교육. 패션저널 & 텍스타일라이프. 세계섬유신문사.

변태준 (2020). 포스트 코로나 시대 원격교육 현황과 향후 과제. 2020 KERIS 심포지엄, 중단없는 교육, 디지털 교육의 현재와 미래. 한국교육학술정보원, 국회교육위원회, 2020년 12월. p.48.

이상은, 김은영, 김소아, 유예림, 최수진, 소경희 (2018). OECD 교육 2030 참여 연구: 역량의 교육정책적 적용 과제 탐색. 한국교육개발원 연구보고서 RR 2018-08.

윤대균 (2019). 클라우드 기반 학습관리시스템(LMS) 동향. 클라우드스토어 씨앗 이슈 리포트, NIA(한국정보화진흥원), 2019. 6., Vol. 6, pp. 3-9.

임종헌, 유경훈, 김병찬 (2017). 4차산업혁명사회에서 교육의 방향과 교원의 역량에 관한탐색적 연구. 한국교육개발원, 한국교육, 44(2), pp. 5-32.

임철일 (2019). 미래사회와 교육을 위한 교육공학 연구 및 실천 영역의 재조명. 교육공학연구, 35(2), 253-287.

장상현 (2008). 증강현실 기술과 디지털 학습 체험. 전자신문, 2008. 2. 21.

최중혁 (2017). 지식의 양보다 융합적 이해력이 필수. 교육부, 꿈트리 Vol.26. https://blog.naver.com/moeblog/221173835448

홍선주, 이명진, 최영인, 김진숙, 이연수 (2016). 지능정보사회 대비 학교교육의 방향 탐색. 한국교육과정평가원, 연구자료 ORM 2016-26-9.

ALEKS (2020). *Assessment and Learning*, *K-12*. https://www.aleks.com.

Bloom, B. S. (1971). Mastery learning. In J. B. Block (Ed.). *Mastery learning: Theory and practice.* (pp. 47–63). New York: Holt, Rinehart & Winston.

Buckminster Fuller, R. (1981). *Critical Path.* New York: St Martin's Press.

Bergmann, J., & Sams, A. (2012). *Flip your classroom: Reach every student in every class every day.* Eugene Oregon? Washington, DC: ISTE (International Society for Technology in Education).

Flipped Learning Network (FLN). (2014). *What is flipped learning?: The*

Four Pillars of F-L-I-P^{TM}. www. flippedlearning. org/definition.

Holmes, W. , Bialik, M. , & Fadel, C. (2019). *Artificial Intelligence in Education*: *Promise and Implications for Teaching & Learning*. Boston, MA: Center for Curriculum Redesign, 정재영, 이선복 (역)(2020). 인공지능 시대의 미래교육. 서울: 피와이메이트. P. 176.

Knowledge Works Foundation & the Institute for the Future (2010). *2020 Forecast Creating the Future of Learning*. http://knowledgeworks. org/resources/2020-forecast/.

Kurzweil, Ray. (2006). *The Singularity is near*. : *When humans transcend biology*. New York: Penguin Books.

MSIP (The Korean Ministry of Science, ICT and Future Planning) (2017, p. iii). *Mid-to Long-term Master Plan for the Intelligent Information Society*. Report, p. 70.

OECD (2018). *The future of education and skills*: *Education 2030*. OECD.

Partnership for 21st Century Skills (2009). *A Framework for Twenty-First Century Learning*. http://www. p21. org/.

Schwab, K. (2016). *The Fourth Industrial Revolution*. World Economic Forum Annual Meeting 2016. Colony/Geneva, Switzerland.

Schwab, K. (2018). The Fourth Industrial Revolution. *Quality management Journal*, *25* (2), 108 – 109.

Tennyson, R. D. , Christensen, D. L. , & Park, S. I. (1984). The Minnesota Adaptive Instructional System: A Review of its theory and research. *Journal of computer-Based Instruction*, *11* (1), 2 – 13.

Wing, J. M. (2008). Computational thinking and thinking about computing. *Philosophical Transactions of the Royal Society A*. : *Mathematical*, *Physical and Engineering Sciences*, *366*, 3717 – 3725.

World Economic Forum (2016). *The Future of Jobs*: *Employment*, *Skills and Workforce Strategy for the Fourth Industrial Revolution*. Colony/Geneva. World Economy Forum, January 2016.

附表 11　　　　　　　　　　第十二章引用文献对照

	对应韩文
（韩国教育部，2016）	교육부（2016）
（Kim et al.，2017）	김성열，한유경，정제영（2017）
（朴成益，1997）	박성익（1997）
（Park，2010）	박영숙（2010）
（Byun，2020）	변태준（2020）
（Lee et al.，2018）	이상은，김은영，김소아，유예림，최수진，소경희（2018）
（Yoon，2019）	윤대균（2019）
（Lim et al.，2017）	임종헌，유경훈，김병찬（2017）
（林哲一，2019）	임철일（2019）
（Jang，2008）	장상현（2008）
（Choi，2017）	최중혁（2017）
（Hong et al.，2016）	홍선주，이명진，최영인，김진숙，이연수（2016）